Fritz Lense
Geschützte Pflanzen und Tiere

Geschützte Pflanzen und Tiere

Ein Wegbegleiter
durch Wiese, Wald und Bergwelt von Fritz Lense
Fotos: Heinz Ehrenkäufer

Prisma Verlag Gütersloh

Sonderausgabe
für den Prisma Verlag GmbH, Gütersloh 1987.
Mit freundlicher Genehmigung der
Keyserschen Verlagsbuchhandlung GmbH, München

ISBN 3-570-09916 4

Inhaltsverzeichnis

Vorwort

Seit dem Europäischen Naturschutzjahr 1970 hat das Umweltbewußtsein in der Bevölkerung wesentlich zugenommen. Gerade der technische Umweltschutz, also die Maßnahmen zur Reinhaltung von Luft und Wasser, zur Beseitigung von Abfällen und zur Eindämmung der Lärmbelästigung haben bedeutende Fortschritte gemacht.

Der biologische Umweltschutz dagegen ist noch nicht so populär. Zwar wird unter dem Motto ›Freizeit und Erholung‹ viel getan, um die Menschen unserer Zeit an die Natur heranzuführen. Leider wird aber dieses Motto oft mißverstanden und mit ›Erschließung‹ gleichgesetzt, also mit der Anlage von Freizeiteinrichtungen aller Art, die zwar das Geschäft der Fremdenverkehrswirtschaft ankurbeln, aber für die wirkliche Erholung gar nicht notwendig sind, ja diese sogar zunichte machen. Erschließungsmaßnahmen, ob es sich nun um die Anlage von Badestränden mit weiten Liegewiesen, von Bergbahnen oder Trimm-Dich-Pfaden handelt, zerstören oft ursprüngliche Lebensstätten und damit zahlreiche Pflanzen und Tiere, die dort eine Zufluchtsstätte gefunden hatten. Damit wird das Wissen um diese selten gewordene Lebewelt in der Bevölkerung immer weniger, zumal die Bewohner der Ballungszentren meist nur über geringe pflanzen- und tierkundliche Kenntnisse verfügen. Nicht selten muß man dann beobachten, daß sie auffallende Pflanzen, die dort unmittelbar vom Aussterben bedroht sind, pflücken oder durch unsachgemäßes Verhalten seltene Tiere vergrämen.

Das vorliegende Buch soll die Kenntnis der geschützten und bedrohten Pflanzen und Tiere in die breite Öffentlichkeit tragen. Es sind nicht alle geschützten Pflanzen erwähnt, sondern nur die ›attraktiven‹ Arten, die meist unmittelbar vor dem Aussterben stehen. Ähnliches gilt für die besprochenen Tiere. Nicht nur die vom Naturschutzgesetz erfaßten Arten werden dem Leser vorgestellt, sondern auch die im Jagdgesetz aufgeführten, soweit sie des Schutzes bedürfen. Der Aufbau des Buches nimmt sich die allgemein bekannten Lebensstätten zur Richtschnur. Fachausdrücke werden soweit als möglich ausgeschaltet, wo das nicht möglich ist, erklärt. Die farbigen Abbildungen sollen die einzelnen Pflanzen- und Tierarten für jedermann verständlich machen. Prinzipiell wendet sich das Buch nicht an den Fachmann, sondern an den interessierten Laien. Es will ihn anregen, Schritt für Schritt durch eigene Beobachtung in das Geheimnis der lebendigen Natur einzudringen.

Gräfelfing, im Juni 1976 — Fritz Lense

Naturschutz heute

Im Laufe seiner Geschichte hat sich der Mensch zum mächtigsten Lebewesen der Erde entwickelt. Mit Hilfe seiner geistigen Fähigkeiten hat er durch Zivilisation und Technik alle Bereiche der Natur beeinflußt und teilweise umgestaltet. Das war sicherlich notwendig, denn als Glied der Natur mußte der Mensch wie alle Lebewesen um sein Überleben ringen. Solange die Zahl der Menschen im Naturganzen beschränkt blieb, wurde das Gleichgewicht in der Natur nicht wesentlich verändert. Doch seit etwa 150 Jahren nimmt die Menschheit sehr stark zu. Die Entwicklung auf dem Gebiet der Medizin und der Sozialhygiene senkte die Kindersterblichkeit und erhöhte die Lebenserwartung. So erfreulich diese Tatsachen für unsere Gattung und für jeden persönlich sind, so große Probleme ergeben sich daraus für die Umwelt des Menschen. Um seine persönlichen Bedürfnisse befriedigen zu können, mußte er tiefe Eingriffe in die ihn umgebenden Lebensgemeinschaften durchführen, wodurch diese wesentlich verändert, teilweise völlig zerstört wurden. Zahlreiche Pflanzen- und Tierarten verloren dadurch ihre Lebensräume, sie starben aus.

Artenschutz

Der Naturschutz bemüht sich seit vielen Jahrzehnten, diese unheilvolle Entwicklung aufzuhalten. Seit Beginn unseres Jahrhunderts wurden von den verschiedenen Ländern Mitteleuropas Gesetze zum Schutze gefährdeter Pflanzen und Tiere erlassen. Dieser Artenschutz mußte aber erfolglos bleiben, solange die Lebensräume der bedrohten Lebewesen ohne Schutz blieben. Zwar wurden auch bestimmte Standorte seltener Pflanzen zu Reservaten erklärt, doch waren sie meist so kleinräumig, daß sich durch Kultivierungsarbeiten oder durch die Anlage technischer Bauten in der unmittelbaren Umgebung diese Schonbezirke bald so stark veränderten, daß sie den schützenswerten Arten keine Lebensmöglichkeit mehr boten. Erst seit die biologische Wissenschaft die komplizierten Wechselwirkungen zwischen den einzelnen Lebewesen genauer erforscht hatte, setzte sich auch im Naturschutz die Bestrebung durch, den Artenschutz mit dem Biotopschutz, also der Erhaltung der Lebensstätten, zu kombinieren. Nur auf diese Weise ist ein wirkungsvoller Schutz der bedrohten Pflanzen und Tiere möglich. Darüber hinaus braucht auch der Mensch selbst die geschützten Reste der unberührten Natur. Aus ihr schöpft er Kraft für die anstrengende Arbeit in den Steinwüsten der Städte, wo sonst das Gemüt verkümmert. *Die ›Schönheit der Natur und die Schönheit der menschengeschaffenen kulturellen Umgebung sind beide nötig, um den Menschen geistig und seelisch gesund zu erhalten‹* (Konrad Lorenz). Das wird leider allzuleicht in der Hast unserer Zeit ver-

Biotopschutz

gessen. Man glaubt oft, keine Zeit zu haben um zu überlegen, zu prüfen – bedenkenlos kommen z. B. Giftstoffe in der Landwirtschaft und im Obstbau zur Anwendung. Dabei werden nicht nur Schadinsekten vernichtet, sondern auch die sog. ›Nützlinge‹, die Bienen und Hummeln, die für die Bestäubung unserer Nutzpflanzen unbedingt notwendig sind. Auch die unüberlegte Begradigung von Flüssen, die Entwässerung von Mooren, das Zuschütten von Weihern vernichten nicht nur die für diese Lebensgemeinschaften typischen Pflanzen und Tiere. Die durch solche Maßnahmen hervorgerufene Absenkung des Grundwassers führt leicht zu Verkarstungs- und Erosionserscheinungen. In großem Maßstab trat dies in den USA zutage, wo heute durch unsachgemäße Bewirtschaftung, die nur auf Gewinn ausgerichtet war, weite Gebiete zu ›man made deserts‹, zu Wüsten gemacht wurden. Solche Beispiele ließen sich beliebig vermehren. Alle zeigen sie, daß mangelhaft geplante und unüberlegte Eingriffe in die natürlichen Lebensgemeinschaften sich letzten Endes gegen den Menschen selbst wenden und sich wirtschaftlich katastrophal auswirken.

Der Naturschutz bemüht sich daher heute, den Menschen klar zu machen, daß bei notwendigen Eingriffen in natürliche Lebensgemeinschaften neue, auf seine Bedürfnisse zugeschnittene Biozönosen (= Lebensgemeinschaften) geschaffen werden, die sich ebenso im Gleichgewicht befinden wie die natürlichen. Das ist ohne Schwierigkeiten möglich, erfordert aber genaue Kenntnis der Naturgesetze und deren Berücksichtigung in der Planung. So könnte ein ausgewogenes Verhältnis zwischen den wirtschaftlichen (= ökonomischen) und biologischen (= ökologischen) Erfordernissen erreicht werden.

Biozönose

Damit wäre aber auch den gefährdeten Pflanzen und Tieren die Möglichkeit gegeben zu überleben, denn in einer gesunden Kulturlandschaft gibt es sog. *ökologische Zellen,* die den bedrohten Lebewesen als Rückzugsräume dienen können.

Naturschutz heute – das bedeutet, die durch unbedachte Eingriffe in die Lebensgemeinschaften gestörte, z. T. sogar zerstörte Ganzheit des natürlichen Systems durch Beachtung der Naturgesetze wieder herzustellen und sie dort, wo sie noch funktioniert, zu erhalten.

Die Lebensgemeinschaften Mitteleuropas

Kein Gebiet Europas zeigt eine so große Vielfalt der Bodenoberfläche wie Mitteleuropa. Von den Küsten der Nord- und Ostsee zieht ein breiter Streifen Tiefland, von großen Strömen durchzogen, bis zu den waldreichen Höhen der Mittelgebirge. Südlich von diesen breitet sich ein welliges Hügelland aus, das schließlich begrenzt wird von dem Hochgebirge der Alpen, das den mitteleuropäischen Raum gegen den mediterranen abgrenzt. Dieses mannigfaltige Relief von Ebene, Hügelland, Mittelgebirge und Hochgebirge führte zur Ausbildung zahlreicher Lebensräume (= Biotope), in denen sich eine artenreiche Pflanzen- und Tierwelt ansiedelte; sie ist dem jeweiligen Standort angepaßt. Die Pflanzen und Tiere stehen in vielfachen Beziehungen zueinander, können teilweise ohne den anderen gar nicht auskommen. Dabei besteht ein dauernder Wettbewerb zwischen den auf einem abgegrenzten Lebensraum vorkommenden Lebewesen. Die Pflanzen kämpfen um Boden, Licht und Wasser und nur die kräftigsten können überleben, die Tiere brauchen die Pflanzen als Nahrung, verfolgen sich aber auch gegenseitig. Durch diesen ständigen ›Kampf ums Dasein‹ (Darwin) formt sich eine Lebensgemein-

Biotop

Ökologische Zelle: Die Hecke in der Kulturlandschaft – ein Überlebensraum

schaft (= Biozönose), innerhalb derer die Zahl der an ihr beteiligten Lebewesen etwa die gleiche bleibt.

Die verwickelten *gegenseitigen Beziehungen zwischen den Lebewesen und ihren Lebensstätten (= Biotopen)* wird von einem Teilbereich der Biologie erforscht, *von der Ökologie (= Naturhaushalt)*. Sie unterscheidet in der natürlichen Umwelt

a) unbelebte Elemente: Gesteine, Wasser, Licht, Luft, Temperatur und

b) belebte Elemente: Bakterien, Pilze, grüne Pflanzen und Tiere.

Ökosystem

Die unbelebten Elemente in ihrer Gesamtheit bilden die schon erwähnten *Lebensräume (= Biotope)*, die belebten die Lebensgemeinschaften *(= Biozönosen). Beide zusammen ergeben ein Ökosystem*, z. B. Wald, See, Meer, Heide, Moor, Hochgebirge. Durch die Wechselwirkungen zwischen den Lebewesen selbst und ihren Lebensräumen entsteht ein ›biologisches Gleichgewicht‹. Es ist nicht unabänderlich feststehend, sondern dynamisch, d. h. jede Veränderung eines einzigen Faktors wirkt sich auf das gesamte Ökosystem aus, führt also zu einer Änderung aller gegenseitigen Verhältnisse. Doch stellt sich in jeder natürlichen Lebensgemeinschaft das biologische Gleichgewicht durch Selbstregelung immer wieder ein. Vermehren sich z. B. die Raupen der Nonne übermäßig, so nehmen auch ihre natürlichen Feinde, die Vögel und Schlupfwespen, stark zu. Nehmen die Schädlinge, bedingt durch die Dezimierung durch ihre natürlichen Feinde, aber auch durch parasitische Seuchen, ab, so geht auch die Zahl der Vögel und Schlupfwespen von selbst zurück. Das Zahlenverhältnis pendelt sich ein, das natürliche Gleichgewicht im Ökosystem ist wieder hergestellt. Diese Selbstregelung kann allerdings nur in einem natürlichen Ökosystem eintreten, in einem künstlichen, vom Menschen geschaffenen, z.B. im reinen Fichtenforst, funktioniert sie nicht.

Biologisches Gleichgewicht

Jeder Eingriff in den Naturhaushalt eines Ökosystems durch den Menschen führt unausweichlich zu Störungen des biologischen Gleichgewichts. Die Lebensräume und damit die Lebensbedingungen für Pflanze und Tier werden verändert. Lebewesen, die spezielle Anpassungen für ihr Biotop entwickelt haben, finden keine Lebensmöglichkeit mehr. Wird z. B. ein Moor trockengelegt, so werden die Sauergräser, die Moorbirken, der Sonnentau und andere diesem Feuchtbiotop angepaßten Pflanzen verschwinden, ebenso die Molche, Kröten und Unken, die ursprünglich dort lebten. Da nun solche Trockenlegungen in steigendem Maße durchgeführt werden, verarmt die natürliche Umwelt immer mehr, bestimmte Pflanzen und Tiere sterben aus. Daher sucht der Naturschutz auch in dem dicht besiedelten Mitteleuropa in der vom Menschen geprägten Kulturlandschaft ursprünglich gebliebene Ökosysteme als Naturschutzgebiete zu erhalten und inmitten von landwirtschaftlich oder industriell genützten Gebieten sog. Ökozellen zu schaffen, kleinräumige Ökosysteme, z. B. Weiher oder Tümpel in Senken von Wiesen, Hecken an den Rainen der Felder, kleine Gehölze zwischen den Feldern, um den gefährdeten Pflanzen- und Tierarten Rückzugsgebiete zur Verfügung zu stellen, in denen sie eine Überlebenschance haben.

Nur so kann der an Biotopen und Biozönosen reiche mitteleuropäische Raum seine Vielfalt behalten, die nicht nur für den Wissenschaftler, sondern für alle Menschen von ausschlaggebender Bedeutung ist. Denn diese Vielgestaltigkeit bietet der meist in Ballungsgebieten lebenden Bevölkerung den notwendigen Erholungsraum, die Entspannung, die nur in der Ruhe der unberührten Landschaft gefunden werden kann. Dazu ist freilich eine Hinführung zu den verborgenen Schätzen der Natur notwendig. Eine Hilfe dazu soll die kurze Behandlung der mitteleuropäischen Ökosysteme und der in ihnen noch lebenden gefährdeten Pflanzen und Tiere sein.

I. Der Wald

Die Lebensgemeinschaft Wald ist in Mitteleuropa weit verbreitet. Zwar haben die Wälder heute nicht mehr die Ausdehnung wie zur Zeit des römischen Geschichtsschreibers Tacitus, der um das Jahr 100 in seiner ›Germania‹ schrieb, daß ganz Germanien von Sümpfen und Wäldern bedeckt sei. Die starke Rodungstätigkeit, die im Mittelalter einsetzte und bis heute noch nicht abgeschlossen ist, ließ den Waldbestand stark zurückgehen; durch die Tätigkeit der Forstwirtschaft hat sich auch die Zusammensetzung der Wälder wesentlich verändert. Trotzdem ist noch ein Viertel der Fläche Mitteleuropas von Wald bedeckt. Man braucht kein großer Pflanzenkenner zu sein um festzustellen, daß unsere Wälder in verschiedenen Gegenden aus recht unterschiedlichen Baumarten zusammengesetzt sind. Die Botanik spricht von Pflanzengesellschaften oder Pflanzenvereinen, denn nicht nur die den Wald charakterisierenden Bäume, auch die sog. Begleitpflanzen: die Sträucher, Kräuter, Farne, Moose und Flechten zeigen Unterschiede, die für den jeweiligen Waldbestand typisch sind. Die Pflanzensoziologie, die Lehre von den Pflanzengesellschaften, unterscheidet daher zahlreiche Waldgesellschaften. Sie entstehen durch Unterschiede in der Höhenlage, der Bodenzusammensetzung und der Bodenfeuchtigkeit. Wir brauchen hier nicht auf Einzelheiten einzugehen. Aber zwei Waldtypen müssen wir unterscheiden: den Laubwald und den Nadelwald.

Pflanzensoziologie

Mischwald

Der in früheren Jahrhunderten dominierende Mischwald ist weitgehend verschwunden. Aus Gründen der Wirtschaftlichkeit zieht der Forstmann heute die ›reinen Bestände‹ vor, also den Fichtenwald, den Buchenwald usw. Erst die jüngsten Erkenntnisse der Forstwissenschaft führen bei der Waldpflege wieder zum Mischwald zurück. Die folgende Tabelle gibt einen Überblick über die Verteilung der bestandbildenden Baumarten:

Kiefer (trockene, sandige Böden)	44 %	Buche (humusreiche Böden)	16 %
Fichte (höhere Lagen der Gebirge)	20 %	Eiche (nährstoffreiche Böden, Mittelgeb.)	8 %
Tanne (tiefgründiger Boden, viel Luftfeuchtigkeit)	3 %	Auwald (Pappel, Erle, Weide, feuchte Böden)	9 %
Nadelwald = $^2/_3$	67 %	Laubwald = $^1/_3$	33 %

Das Gedeihen unserer gefährdeten Pflanzen und Tiere, die in den Wäldern leben, ist von den dort herrschenden kleinklimatischen Verhältnissen abhängig. Diese unterscheiden sich stark von denen auf freien Flächen.

Gesunder Naturwald

Waldklima

Das Waldklima. Von besonderer Bedeutung für das Gedeihen der Pflanzen ganz allgemein ist das *Licht*. Das Laub- bzw. Nadeldach der Wälder hält viel Licht vom Boden ab, sodaß die Bodenpflanzen meist unter Lichtmangel leiden. Im Nadelwald ist das ganzjährig der Fall, im Laubwald ergeben sich jahreszeitlich große Unterschiede. Die folgende Tabelle macht uns das klar:

Lichtstärke im unbelaubten Buchenwald	26% des Freilandlichts
Lichtstärke im belaubten Buchenwald	3-4% des Freilandlichts
Lichtstärke im Nadelwald ganzjährig	5% des Freilandlichts

Auch die *Temperatur* ist im Wald anders als auf den Freiflächen. Auf letzteren kann durch die ungehinderte Sonneneinstrahlung die Temperatur am Boden bis zu 70° ansteigen. Im Wald liegt sie tagsüber in der Regel unter der Lufttemperatur, nachts ist es wärmer in den Wäldern als im Freien. Da die Luft weniger bewegt ist, speichert sie Wärme und daher sind die Temperaturen im Wald den freien Flächen gegenüber wesentlich ausgeglichener.
Ähnliches gilt für die *Luftfeuchtigkeit*. Sie ist wesentlich höher im Wald als in offenem Gelände. Die durch Verdunstung erzeugte

Luftfeuchtigkeit bleibt durch das Fehlen des Windes erhalten. Außerdem ist über dem Boden der Gehalt der Luft an Kohlensäure höher als im freien Gelände. Das ist wichtig für die Assimilation (= Umwandlung von Wasser und Kohlendioxid in Zucker und Stärke) der Bodenpflanzen mit Hilfe von Sonnenlicht und Blattgrün.

A1. Die geschützten Pflanzen des Laubwaldes

Aufbau des Waldes

Im Laubwald sind die Biozönosen durch seinen stockwerkartigen Aufbau besonders deutlich gegliedert. Wir unterscheiden die Baumschicht, das ist die Zone der Baumkronen, die Strauchschicht, die Kräuterschicht und die Bodenschicht. Von oben nach unten verschlechtern sich die Lichtverhältnisse immer mehr. Durch das Naturschutzgesetz geschützte Pflanzen finden sich in allen Stockwerken des Laubwaldes, in besonders großer Zahl aber in der Kräuterschicht und hier wieder vor allem im Frühjahr, wenn vor dem Laubausbruch das meiste Licht auf den Waldboden fällt. Wir beginnen daher die Einzelbetrachtung der geschützten Pflanzen des Laubwaldes mit den im zeitigen Frühjahr blühenden Bäumen, Sträuchern und Kräutern.

Die Salweide *(Salix caprea)*. Sie gehört zwar nicht zu den geschützten, wohl aber zu den gefährdeten Pflanzen. Die ›Palmkätzchen‹ werden schon im Februar/März in Massen geplündert und dabei entsteht oft erheblicher Schaden, denn Äste und Zweige werden rücksichtslos heruntergerissen und damit die ganze Pflanze schwer beschädigt. Als erste Bienennahrung haben die Weidenkätzchen auch volkswirtschaftliche Bedeutung. Denn die Palmkätzchen sind nichts anderes als die Blütenstände der Weide. Wir können bei aufmerksamer Betrachtung zwei verschieden geformte Kätzchen beobachten: dicke, eiförmige, welche die Staubbeutel (männlich) enthalten, und grünlich gefärbte, walzenförmige. Sie tragen zahlreiche Narben (weiblich). Sowohl die männlichen wie die weiblichen Kätzchen haben am Grunde jeder Einzelblüte zwei Nektardrüsen. Sie werden von den Bienen und natürlich auch von anderen honigsuchenden Insekten gerne aufgesucht. Dabei vermitteln die Blütengäste die Bestäubung. Alle Weidenarten – wir kennen allein in Mitteleuropa 25 verschiedene Formen – haben getrenntgeschlechtige Blüten, die auf verschiedenen Bäumen stehen. Daher bezeichnet man die Weiden als zweihäusige Pflanzen. – Nicht nur als Honiglieferant hat die Weide wirtschaftliche Bedeutung. Weidenruten werden als Faschinen zum Verbauen von Dämmen verwendet, in der Medizin finden wir Auszüge aus Weidenrinde in Hustentee und Hustensaft, in der Volksheilkunde wird sie gegen Rheuma und Fieber verwendet. Die Rinde der Weide

Bienennahrung

Blütenkätzchen der Salweide, erste Nahrung für Insekten

dient auch zum Gerben des feinen Juchtenleders. Es ist daher zu begrüßen, daß durch den Art. 15,1 des geltenden Naturschutzgesetzes *die mutwillige Beschädigung durch unsachgemäßes Abreißen von Zweigen unter Strafe gestellt* wurde. Die Weiden wachsen am häufigsten im Auwald, wo der Boden immer feucht ist, und an den Ufern von Flüssen und Bächen. *Das Abschneiden* von Weidenzweigen in beschränkter Menge ist gestattet.

Seidelbast *(Abb. S. 16)*

Giftig

Der Seidelbast *(Daphne mezereum).* Der über 1 m hohe Strauch gehört zu den ersten Blütenpflanzen des Waldes. Schon im März öffnen sich die betäubend duftenden hellpurpurroten Blüten. Sie stehen meist zu dritt direkt in den Blattachseln der vorjährigen Blätter. Die lanzettlichen Blätter erscheinen erst nach der Blüte. Im Spätsommer reifen die scharlachroten Beeren, die genau wie die Blüten direkt an den Zweigen sitzen. Der Strauch ist reich verzweigt, die Rinde mit braunen Wärzchen besetzt. Seinen Namen verdankt der Seidelbast dem seidig glänzenden Bast unter der Rinde. Der lateinische Name Daphne stammt aus der griechischen Sagenwelt. Der Gott Apollon liebte die schöne Nymphe Daphne. Sie aber floh ihn und bat ihren Vater, sie in einen Lorbeerbaum zu

Frühlingsknotenblume im Auwald *(Text S. 17)*

Der Seidelbast blüht schon im Februar

verwandeln. Da die Blätter des Seidelbast lorbeerblattähnlich sind, erhielt die Pflanze den Namen der Nymphe. – *Die ganze Pflanze ist sehr giftig.* Das gilt vor allem für die Beeren, aber auch für die Rinde. Reibt man z. B. die Haut mit ihr, so kommt es zu Entzündungen mit Rötung, Schwellung und Blasenbildung. Früher benützte man diese Eigenschaft in der Medizin gegen Hauterkrankungen. In der Homöopathie wird eine aus Seidelbastrinde gefertigte Tinktur noch ab und zu verwendet. *Der Seidelbast ist streng geschützt.* Wegen seiner frühen Blütezeit wird er gerne gepflückt. Da sein Holz sehr zäh ist, wird beim Abreißen der Zweige nicht selten die ganze Pflanze schwer beschädigt. Viele ›Blumenfreunde‹ graben den ganzen Strauch aus und versetzen ihn in ihren Garten. Auch das ist nicht gestattet, der Seidelbast gehört in den Wald. Im Buchenwald, über kalkigem Boden, gedeiht er am besten. Im Gebirge treffen wir den Seidelbast bis etwa 1200 m Höhe.

Im Frühjahr, wenn der Boden noch genügend Licht bekommt, verwandelt sich der Boden des Laubwaldes in einen wahren Blütenteppich. Diese Frühblüher haben alle unterirdische Vorratsbehälter: Zwiebeln oder Wurzelstöcke. So haben sie die notwendigen Stoffe bereit, um unmittelbar nach dem Wegtauen des Schnees ihre Blüten und Blätter entfalten zu können.

Schneeglöckchen

Das Schneeglöckchen *(Galanthus nivalis).* Schon im Februar oder März treibt die Zwiebel zwei schmale, linealische Blätter und einen etwa 15 cm hohen Stengel, an dessen Ende eine einzelne Blüte steht. Die drei äußeren Blütenblätter sind lang und oval zugespitzt, die drei inneren kurz, herzförmig und ausgerandet und mit einem grünen Fleck am freien Ende versehen. Aus der Blüte entwickelt sich eine Fruchtkapsel, an deren Samen ein großer, fleischiger Nährkörper angewachsen ist. Da der Stengel nach der Fruchtbildung schlaff auf den Boden fällt, können Ameisen an die Samen kommen. Sie haben eine Vorliebe für den am Samen festgewachsenen Nährkörper und tragen daher die Samen zu ihrem Bau. Unterwegs fressen sie den Nährkörper oft auf und lassen den eigentlichen Samen unbeachtet liegen. So tragen sie zur weiten Verbreitung des Schneeglöckchens bei. Heute wächst das Schneeglöckchen meist in Gärten; sein natürlicher Standort sind Auwälder und Wiesen. Wie bei allen Frühblühern werden die Schneeglöckchen oft massenweise gepflückt, nicht selten auch ausgegraben. Manche früher reiche Standorte sind dadurch erloschen. Das Gesetz schützt *das Schneeglöckchen,* es *darf nicht in größeren Mengen gesammelt und nicht ausgegraben werden.*

Frühlingsknotenblume

Die Frühlingsknotenblume *(Leucojum vernum).* Wie seine Verwandte ist die Frühlingsknotenblume im südlichen Mitteleuropa beheimatet. Auch sie blüht im März und April, oft unmittelbar nach der Schneeschmelze in feuchten Laubwäldern, besonders in Auwaldungen. Im Gegensatz zum Schneeglöckchen hat es drei bis vier schmale Blätter. Es kann bis zu zwei Blüten an einem Stengel haben. Die sechs Blütenblätter sind alle gleich groß und tragen an ihrem Ende einen grünlich-gelben Tupfen. Es ist aus den gleichen Gründen *gefährdet wie das Schneeglöckchen, auch für seinen Schutz gilt das gleiche.*

Meerzwiebel

Die zweiblättrige Meerzwiebel *(Scilla bifolia).* Die zweiblättrige Meerzwiebel, auch Sternblümchen, Blaustern und Josefsblümchen genannt, entfaltet ihre himmelblauen Blüten im März am Rand von Buchenwäldern und in den Auwäldern entlang der großen mitteleuropäischen Ströme. Wie die beiden Schneeglöckchenarten gehört es zu den Zwiebelgewächsen. Die unterirdischen Nährstoffspeicher, die wir Zwiebel nennen, ermöglichen es unseren Frühlingsboten, so zeitig im Jahr zu erscheinen. Das ist auch der Grund, weshalb die Meerzwiebel bei uns heimisch werden konnte. Denn sie stammt aus Südosteuropa. Den Flüssen entlang wanderte sie durch ganz Mitteleuropa bis nach Westeuropa. Bei der Verbreitung halfen auch die Ameisen mit. Wie beim Gemeinen Schneeglöckchen tragen die Samen ein fleischiges Anhängsel, das die Ameisen gerne fressen. Sie sammeln daher die Samen und verschleppen sie oft über weite Strecken. – Aus der haselnußgroßen Zwiebel entspringt ein zarter, 10–20 cm hoher Trieb. Er besteht aus zwei lineallanzettlichen Blättern und einem die Blüten tragenden Stengel. Vier bis fünf der zarten, leuchtend azurblauen Blüten stehen an seinem Ende in Form einer Traube.

Ameisenpflanze

Wegen der frühen Blütezeit und der auffallend schönen Farbe wird die Meerzwiebel seit langem in den Gärten kultiviert. Von dort aus hat sie sich auch in Grasgärten, Obstkulturen und Weinberge verbreitet. Der Blaustern ist eine bescheidene Pflanze, die in jedem tiefgründigen Boden gedeiht. Allen schädlichen Einflüssen ungünstiger Jahreszeiten ist er entzogen, da die Zwiebel tief im Boden liegt, wo sie ungestört Nährstoffe ansammelt, um im zeitigen Frühjahr wieder ein Stückchen Himmelsblau auf den noch kahlen Boden zu zaubern.

Im Freiland ist die Meerzwiebel selten geworden. Die Auwälder, ihr bevorzugter Standort, sind an vielen Stellen den Flußbegradigungen zum Opfer gefallen. Dadurch sind zahlreiche Fundorte erloschen. Auch wurde und wird sie immer noch gerne ausgegraben und in Hausgärten versetzt. Daher genießt sie den Schutz des Gesetzes. *Das Ausgraben der Zwiebel ist verboten.*

Traubenhyazinthe

Die Traubenhyazinthe *(Muscari botryoides).* Die Traubenhyazinthe ist als wildwachsende Pflanze ziemlich selten. Das braucht uns nicht zu wundern, denn wie viele andere Zwiebelpflanzen stammt sie aus warmen Gebieten im Südosten Europas. Ihre weiteste Verbreitung finden die Muscari-Arten, von denen es mehrere gibt, in den Mittelmeerländern. Um gedeihen zu können, braucht das Träubelchen, wie sie auch genannt wird, warme, tiefgründige Lehm- und Sandlehmböden. Solche finden wir meist an Waldrändern. Gelegentlich ist sie auch auf Wiesen und in Weinbergen anzutreffen. Es ist nicht leicht, das Verbreitungsgebiet der Traubenhyazinthe festzustellen. Sicher sind viele Standorte auf Verwilderung zurückzuführen, denn wegen ihrer schönen und auffallenden Blüten wurde sie schon im Mittelalter in Klostergärten gezogen. Von dort gelangte sie in die Bürgergärten. Im Laufe der Zeit fand sich bestimmt manche Gelegenheit zur Verwilderung ursprünglich angepflanzter Bestände.

Auch das Träubelchen gehört zu den Zwiebelgewächsen und kann mittels seines unterirdischen Nährstoffspeichers schon im März zwei bis drei schmale, linealische Blätter treiben, zwischen denen sich auf runden Stielen der traubenförmige Blütenstand erhebt. Es lohnt sich, die Einzelblüten näher zu betrachten. Sie sind eiförmig, blau gefärbt und haben einen sechszackigen, weißen, zurückgeschlagenen Saum. Die ganze Blütentraube ist kegelförmig, die

Leberblümchen im Buchenwald

Traubenhyazinthe – nur noch selten am Waldrand zu finden

obersten Blüten sind heller; sie sind unfruchtbar und bleiben geschlossen.
Das Ausgraben der Zwiebeln der Traubenhyazinthe ist verboten. Trotzdem wird sie nicht selten wegen der schönen Blüte und der frühen Blütezeit durch Gartenbesitzer und Händler ausgegraben. Von Wanderern werden die Blüten gesammelt. So ist diese schöne Frühjahrspflanze in der freien Natur sehr selten geworden. Neben dem Träubelchen gibt es in Mitteleuropa noch drei weitere Arten: die Schopfhyazinthe *(Muscari comosum)*, die Bisamhyazinthe *(Muscari tenuiflorum)* und die Katzentraube *(Muscari racemosum)*. *Sie genießen alle den gleichen Schutz* wie das Träubelchen.

Leberblümchen

Das Leberblümchen *(Anemone hepatica = Hepatica nobilis)*. Das Leberblümchen ist eine der bekanntesten und weitverbreitetsten Frühlingspflanzen. Schon im März leuchten seine blauen, manchmal auch rosa und weiß gefärbten Blüten aus dem braunen Laub nährstoffreicher, auf Kalk stockender Buchenwälder. In den Mittelgebirgen finden wir es bis 1000 m Höhe, in den Alpen sogar bis 1500 m. Um schon so zeitig im Frühjahr blühen zu können, braucht es wie die vorher beschriebenen Pflanzen eine unterirdische Vorratskammer. Diesmal handelt es sich aber nicht um eine Zwiebel, sondern um einen Wurzelstock, einen unterirdischen Sproß. Der Wurzelstock ist also keine Wurzel! Aus ihm treiben die dicht mit abstehenden, seidig-weißen Haaren bedeckten Stiele, die an ihrem Ende die leuchtend blauen Blüten tragen. Die sechs bis sieben Blütenhüllblätter vergrößern sich während der ungefähr eine Woche dauernden Blütezeit um das Doppelte, von 6 auf 13 cm. Das ist notwendig, damit sie den nach dem Aufblühen heranwachsenden Staubgefäßen bei feuchtem Wetter und nachts Schutz bieten können. In der Mitte der zahlreichen, weißen Staubblätter befindet sich ein grünes Köpfchen, an dem die Stempel stehen. Diese bilden viele Samen, die wie beim Blaustern und beim Gemeinen Schneeglöckchen ein ölhaltiges Anhängsel haben, das von den Ameisen gerne verzehrt wird. Dadurch tragen diese zur Verbreitung der Pflanze bei. Die Blätter des Leberblümchens erscheinen erst nach den Blüten. Daher nennt man es im Rheinland ›Sohn vor dem Vater‹, in der Pfalz ›Tochter vor der Mutter‹. Die Blätter sind dreilappig, auf der Oberseite grün, auf der Unterseite violett überlaufen. Im Laufe des Sommers nehmen sie eine lederartige Beschaffenheit an. Oft überdauern sie unter der Laubdecke der Buchenwälder den Winter. Im Frühjahr aber sterben sie ab und werden von neuen ersetzt. Die frischen Blätter des Leberblümchens wurden früher im April und Mai gesammelt; ihr Absud fand gegen Leber- und Nierenleiden Verwendung. In der modernen Medizin werden sie nicht mehr verwendet.

Wurzelstock

Das Leberblümchen gehört zu den teilweise geschützten Pflanzen, d. h. es darf nicht ausgegraben werden. Einen kleinen Strauß der blauen Blüten darf man also pflücken. Leider werden immer wieder Leberblümchen in die Gärten verpflanzt, obwohl sie in den Handelsgärtnereien zu haben sind. Solche Pflanzen kommen auch viel leichter im Garten vorwärts als die widerrechtlich im Wald ausgegrabenen.

Frühlingspflanzen

Neben diesen geschützten Frühlingspflanzen des Laubwaldes blühen zur gleichen Zeit noch zahlreiche andere, von denen die wichtigsten kurz genannt werden sollen: das Lungenkraut *(Pulmonaria officinalis),* dessen Blätter früher gegen Verschleimung und Heiserkeit Verwendung fanden, das Buschwindröschen *(Anemone nemorosa)* und das Märzveilchen *(Viola odorata).*

Die bunte Blütenpracht des Vorfrühlings im Buchenwald dauert nicht lange. Wenn sich im Mai die Blätter der Baumkronen entfalten, gelangen die Sonnenstrahlen nicht mehr auf den Boden und die zarten Frühblüher ziehen sich in ihre unterirdischen Organe, die Zwiebeln oder Wurzelstöcke, zurück. Dort haben sie während der kurzen Zeit, in der sie den sonnenhungrigen Menschen mit ihren Blüten Freude bereitet haben, genügend Vorratsstoffe gesammelt, um im nächsten Frühjahr wieder zeitig erscheinen zu

Maiglöckchen

können. Auch sind die Samen gereift, die ihnen weitere Verbreitung sichern. Trotzdem finden wir auch im Mai und Juni noch zahlreiche geschützte Pflanzen im Laubwald. Der geringeren Lichtmenge im Schatten der Baumkronen sind sie durch große Blattflächen, die viel Blattgrün *(Chlorophyll)* enthalten, angepaßt. So können sie jede noch so geringe Lichtmenge ausnützen.

Maiglöckchen

Giftig

Das Maiglöckchen *(Convallaria majalis)*. ›Die Maiblume, die im Talkessel blüht‹ (*convallis* = Talkessel) bedeutet der lateinische Name dieser beliebten Pflanze, die in ganz Europa zuhause ist. In lichten Laub- und Mischwäldern können wir oft dichte Bestände finden. Leider lieben nicht nur die Insekten, vor allem Bienen und Hummeln, den angenehmen Duft der Blüten, die zu einer einseitswendigen Traube am Blütenstiel angeordnet sind. Gerne würde sich jeder, der einen Spaziergang durch den maigrünen Laubwald macht, ein Sträußchen der wohlriechenden Blüten pflücken. In bescheidenem Maße ist das auch erlaubt. Aber leider werden die Bestände des Maiglöckchens oft in solchem Ausmaße geplündert, daß diese schöne Pflanze ernstlich gefährdet ist. Es sind hauptsächlich Händler, die eine Gefahr für das Maiglöckchen darstellen, aber

auch Gartenbesitzer, die es ausgraben und in ihre Heimgärten verpflanzen. Beide Nutzungsformen sind nicht gestattet.
Die Blätter und Blüten des Maiglöckchens entspringen einem Wurzelstock, der im Boden kriecht und sich jedes Jahr um 25 bis 30 cm verlängert. Er ist mehrfach verzweigt. An der Spitze dieser Verzweigungen bilden sich im Herbst Seitentriebe, aus denen dann Ende April und im Mai die oberirdischen Teile der Pflanze emportreiben. Die Verzweigung des Wurzelstocks (Rhizom) ist der Grund dafür, daß das Maiglöckchen meist in größeren Beständen auftritt. Die großen, längsgeaderten Laubblätter sind typische Schattenblätter. Durch ihre Breite und ihren reichen Chlorophyllgehalt können sie die geringe Lichtmenge, die auf den Waldboden fällt, gut ausnützen. Zwischen den zwei Laubblättern steht der blattlose Stengel mit der Blütentraube. Jedes der drei bis zehn Blütchen birgt sechs Staubgefäße und einen kugelförmigen Fruchtknoten. Aus ihm entwickeln sich im Sommer scharlachrote Beeren, die von Vögeln, besonders von Drosseln, gerne verzehrt werden. Die Samen werden dadurch weit verbreitet.

Rhizom

Das Maiglöckchen gehört zu den Giftpflanzen. Es enthält Glykoside (kompliziert aufgebaute Zuckermoleküle), die eine ähnliche Wirkung wie Digitalis haben. *In der Medizin werden diese Stoffe als Mittel gegen Herzkrankheiten verwendet.* Die getrockneten und zerriebenen Blüten des Maiglöckchens reizen zum Niesen. Sie sind einer der Bestandteile des ›Schneeberger‹-Schnupftabaks.

Orchideen

Auch zwei Orchideen begegnen wir ab Mai im Laubwald, dem Zweiblatt und der Nestwurz. Wir werden der Familie der **Orchideen**, die in Mitteleuropa mit 54 Arten vertreten ist, in fast allen Lebensgemeinschaften begegnen. *Alle Orchideenarten gehören zu den vollständig geschützten Pflanzen und sind sehr gefährdet.*
Das liegt daran, daß sie gegen Veränderungen ihrer Umwelt sehr empfindlich reagieren. Die meisten Orchideen vertragen künstliche Düngung nicht; die an feuchte Standorte gebundenen gingen durch Entwässerungen zugrunde. Die meisten Arten, die wir im dicht besiedelten mitteleuropäischen Raum noch finden, verdanken ihr Überleben der Errichtung von Naturschutzgebieten bzw. Naturdenkmalen. Die schon im Mai blühenden Waldorchideen sind wegen ihrer unscheinbaren Blüten verhältnismäßig wenig gefährdet, so das **Zweiblatt** (*Listera ovata)* mit seinen gelblichgrünen Blüten, die an einem langen Stengel in vielblütiger Traube stehen. Ihren Namen hat diese wenig auffallende Orchidee von den zwei breiten, eiförmigen Blättern, die am Grunde des Stengels stehen.

Zweiblatt

Nestwurz

Die Nestwurz *(Neottia nidus-avis),* die in Buchen- und auch in Nadelwäldern vorkommt, gehört zu den seltsamsten heimischen Orchideen. Die ganze Pflanze ist ohne Blattgrün. Sie besitzt auch keine Blätter an dem gelbbraunen Stengel, der die schönen, gelb-

Der Frauenschuh, unsere schönste Orchidee

lichbraunen Blüten in einem ährenförmigen, kolbigen Blütenstand trägt. Die Nestwurz gehört zu den Fäulnisbewohnern (Saprophyten). Sie bezieht die zum Leben notwendigen organischen Stoffe von abgestorbenen Lebewesen. In ihren stark verzweigten, ineinander verschlungenen Wurzeln, die an ein Vogelnest erinnern (Name!), leben bestimmte Pilze. Diese saugen aus dem Moder des Waldbodens die benötigten Nährstoffe auf und geben sie an die Orchidee weiter. Die Orchidee liefert den Pilzen das Wasser. Zwischen den beiden Pflanzen besteht eine Ernährungsgemeinschaft (Symbiose). Viele Orchideenarten sind auf solche Wurzelpilze angewiesen. Die Botaniker sprechen von einer Mykorrhiza.

Symbiose

Der Sommer schmälert durch das dichte Laubdach das Licht noch mehr. Trotzdem geht das Blühen auf dem Waldboden weiter. Es sind sogar besonders auffallende Blütenpflanzen, die von Juni bis September im Laubmischwald zu finden sind. Ihre Gefährdung ist daher sehr groß.

Frauenschuh

Der Frauenschuh *(Cypripedium calceolus)* ist unsere schönste, auffallendste und daher am meisten bedrohte Orchidee. In Buchenwäldern auf Kalkuntergrund, aber auch an buschigen Stellen, vereinzelt sogar in der Legföhrenregion der Alpen ist er zu finden. Aus einem unterirdischen, waagrecht kriechenden Wurzelstock erhebt sich die stattliche, 15–50 cm hohe Pflanze. Der Stengel trägt drei bis vier breite, elliptische Blätter, die denen des Maiglöckchens ähneln. Sie haben keinen Stiel und umfassen den Stengel wie mit einer Scheide. An seinem oberen Ende trägt er die große, auffallende Blüte; ihre eigenartige Form hat den Frauenschuh an den Rand des Aussterbens gebracht. Vier purpurbraune, kreuzförmig gestellte Blütenblätter umgeben die zitronengelbe, schuhartig aufgeblasene Unterlippe. Am Grunde ist diese rot getupft.

Kesselfallenblüte

Das schuhartige Gebilde stellt eine sogenannte Kesselfallenblüte dar. Duft und Farbe der Blüte locken Insekten, meist sind es zentimeterlange Erdbienen der Gattung Andrena, an. Durch die Hauptöffnung des ›Schuhs‹, dessen Rand durch einen Ölüberzug so glatt ist, daß die Füße der Insekten keinen Halt finden, fallen sie in das Innnere der aufgeblasenen Lippe. Nachdem sie sich am Nektar gütlich getan haben, müssen sie, um wieder nach außen zu kommen, am Fersenteil des ›Schuhs hochklettern, um eine der beiden engen Seitenpforten zu erreichen, die durch einen nach vorne gebogenen Blütenteil gebildet werden. Dieser trägt an jeder Seite einen Staubbeutel und an der Unterseite die Narbenfläche. Beim Hinauskriechen bleibt der Blütenstaub an dem Insekt hängen und wird nach dem Besuch einer weiteren Blüte an der Narbe abgestreift. Durch diese komplizierte Einrichtung wird die Fremdbestäubung gesichert.

Der schuhförmigen Unterlippe verdankt die Pflanze auch den Namen. Die deutsche Bezeichnung ist neben Frauenschuh auch Marienschuh, Pantoffelblume, Venusschuh. Letztere Bezeichnung ist auch im botanischen Namen enthalten: *Kypros ist* der Beiname der Göttin Venus, *pedion* bedeutet im Griechischen kleiner Schuh, *calceolus* das gleiche im Lateinischen.

Der Frauenschuh ist vollkommen geschützt. Schon das Abbrechen einer einzigen Blüte bedeutet einen kaum mehr gutzumachenden Schaden, da die Samenbildung verhindert wird. Zwar bilden alle Orchideen sehr viele Samen, die infolge ihres geringen Gewichts vom Wind weit verweht werden. Aber nur wenige finden die Möglichkeit zur Keimung, da sie nur mit Hilfe eines Pilzes in der Lage sind, sich zu einer fertigen Pflanze zu entwickeln. Diese Entwicklung dauert viele Jahre – beim Frauenschuh sind es 14 – bis eine Jungpflanze zur Blüte kommt.

Waldvögelein

Eine andere auffallende Orchidee unserer Mischwälder ist das **Waldvögelein** *(Cephalanthera).* In Mitteleuropa kommen drei Arten vor: das weiße oder großblütige Waldvögelein *(Cephalanthera damasonium = C. alba = C. grandiflora),* das langblättrige Waldvögelein *(C. longifolia = C. ensifolia)* und das rote Waldvögelein *(C. rubra).* Der botanische Name *Cephalanthera* kommt

Rotes Waldvögelein

Kuckucksblume *(Text S. 26)*

aus dem Griechischen: *kephale* heißt Kopf und *anthera* Staubbeutel. Dieser ist rund und sitzt am Ende des Griffelsäulchens. Er sieht also aus wie ein Köpfchen. Daher kommt auch der Name ›Kopfständel‹. Der deutsche Name Waldvögelein deutet darauf hin, daß die Blüte vor der Entfaltung einem sitzenden Vogel ähnlich sieht.

Rotes Waldvögelein

Das Rote Waldvögelein *(Cephalanthera rubra),* das wir hier näher beschreiben wollen, wächst wie die beiden anderen Arten vor allem auf kalkhaltigem Untergrund. Auf einem 20 bis 50 cm hohen Stengel stehen vier bis zwölf große, hellpurpurne Blüten in einer lockeren Ähre. Bis zum Blütenstand hinauf ist der Stengel mit vier bis sechs eiförmigen, zugespitzten Blättern besetzt.
Das Rote Waldvögelein bevorzugt als Standort den lichten, trokkenen Mischwald. Die beiden weißblühenden Arten gedeihen auch in schattigeren Wäldern und auf feuchteren Böden. *Alle drei Arten sind vollkommen geschützt.* Gelegentlich werden sie durch Ausflügler geplündert. Ausgraben lohnt, wie bei den meisten Orchi-

deen, nicht, denn selten gelingt es, den Pilz, mit dem sie zusammenleben, im Garten heimisch zu machen. Am schönsten sind die Waldvögelein an ihrem natürlichen Standort!

Kuckucksblume (Abb. S. 25)

Die zweiblättrige Kuckucksblume *(Platanthera bifolia),* auch Waldhyazinthe genannt, wächst in lichten Wäldern und in buschigem Gelände in ganz Mitteleuropa. Sie gehört zu den verbreitesten Orchideen, ist aber wegen ihres starken, angenehmen Duftes sehr gefährdet. Die Kuckucksblume wird bis 50 cm hoch. Am Grunde des Stengels stehen zwei große, länglich schmale Blätter, am Stengel selbst nur kleine, zugespitzte Blättchen. Die weißen Blüten bilden eine lockere Ähre. Die Einzelblüten sind ziemlich groß und haben einen bis 2 cm langen Sporn, der mit duftendem Nektar angefüllt ist. Nur langrüsselige Nachtfalter können zu ihm gelangen und dabei die Bestäubung durchführen. Doch auch andere nektardurstige Insekten wissen sich Zugang zu dem süßen Saft zu verschaffen: sie nagen den Sporn an der Seite an und holen sich die begehrte Beute, allerdings ohne der Pflanze den notwendigen Dienst, nämlich die Bestäubung, zu erweisen. Die enge Anpassung an Nachtfalter wird auch dadurch deutlich, daß der Duft der Kuckucksblume abends besonders stark ist. Die Kuckucksblume kommt noch in einer zweiten Art vor, die als **Grünliche** oder **Bergkuckucksblume** *(Platanthera chlorantha)* bezeichnet wird. Ihre Blüten sind grünlichweiß, als Standort bevorzugt sie schattige Wälder, auch nasse Wiesen und Flachmoore. Wie ihre Schwester steigt sie im Gebirge bis über 1800 m hinauf, wo wir sie in Knieholz- und Grünerlenbeständen antreffen können.

Nachtfalterblume

Für den Laien sind die beiden Arten der Stendelwurz, wie die Kuckucksblume auch heißt, schwer zu unterscheiden. – Der Name hängt mit der Tatsache zusammen, daß man am Stengel machmal einen speichelähnlichen Saft beobachten kann. In ihm versteckt sich die Larve der Schaumzikade. Wenn wir den Schaum vorsichtig untersuchen, finden wir unter ihm eine grünliche Larve. Sie ernährt sich vom Saft der Pflanze. Der speichelähnliche Schaum entsteht dadurch, daß sie in ihren flüssigen Darminhalt nach der Ausscheidung Luft einbläst. In der Schaumhülle ist sie nicht nur sicher vor Feinden, sie wird auch vor der Austrocknung durch die Sonne geschützt. Die fertige Zikade erinnert an eine kleine Heuschrecke, ist aber nur 5–6 mm lang. Als erwachsenes Insekt kann sie keinen Schaum mehr erzeugen. Da man früher keine Erklärung für den Schaum hatte, glaubte man, der Kuckuck hätte die Pflanze bespien und nannte ihn ›Kuckucksspeichel‹. Nach dem Fundort übertrug man den Ausdruck auf die Pflanze und nannte sie Kuckucksblume oder einfach Kuckuck, eine Bezeichnung, die im Volksmund für mehrere Pflanzen gebräuchlich ist. – Der wissenschaftliche Name bezieht sich auf den Bau der Staubbeutelfächer, die besonders breit und platt aneinandergedrückt sind. Im Grie-

Schaumzikade

chischen heißt *platys* breit, *anthera* Staubbeutel, *bifolia* bedeutet zweiblättrig. – Die Wurzelknollen der Kuckucksblume haben rübenförmige Gestalt und wurden früher als *Tubera satyrii* = Satyrwurzeln in der Medizin verwendet. Das trug ebenfalls zum gefährlichen Rückgang der Pflanze bei. *Beide Arten von Platanthera sind,* wie alle Orchideen, *streng geschützt.*

Purpurknabenkraut

Das Purpurknabenkraut *(Orchis purpurea),* eines der 15 Knabenkrautarten allein in Deutschland, ist die stattlichste dieser Gattung. Bis zu 80 cm hoch mit einem Blütenstand von 15 cm Länge fällt es natürlich sehr ins Auge und ist daher entsprechend gefährdet. Dazu ist es in Mitteleuropa recht selten, denn es stammt aus dem mediterranen Raum und stellt demgemäße Ansprüche an das Klima. Nur in warmen Lagen, in lichten, trockenen Wäldern mit kalkreichem, tiefgründigem Lehm- oder Lößboden ist es zu finden. Diese Voraussetzungen treffen in Mitteleuropa vor allem auf das Rheingebiet, die Pfalz, das Maingebiet, den gesamten Jurazug, das Weserbergland und Thüringen zu. In Norddeutschland fehlt das Purpurknabenkraut, nur auf Rügen und in Mecklenburg sind einige Fundorte bekannt. Das Hauptkennzeichen dieses schönen Knabenkrautes ist die purpurrote Blüte, deren hellrote Lippe mit zahlreichen dunkelroten Punkten und Flecken bedeckt ist. Einzelheiten über die Gattung Knabenkraut werden wir später noch kennenlernen. *Das Purpurknabenkraut genießt vollkommenen Schutz.* Noch manche andere Orchidee ist im Laubmischwald zuhause, z. B. die Breitblättrige **Sumpfwurz** *(Epipactis latifolia),* die **Korallenwurz** *(Corallorhiza trifida)* und einige Knabenkrautarten *(Orchis).* Sie alle hier aufzuzählen, ist aus Platzgründen nicht möglich, obwohl sie *vollkommen geschützt* sind. Doch sind sie großenteils weniger auffallend und dadurch nicht so sehr gefährdet wie die genau beschriebenen Arten.

Noch zahlreiche andere auffallende Blütenpflanzen begegnen uns im sommerlichen Laubmischwald, die wegen ihrer Blüten sehr begehrt und daher auch in ihrer Existenz gefährdet sind. Zu ihnen gehört der

Türkenbund *(Abb. S. 28)*

Türkenbund *(Lilium martagon).* Er liebt die lichten Stellen des Waldes, also Lichtungen, die durch Holzeinschlag oder Windwurf entstanden sind. Ferner ist er an den Waldrändern und im Gebirge oberhalb der Waldgrenze in den Hochstaudenfluren anzutreffen. Wird die Beschattung durch das Nachwachsen der Bäume zu dicht, bilden sich nur kurze, nicht blühende Stengel. Doch nicht nur an die Lichtmenge, auch an den Boden stellt diese stattliche, bis zu 1 m hohe Pflanze recht hohe Ansprüche. Saurer Boden behagt ihr nicht. Aber auf kalkreichen, tiefgründigen Böden, wie sie in Buchenwäldern vorhanden sind, entwickelt sie sich zu ihrer ganzen Schönheit. Am grünen, rotgefleckten Stengel bilden die elliptisch-

Türkenbundlilie

▶ *Der Waldgeißbart blüht in feuchten Wäldern (Text S. 30)*

lanzettlichen Blätter einen dichten Quirl; sie sind etwa 15 cm lang. An der Spitze des Sprosses stehen 3–10 Blüten in einer endständigen Traube. Sie blühen von unten nach oben auf. Die Kronblätter, sechs an der Zahl, sind dick und fleischig, lilarot gefärbt und dunkelbraun gefleckt. Wenn sie voll erblüht sind, rollen sie sich zurück und erinnern an einen Turban. Dieser Eigenart verdankt der Türkenbund auch seinen deutschen Namen. Aus den nach unten geneigten Blüten ragen die sechs Staubgefäße weit heraus. Das hat große Bedeutung für die Sicherung der Bestäubung. Der Türkenbund ist Schwärmerblume. Entlang der Mittellinie jedes Blütenblattes verläuft eine enge Röhre, die zum Nektar führt. Die zurückgerollten Blütenblätter bieten den Insekten keine Möglichkeit zu landen, daher müssen sie im Flug den Honig saugen. Das können aber nur die zu den Nachtfaltern gehörigen Schwärmer, die auch den notwendigen langen Rüssel besitzen. Beim Schwebflug vor der Blüte kommen sie mit den Staubbeuteln in Berührung, bepudern sich mit Pollen und streifen ihn an der Narbe der nächsten Blüte, die sie besuchen, ab. So wird die Fremdbestäubung garantiert.

Schwärmerblume

Der Türkenbund heißt mancherorts auch Goldwurz, Goldapfel oder Goldpfandl. Diese Namen spielen auf die goldgelbe Schup-

penzwiebel an, die von den Alchimisten verwendet wurde, um unedle Metalle in Gold zu verwandeln – natürlich ein völlig unbegründeter Aberglaube. In früheren Zeiten benützte man eine Abkochung aus der Zwiebel, um den Kindern das Zahnen zu erleichtern. In Sibirien dient die Zwiebel sogar als Nahrung.

Schon im Altertum richtete sich die Aufmerksamkeit der Menschen auf den Türkenbund. So lesen wir bei dem römischen Dichter Ovid, daß die Göttermutter Juno durch Berührung der ›Eisenhyazinthe‹, wie die Pflanze früher hieß, den Kriegsgott Mars erzeugt habe. Auf diesen antiken Gott deutet auch der botanische Name *martagon* hin. Der Besitzer einer Schuppenzwiebel des Türkenbundes sollte im Kampf immer siegreich bleiben.

Alle diese Verwendungsarten zeigen, wie sehr sich die Menschen schon immer mit der Türkenbundlilie befaßten. Sie trugen dazu bei, daß die begehrte Pflanze schon früh zur Seltenheit wurde. Außerdem dauert es fünf bis acht Jahre, bis aus einer Zwiebel ein blütentragender Sproß heranwächst. Heute ist der Türkenbund nicht weniger gefährdet. Spaziergänger sammeln ihn zum Strauß, Gartenbesitzer graben ihn aus und versetzen ihn in ihre Gärten. Daher wurde er *unter vollkommenen Schutz* gestellt. Nicht nur die

Menschen stellen dem Türkenbund nach. Das Reh- und Rotwild weidet ihn gerne ab. Vermutlich enthält das Kraut Stoffe, durch die Eingeweideschmarotzer vertrieben werden.

Waldgeißbart (Abb. S. 29)

Der Waldgeißbart *(Aruncus silvester)* liebt ähnliche Standorte wie der Türkenbund, aber er bevorzugt feuchtere Stellen. Man zählt ihn zu den Schluchtwaldpflanzen, die an Bächen und anderen wasserzügigen Stellen im Bergwald wachsen. Er wächst auch auf saueren Böden, doch entfaltet er sich besonders üppig auf Kalk. In den Mittelgebirgen und in den Alpen kommt die bis zu 2 m hohe Staude mit den halbmeterlangen, gelblichweißen, federbuschartigen Rispen nicht gar zu selten vor. Die Blüten selbst sind sehr klein und bieten den Insekten nur Blütenstaub, keinen Nektar. Der Waldgeißbart ist eine der wenigen Blütenpflanzen, die getrenntgeschlechtige Blüten haben. Oft finden wir sogar Zweihäusigkeit, d. h. auf einer Pflanze finden sich nur männliche, auf der Nachbarpflanze nur weibliche Blüten. Gefährdet ist der Geißbart vor allem durch Ausflügler, die nicht selten riesige Sträuße der auffallenden Staude pflücken. *Er gehört zu den teilweise geschützten Pflanzen,* man darf ihn nicht ausgraben. Doch schadet natürlich die übermäßige Entnahme der blühenden Zweige der Pflanze sehr.

Gelber Eisenhut

Der **Gelbe Eisenhut** *(Aconitum vulparia = A. lycoctonum)* liebt wie der Geißbart feuchte, kühle Schluchtwälder. Er bevorzugt kalkhaltigen Untergrund und ist in den Wäldern der Mittelgebirge und der Alpen nicht selten anzutreffen. Bis in 2000 m Höhe können wir ihn im Hochgebirge finden. Dagegen fehlt er in Norddeutschland vollkommen. Mit einer Höhe von 100-150 cm ist der Eisenhut eine recht auffallende Staude. Der hohe, behaarte Stengel entspringt einem kurzen, schief in der Erde steckenden Wurzelstock, einem unterirdischen, den Winter überdauernden Sproß, in dem Nährstoffe gespeichert werden. Der Stengel ist meist ästig verzweigt und trägt handförmig gespaltene Blätter. An seinem Ende sitzen die schweflig-gelben Blüten in Form einer Rispe. Sie fallen auf durch einen sackartig ausgezogenen Helm (Name!), der neben den Staub- und Fruchtblättern besonders Honigblätter enthält, die am Ende spiralig aufgerollt sind. Es ist daher für die blütenbesuchenden Insekten nicht leicht, an den begehrten Nektar heranzukommen. Nur den langrüsseligen Gartenhummeln *(Bombus hortorum)* gelingt das dank einem sehr langen Saugrüssel. Wir

Hummelblume

haben es beim Eisenhut – auch bei den übrigen Arten (Blauer Eisenhut, Bunter und Rispen-Eisenhut) mit typischen Hummelblumen zu tun. Die gegenseitige Anpassung Hummel – Eisenhutblüte ist so vollständig, daß das Verbreitungsgebiet des Sturmhutes (= Eisenhut) mit dem der Gartenhummel zusammenfällt. Wo diese nicht vorkommt, vermag er nicht zu existieren. Es ist reizvoll, eine Eisenhutblüte etwas genauer buchstäblich ›unter die Lupe‹

Gelber Eisenhut

zu nehmen. Zunächst können wir feststellen, daß sie zweiseitig symmetrisch ist, d. h. man kann sie in zwei spiegelbildlich gleiche Hälften zerteilen. Die fünf Blütenblätter haben bestimmte Aufgaben: eines, das den ›Helm‹ bildet, ist nach oben gerichtet und bedeckt schützend die beiden schneckenförmig eingerollten Nektarbehälter. Die vier übrigen Blütenblätter bilden unterhalb des Helmes eine Art Korb, an dem die Hummeln landen. In der Mitte dieses Korbes, dessen Hohlraum genau den Körpermaßen der bestäubenden Hummeln angepaßt ist, stehen die Staubblätter und die Stempel. In den jungen Blüten reifen zuerst die Staubblätter; erst wenn diese verwelkt sind, richten sich die Griffel des Stempels auf und die Narben können von den Bestäubern mit dem Blütenstaub einer anderen Blüte bestäubt werden. Diese Einrichtung –

Großblütiger Gelber Fingerhut

man nennt sie vormännlich – verhindert zuverlässig eine Selbstbestäubung.

Trotz der extremen Anpassung von gelbem Eisenhut (= Wolfseisenhut) und Gartenhummel versuchen auch andere Insekten mit kurzem Rüssel an den Nektarvorrat zu kommen. Sie betreiben ›Nektarraub‹, indem sie ein Loch in den ›Helm‹ beißen und so zur begehrten Nahrung kommen, ohne die von der Pflanze begehrte Bestäubung durchzuführen. *Der Gelbe Eisenhut ist – wie alle seine Verwandten – eine Giftpflanze. In der Medizin wird nur der Blaue Eisenhut* (s. Kapitel ›Hochgebirge‹) *verwendet.* Doch auch das Gift des Wolfseisenhutes ist sehr gefährlich. Man nützte das früher aus zur Bekämpfung von Wolf und Fuchs. Die Wurzeln wurden von den Bauern verwendet, um die Köder für die erwähnten Raubtiere zu vergiften. Das beweisen noch heute die wissenschaftlichen Namen *vulparia* von lat. *Vulpes* = Fuchs und *lycoctonum* von griechisch *lycoctonos* = Wolfstöter.

Giftig

Der Gelbe Eisenhut ist teilweise geschützt, er darf also nicht ausgegraben oder für den Handel gesammelt werden. Auch übermäßige Entnahme, also das Sammeln von übergroßen Sträußen, ist verboten.

Großblütiger Gelber Fingerhut

Der **Großblütige gelbe Fingerhut** *(Digitalis grandiflora)* zählt zu den schönsten und auffallendsten Waldpflanzen. Wir finden ihn im Sommer vor allem in den bergigen Landschaften Mittel- und Süddeutschlands. Im Flachland ist er sehr selten, fehlt im Nordwesten vollständig. Wahrscheinlich stammt der Großblütige gelbe Fingerhut aus Südwesteuropa und den Mittelmeerländern. Man nimmt an, daß er durch die Burgundische Pforte nach Deutschland vorgedrungen ist. Dort hat er sich auf nährstoffreichen Böden angesiedelt, wie sie sich in lichten Laubmischwäldern, auf Waldlichtungen und Waldrändern finden. Doch gedeiht er auch noch an steinigen, buschigen Abhängen, sofern er etwas Humus vorfindet. Im Bergland steigt er bis zum Knieholzgürtel empor.
Erst im Mai beginnt sich der blütentragende Sproß zu entwickeln, der dann im Juni und Juli zwanzig und mehr Blüten in einer einseitswendigen Traube trägt. Bei der Blüte erreicht die Pflanze eine Höhe von 70–100 cm. Der Stengel treibt aus einem walzenförmig, schräg im Boden liegenden Wurzelstock empor, ist unverzweigt, nach oben hin mit weichen Haaren besetzt und trägt hellgrüne, länglich-lanzettliche Blätter. Sie sind am Rand fein gesägt, oberseits glänzend kahl, unterseits auf den Nerven weich behaart. Auch die blaßgelben, glockigen Blumenkronen sind drüsig behaart; sie werden 3–4 cm lang. Innen weisen sie eine braune, netzförmige Zeichnung auf.

Eine andere, *ebenfalls streng geschützte,* gelbblühende Art ist der **Gelbe Fingerhut** *(Digitalis lutea).* Er ist im Gegensatz zum Großblütigen Fingerhut nicht behaart, wird nur 70 cm hoch und hat keine Flecken in der Blumenkrone. Der Rote Fingerhut *(Digitalis purpurea)* ist nicht geschützt.

Giftig

Alle Fingerhutarten sind sehr giftig. Sie enthalten vier verschiedene Glykoside: Digitalin, Digitalein, Digitoxin und Digitonin. Alle werden sie zur Behandlung von Herzkrankheiten benötigt. Man gewinnt sie aus den Samen der Pflanzen, in der Regel aus denen des Roten Fingerhuts. Die Heilwirkung der verschiedenen Fingerhutarten war schon im 16. Jahrhundert bekannt. Seit dieser Zeit wurden sie in die Gärten verpflanzt, aber nur äußerlich bei Kopfschmerzen und Drüsenschwellungen angewendet. Erst 1775 fand der englische Arzt Withering, daß ein Aufguß aus Digitalisblättern die Ausscheidung von Wasser bei der Wassersucht förderte. Da die Ursache der Wassersucht aber in einer Schwäche des Herzens zu suchen ist, wurde bald die Rolle des Fingerhuts bei der Therapie der Herzkrankheiten erkannt, 1824 gelang es, Digitalin rein herzustellen.
Der Name ›*Digitalis*‹ leitet sich vom lateinischen *digitus* = Finger ab. Die Blüte hat die Form eines Fingerhutes, wie ihn die Näherin benützt.

A2. Geschützte Pflanzen des Nadelwaldes

Im Gegensatz zum Laubwald ist der Nadelwald immergrün. Der Boden erfährt also das ganze Jahr über eine gleichmäßige, wenn auch schwache Belichtung. Perioden lebhaften Blühens, wie wir sie im Frühjahr und Frühsommer im Laubwald finden, fehlen im Nadelwald völlig. Auch der stockwerkartige Aufbau wird dadurch verändert. Mit Ausnahme des Kiefernwaldes, der etwas mehr Licht auf den Boden gelangen läßt wie der oft düster wirkende Fichtenwald, fehlt die Strauchschicht. Die Zahl der geschützten Pflanzen, die wir im Nadelwald antreffen, ist daher wesentlich geringer als im Laubmischwald. Vor allem sind es einige recht selten gewordene Bäume und Sträucher sowie seltene Sporenpflanzen, denen wir im Nadelwald begegnen.

Eibe

Die **Eibe** *(Taxus baccata)* war früher in ganz Mitteleuropa ein weit verbreiteter Nadelbaum. Heute ist sie so selten geworden, daß sie zu den Pflanzen zählt, die vollkommenen Schutz genießen. Dabei gibt es nur wenige Holzgewächse, die sich so willig jedem Standort anpassen können, wie die Eibe. Wohl immer fand sie sich als Unterholz, war also nie bestandbildend wie etwa die Fichte. Gerne stockt sie auf kalkhaltigen Böden, doch finden wir sie auch auf Urgestein. Sie wächst im Buchen-Tannen-Mischwald ebenso wie an den trockenen Felshängen des Jura. Trotz dieser großen Anpassungsfähigkeit an den Standort ist die Eibe in unseren Wäldern zu einer Seltenheit geworden. Ursache dafür war die überstarke Nutzung des Eibenholzes im Mittelalter zur Herstellung von Bogen und Armbrüsten. Schon um 1500 bildete sich ein Handel mit Eibenholz heraus. Er lag in den Händen der Nürnberger Kaufleute Stockhauser und Fürer, die Eibenholzbogen und -armbrüste vor allem nach England exportierten. Allein in den Jahren 1559/60 lieferten sie 27 000 Stück. Doch schon lange vorher benützten die Germanen und Kelten das Eibenholz zur Herstellung von Speer-

Giftig

schäften und Bogen, sie vergifteten die Pfeilspitzen und Lanzenspitzen mit Eibensaft und benützten Eibenholz zur Abwehr von bösem Zauber – ein Aberglaube, der sich noch Jahrhunderte hindurch hielt. ›Vor den Eiben kann kein böser Zauber bleiben‹ lautet ein Spruch. So gingen die ursprünglich reichen Eibenbestände der Wälder rasch zurück. Auch die Forstwirtschaft hat an dem langsam wachsenden Baum kein Interesse. Nur in Parkanlagen wird er gepflanzt. Der Schutz der wenigen noch bestehenden Eibenbestände ist daher dringend notwendig. Solche finden sich im zentralen Mitteleuropa noch in Westpreußen, in der Vorderrhön und im Harz, im Alpengebiet und im Alpenvorland, in der Schwäbischen und Fränkischen Alb, in Hannover, Thüringen, Pommern und Mecklenburg.

Eiben-zweig mit Früchten

Der bis 17 m hohe Baum wird oft mit der Tanne verwechselt, doch haben die Nadeln der Eibe keine weißen Streifen auf der Unterseite. Die einzelnen Nadeln sind ziemlich breit und stehen ›gescheitelt‹ an den Zweigen, d. h. an jeder Seite zu einer Reihe geordnet. Die Rinde des Stammes ist zunächst glatt und rotbraun, löst sich aber später in plattenförmigen Stücken ab.

Die Eibe ist zweihäusig, d. h. die männlichen und weiblichen Blüten stehen auf verschiedenen Bäumen. Die männlichen Blüten enthalten 5-15 Staubblätter, die zu kugeligen, gelben Blütenständen vereinigt sind, die weiblichen stehen einzeln in den Blattachseln junger Zweige. Sie gleichen kleinen Urnen. Aus ihnen entwickeln sich die auffallenden, beerenartigen Früchte. Der eiförmige, grüne Same wird von einem scharlachroten, fleischigen Mantel becherartig umfaßt. Irrtümlich wird diese Frucht oft als Beere bezeichnet, doch ist sie nur eine Scheinbeere.

Holz, Rinde, Same und Nadeln sind sehr giftig. Sie enthalten Stoffe, die herz- und atmungslähmend wirken und auch dem Menschen gefährlich werden können. Besonders empfindlich gegen das Eibengift sind Pferde. Darauf ging im Altertum wohl die Sage zurück, daß die Furien Fackeln aus Eibenholz benützten.

Wacholder

Auch heute ist die Eibe sehr gefährdet. Die beerentragenden Zweige werden im Herbst gerne abgerissen, wobei die Bäume, vor allem die noch buschförmigen jungen, meist übel zugerichtet werden. Die schönen dunkelgrünen Zweige werden auch gerne von Gärtnereien zu Kränzen verarbeitet. Nicht selten werden bei solchen ›Beutezügen‹ die geplünderten Eiben so geschädigt, daß sie eingehen. Die Erhaltung dieses einst so häufigen Baumes ist sehr wichtig!

Wacholder

Der **Gemeine Wacholder** *(Juniperus communis)* ist ein säulenförmiger, silbergrauer Strauch, den man, je nach Höhe, auch als Baum bezeichnen kann. Seine Höhe schwankt zwischen 2 und 6 m. Als Unterholz wächst er in lichten Kiefernwäldern, doch treffen wir ihn auch oft einzeln und in Gruppen auf trockenen Steppenheiden der Mittelgebirge. Je nach Standort und Bodenqualität zeigt er hinsichtlich der Wuchsform große Mannigfaltigkeit. Meist aber wächst er in der Form eines schon vom Grund weg verzweigten, buschigen Strauches. Trotz dieser unscheinbaren Erscheinungsform kann er mehrere hundert Jahre alt werden. Der Wacholder, auch Machandel oder Kranewitt genannt, unterscheidet sich von allen übrigen mitteleuropäischen Nadelhölzern durch Länge und Anordnung seiner Nadeln. Sie sind nadelspitz und stehen in dreizähligen Quirlen beisammen. Ihre Länge beträgt nur 8–21 mm. Erstaunlich ist ihre Lebensdauer; vier Jahre bleiben sie grün, dann fallen sie ab.

Wie die Eibe ist auch der Wacholder eine zweihäusige Pflanze. Aus der weiblichen Blüte werden die begehrten Wacholderbeeren dadurch, daß die drei Fruchtschuppen zunächst nach der Befruchtung zu grünen Beerenzapfen heranwachsen. Die Ränder der Schuppen verwachsen, die Nähte kann man am oberen Pol noch deutlich erkennen. Erst im nächsten Jahr werden sie fleischig und nehmen eine schwarzbraune Farbe an. Die bläuliche Färbung der reifenden Beeren kommt dadurch zustande, daß sich auf der Außenseite eine Wachsschicht befindet. Im Winter des zweiten Jahres fallen die Beerenzapfen ab. Botanisch handelt es sich ja nicht um eine Beere, sondern, wie bei anderen Nadelbäumen auch, um einen Zapfen. Während die Samen der übrigen Nadelbäume in der Regel durch den Wind verbreitet werden, sind die in dem Beerenzapfen enthaltenen Samen auf die Verbreitung durch Vögel angewiesen. Wacholderdrosseln und andere Drosselarten, Alpenkrähen, Birkhühner und Schneehühner fressen die Beeren. Die unverdaulichen Samen werden wieder ausgeschieden.

Beerenzapfen

Der Wacholder wird seit eh und je vielseitig verwendet. Das duftende Holz schätzen Drechsler, Schnitzer und Kunsttischler hoch ein. Früher machte man Peitschenstiele und Butterstöcke aus den Zweigen. Dabei spielte auch der Aberglaube eine Rolle: auch außerhalb des Stalles waren die Zugtiere vor bösen Einflüssen gefeit. Durch den Butterstock sollte das Gelingen der Butter, üblem Zauber zum Trotz, gelingen. Den aromatischen Rauch des Wacholder verwendete man, um das Haus vor Krankheit und bösen Geistern zu schützen. Heute mischt man Wacholderholz unter die Glut, um geräuchertem Fleisch eine besondere Würze zu geben. *Die Beeren,* die Traubenzucker und Wacholderöl enthalten, *finden in der Medizin* als harntreibendes und blutreinigendes Mittel *Verwendung.* Das Destillat dient, äußerlich angewendet, als Mittel gegen Rheuma und Gicht. – *Die Wacholderbeeren* als Ganzes *sind ein beliebtes Würzmittel* für Sauerkraut und Fleisch, haben aber ihre wohl häufigste Verwendung in der Branntweinbrennerei zur Herstellung bekannter Marken wie Genever, Gin und Steinhäger.

Verwendung

Obwohl der Wacholder keine Ansprüche an den Boden stellt und ein sehr hohes Alter erreicht, mußte er *unter Schutz gestellt* werden. Die schönsten Sträucher werden noch heute gerne heimlich ausgegraben und in Gärten versetzt, das Holz zum Räuchern von Schinken verwendet. Auch Faschinen fertigte man aus Wacholderzweigen und bei festlichen Anlässen schmückte man mit ihnen die Häuser und Städte. Wagenladungen von Wacholder wurden dabei

verbraucht und der Strauch ging rapide zurück. Heute ist es zwar gestattet, die Beeren zu sammeln, alle anderen Nutzungsarten dagegen sind durch das Gesetz verboten.
Der Name Wacholder bedeutet ›Lebensbaum‹: wach = lebendig, fortgrünend, und hold = holz.

Stechpalme

Die **Stechpalme** oder Hülse *(Ilex aquifolium)* ist ein sehr bekannter Strauch, der im Volksbrauch eine Rolle spielte. Das beweisen die vielen Volksnamen, die sie hat wie Stechholder, Christdorn und Hülskrabbe (krabben = kratzen, niederdeutsch). Auch Palmstrauch wird sie genannt, da am Palmsonntag Zweige der Stechpalme im ‹Palmbuschen‹ enthalten waren.
Die Hülse ist eine atlantische Pflanze, d. h. sie ist im westeuropäischen Raum heimisch und wächst in Mitteleuropa nur in den niederschlagsreichen westlichen Gebieten, vor allem in den Mittelgebirgen und in den Alpen. Dort treffen wir sie bis in Höhen von 1800 m. Die Stechpalme tritt in Fichten-Buchenmischwäldern, aber auch in reinen Nadelwäldern als Unterholz auf, meist strauchförmig bis zu einer Höhe von 3-6 m. Selten nur erreicht sie Baumform und wird dann bis zu 12 m hoch. Leicht erkennen wir die Hülse an ihren immergrünen, lederartigen, glänzenden Blättern, deren Rand gewellt und dornartig gezähnt ist und an Distelblätter erinnert. Doch können die stachelige Zähnung und die Wellung auch wegfallen, besonders bei älteren Sträuchern. Die dunkelgrüne Färbung der Blätter deutet auf einen hohen Gehalt

Chlorophyll

von Blattgrün (= Chlorophyll) hin. Das ist für die unter dem dichten Schirm der Baumkronen wachsende Stechpalme lebensnotwendig, denn nur mit Hilfe des Lichtes kann sie die Photosynthese, d. h. den Aufbau organischer Stoffe wie Eiweiß, Kohlenhydrate und Fette, durchführen. Der gewellte Blattrand und die glänzende Blattoberfläche ermöglichen die restlose Ausnützung des spärlich bis zum Unterholz durchsickernden Lichtes. Durch die lederige Beschaffenheit können die Blätter den Winter überdauern. Trotzdem kann bei strengem Frost ein Erfrieren eintreten. Das schadet jedoch der Pflanze nicht, sie treibt im Frühjahr neue Zweige aus den Wurzeln, ist also sehr zäh.
Die Stechpalme ist, wie Eibe und Wacholder, ein zweihäusiges Gewächs. Staub- und Stempelblüten finden sich auf verschiedenen Sträuchern. In den Blattachseln stehen im Mai kurzgestielte, kleine, weiße Blüten in kleinen Gruppen, sog. Traubendolden, beisammen. Der Nektar liegt offen im Blütengrund, so daß auch kurzrüsselige Insekten, z. B. Fliegen, ihn erreichen und dabei die Bestäubung durchführen können. Aus dem Fruchtknoten der weiblichen Blüten reift im Herbst eine korallenrote, erbsengroße Steinfrucht mit meist vier Kernen heran. Diese Früchte werden von Drosseln und Wildtauben gerne gefressen, die damit für die Verbreitung der Hülse sorgen.

Stechpalme mit Früchten

In der Rinde der Zweige findet sich ein bitterer Stoff, das Ilicin, das früher als *Heilmittel bei Darmerkrankungen* verwendet wurde. Aus den Blättern wird noch da und dort ein Tee bereitet, der bei Fieber und Bronchialkatarrh heilende Eigenschaften haben soll.
Der Stechpalme wurde schon immer stark nachgestellt. Wegen des schönen Laubes eignet sie sich gut zur Kranzbinderei, im Herbst verlocken die leuchtend roten Früchte zum Sammeln von Sträußen, auch *die Verwendung als Heilpflanze* hat zur rücksichtslosen Ausbeutung beigetragen. Wagenladungen von Ilex-Zweigen wurden sogar ins Ausland geliefert. So ist es nicht verwunderlich, daß die Pflanze mancherorts ausgerottet wurde. Nur ihre Fähigkeit, selbst nach starker Beschädigung wieder austreiben und sich regenerieren zu können, hat sie bis heute überleben lassen. *Sie ist teilweise geschützt,* darf nicht ausgegraben und nicht beschädigt werden.

Bärlapp *(Abb. S. 41)*

Der Bärlapp = Schlangenmoos *(Lycopodium)* wird oft mit Moosen verwechselt, was schon der erwähnte Volksname beweist. Es gibt in allen Ländern der Erde Bärlapparten, insgesamt mehr als 400. Im mitteleuropäischen Raum kommen nur 6 Arten vor, der Keulenbärlapp *(Lycopodium clavatum),* der Sprossende Bärlapp

(L. annotinum), der Sumpfbärlapp *(L. inundatum),* der Flache Bärlapp *(L. complanatum),* der Tannenbärlapp *(L. Selago),* und der Alpenbärlapp *(L. alpinum). Alle sechs Bärlapparten sind teilsweise geschützt,* dürfen also nicht gesammelt und nicht gehandelt werden. Für den Laien bestehen zwischen den einzelnen Arten nur geringe Unterschiede. Daher soll hier nur eine Art ausführlicher behandelt werden, die am stärksten bedroht ist, der **Keulenbärlapp** *(Lycopodium clavatum).* Zusammen mit dem Sprossenden Bärlapp und dem Flachen Bärlapp gehört er zu den besonders bedrohten Arten. Die Bärlappe gehören zu den ältesten Pflanzen der Erde. Ihre höchste Entwicklung erreichten sie in der Steinkohlenzeit vor etwa 300 Millionen Jahren. Damals bildeten die Bärlappe zusammen mit baumförmigen Schachtelhalmen und Farnen riesige Sumpfwälder, aus denen unsere Steinkohle hervorgegangen ist. Wir kennen von den Bärlappbäumen der Steinkohlenzeit viele Versteinerungen. Zwei Familien existierten damals, die *Lepidodendren* und die *Sigillarien* (Siegelbäume). Die heute noch lebenden Bärlapparten sind keine Bäume mehr. Sie wachsen auf dem Waldboden und kriechen mit meterlangen Stengeln dahin. Nur die Zweige richten sich auf. Wie der kriechende Stengel sind sie gabelig verzweigt. Sie sind beide mit kleinen, pfriemenförmigen Blättchen dicht besetzt. An der Unterseite haben die Bärlappstengel lange, gabelästige Wurzeln.

Keulenbärlapp

Gegen Ende des Sommers bis in den Herbst hinein finden wir an den Enden der grünen Bärlappzweige gelbgefärbte, keulenförmige Fortsätze. Es sind Sporenähren, denn die Bärlappe gehören zu den Sporenpflanzen. Im Gegensatz zu den Blütenpflanzen haben sie eine ganz andere Art der Fortpflanzung, auf die wir an dieser Stelle nicht näher eingehen können. Die in den Sporenähren erzeugten Sporen dienen der Fortpflanzung. Sie werden in ungeheuren Mengen erzeugt. Die winzigen, staubförmigen Sporen, deren Bedeutung man lange nicht kannte, spielten im Aberglauben eine bedeutende Rolle. Als ›Hexenmehl‹ wurde es zur Hexenprobe verwendet: man streute es auf Wasser und ließ die Beschuldigte den Finger eintauchen. Blieb er trocken, war es erwiesen, daß sie eine Hexe war. Man kann diese Probe jederzeit durchführen und es gäbe niemand, der die Probe bestehen würde. Denn die staubfeinen Sporen benetzen sich nicht und haften so dicht auf dem Finger, daß er nicht naß wird. In der Apotheke diente der ›Bärlappsame‹ lange Zeit zum Bestreuen der Pillen. In der Natur entwickelt sich aus der Spore ein sog. Vorkeim, an dem sich die eigentlichen Vermehrungsorgane zur geschlechtlichen Fortpflanzung befinden. Doch kann dieser Vorkeim sich nur voll entwickeln, wenn er von einem Fadenpilz befallen wird. Bis er soweit ›erwachsen‹ ist, dauert es schon etwa 6 Jahre. Findet der Vorkeim keinen Fadenpilz, mit dem er eine Symbiose (Zusammenleben zum gegenseitigen Nutzen) bildet, geht er zugrunde. Andernfalls

Sporenähren

Keulenbärlapp mit Sporenähren

wächst er weiter. Erst nach etwa 20 Jahren ist der Vorkeim dann ›reif‹, bildet Geschlechtszellen und aus den befruchteten weiblichen Geschlechtszellen geht dann die grüne, beblätterte Bärlapppflanze hervor.

Es ist klar, daß schon die langwierige Entwicklung ein sehr häufiges Vorkommen der Bärlappe verhindert. Als immergrüne Pflanze zieht er natürlich die Aufmerksamkeit der Menschen auf sich, vor allem im Spätherbst und nach der Schneeschmelze. So wurde er vor allem für die Kranzbinderei in großen Mengen gesammelt, auch als grüne Beigabe für Blumensträuße wurde er früher verwendet. Seit seiner Unterschutzstellung hat sich das zwar gebessert, doch wird er immer noch von Ausflüglern als Grünschmuck für daheim mitgenommen, da er sich sehr lange hält. Besonders bedroht sind alle Bärlapparten aber durch die Vernichtung ihrer Standorte, der Wälder, Moore und Heiden.

Farne

Von den ebenfalls zu den Sporenpflanzen gehörigen Farnen ist die *Hirschzunge vollkommen geschützt,* der *Rippenfarn teilweise.* Ihre Bedrohung besteht vor allem darin, daß sie von Gartenliebhabern ausgegraben und in Heimgärten versetzt werden. Da sie durch

Ausflügler weniger gefährdet und nicht so auffallend sind wie die Blütenpflanzen, sind sie hier nicht ausführlicher behandelt. Doch verdienen sie natürlich trotzdem den Schutz, den ihnen das Gesetz gewährt, denn die Standorte, an denen sie noch gedeihen, werden immer seltener.

B. Geschützte Tiere des Waldes

Zum Bild einer Lebensgemeinschaft gehört neben der Pflanze, die als bestandbildendes Element das Aussehen der Landschaft großflächig bestimmt, auch das Tier. Erst das Zusammenwirken von beiden Lebewesen läßt einen bestimmten Lebensbereich zur Lebensgemeinschaft, zur Biozönose, werden, in der nur eine bestimmte Zahl von Individuen existieren kann. So ist die Zahl der Tiere, die sich mittelbar oder unmittelbar von den Pflanzen einer Lebensgemeinschaft ernähren, ebenso begrenzt wie die Zahl der Pflanzen, die von Boden, Klima und Wasser abhängig sind.
Der Mensch hat zum Tier ein sehr enges Verhältnis, es weckt in ihm ganz besondere Gefühlswerte. Nicht zuletzt erkennt er in der Beobachtung der Wechselwirkung zwischen Tier und Pflanze die wundervolle Anpassung aller Lebewesen an ihre Umwelt. Er erkennt, daß Pflanzen und Tiere in ihrem Biotop ein Gleichgewicht bilden, das erhalten werden muß, wenn nicht auch der Mensch zu Schaden kommen soll.

Jagdbare Tiere

Bei der Beobachtung der Tiere des Waldes können wir uns nicht auf die durch das Naturschutzgesetz geschützten Arten beschränken. Wir müssen uns auch mit den jagdbaren Tieren beschäftigen, von denen viele ebenfalls bedroht und die nur noch erhalten geblieben sind, weil sie eine verständnisvolle Hege durch die Jäger fanden.

1. Säugetiere

Eine Anzahl jagdbarer Tiere, die früher in unseren Wäldern lebten, sind teilweise schon seit dem Mittelalter ausgestorben, so der Auerochse, das Wildpferd und der Wisent. Seit dem 19. Jahrhundert müssen wir auch Elch, Braunbär und Wolf zu den im mitteleuropäischen Raum verschwundenen Tieren zählen. Zwar werden Versuche gemacht, diese Tierarten wieder bei uns einzubürgern. In einigen Gehegen innerhalb von Nationalparken oder Naturparken ist das auch erfolgreich gelungen. Aber in freier Wildbahn werden sich die genannten Tierarten im dicht besiedelten Mitteleuropa wohl kaum je wieder ausbreiten können. Dazu sind die noch zur Verfügung stehenden Biotope, die solche Tiere benöti-

gen, zu eng. Einige Arten, die wir zu den Raubtieren zählen, würden für den Menschen und für die von ihm gehaltenen Haustiere Gefahr bedeuten. Es ist daher zu begrüßen, daß diese Tiere in Gehegen und auch in Tiergärten erfolgreich gezüchtet und dort von den Tierfreunden gefahrlos beobachtet werden können.
Andere zu den jagdbaren Tieren zu zählende Arten sind zwar in vielen Teilen Mitteleuropas verschwunden, konnten sich aber in größeren zusammenhängenden Waldgebieten und vor allem in den Gebirgen bis heute halten. Zu ihnen gehört der **Rothirsch** *(Cervus elaphus).* Nur wenige Wanderer werden ihn – ausgenommen im Winter an den Futterstellen – in freier Wildbahn beobachten können. Nur zur Brunftzeit im Herbst, wenn das tiefe Orgeln des Platzhirsches über die Hänge der Berge schallt, wird der Nichtjäger an seine Gegenwart erinnert. Der Forstmann schätzt den Hirsch nicht besonders, denn nach der Erneuerung seines Geweihs, das er im Hornung (= Februar) abwirft und das Ende Juli vollständig neu gebildet ist, ›fegt‹ er an jungen Bäumen. Dadurch wird der ›Bast‹, der das erneuerte Geweih überzieht, entfernt. Die jungen Bäume werden durch das Fegen oft so sehr beschädigt, daß sie eingehen. Durch die Festsetzung von Abschußzahlen versuchen die Jagdverbände in Zusammenarbeit mit den Förstern, die Zahl der Hirsche zu begrenzen und damit zwei Ziele zu erreichen: den Schaden, den sie anrichten, in erträglichen Grenzen zu halten und dem scheuen Wild trotzdem seinen Platz in dem ihm gemäßen Lebensraum zu sichern. *Rothirsch*

Ein anderes im Wald lebendes Tier, das **Reh** *(Capreolus capreolus),* ist uns allen vertraut. Auch der Rehbock wechselt alljährlich sein Geweih, im Gegensatz zum Hirsch im Herbst. Etwa Ende März ist es wieder neu gebildet. Besonders bedroht ist das Kitz, da es in den ersten Tagen nach der Geburt noch nicht imstande ist, bei drohender Gefahr der Mutter (Ricke, Rehgeiß) zu folgen. Jedes Jahr sterben zahlreiche Jungtiere unter den Messern der Mähmaschinen. Denn die Kitze werden ungefähr zur gleichen Zeit gesetzt, zu der die Heuernte beginnt. Zwar hat die Industrie verschiedene technische Einrichtungen entwickelt, um zu verhüten, daß das Kitz von den Messern erfaßt wird. Doch nicht immer werden sie angewendet, des öfteren versagen sie auch. Eine weitere Gefährdung des Nachwuchses ist die verbreitete Unsitte, Rehkitze, die man anscheinend verlassen draußen findet, zu streicheln oder gar mit nach Hause zu nehmen in der Annahme, sie seien von der Mutter verlassen worden. Dieses falsche Verhalten kann den Tod für das Kitz bedeuten. Der ihm anhaftende Geruch des Menschen schreckt die Ricke und sie nimmt ihr Kälbchen nicht mehr an. Auch das Rehwild wird von den Jägern, ähnlich wie der Hirsch, zwar gehegt, aber in seiner Zahl begrenzt, um Schäden an Getreideäckern, Klee und Laubholz so gering wie möglich zu halten. *Reh*

Die übrigen jagdbaren Tiere der Wälder sollen hier nicht näher angesprochen werden. Sie sind, im Gegensatz zu Hirsch und Reh, nicht direkt bedroht, wenngleich auch ihr Lebensraum durch die fortschreitende Kultivierung von sog. Ödflächen, die als ökologische Zellen von größter Bedeutung für die Gesunderhaltung der Gesamtlandschaft sind, durch den Bau von Straßen und Siedlungen immer stärker eingeengt wird. Es ist durchaus möglich, daß auch der Allesfresser **Dachs** eines Tages schutzbedürftig sein wird.

Raubtiere

Das gleiche gilt für die Raubtiere unserer Wälder, den **Fuchs**, die **Marderarten** und die **Wiesel**. Lange Zeit betrachtete man sie als schädlich. Heute wissen wir, daß die Raubtiere als Gesundheitspolizei eine bedeutende Rolle spielen. Daher stehen sie zwar unter den jagdbaren Tieren im Bundesjagdgesetz, doch haben sie Schonzeiten, in denen sie nicht gejagt werden dürfen. Dadurch ist die Garantie gegeben, daß sie nicht der Ausrottung anheimfallen. Sollte für ein jagdbares Tier die Gefahr des Aussterbens auftreten, so können gemäß § 22 Abs. 1 die Länder die Jagdzeiten aufheben. Das bedeutet, daß akut bedrohte Tiere ›mit der Jagd zu verschonen‹ sind. *Sie sind damit praktisch vollständig geschützt wie durch das Naturschutzgesetz.*

Ohne Jagdzeit und damit *das ganze Jahr über geschützt* sind zwei im Wald lebende Raubtiere, der Luchs und die Wildkatze.

Luchs

Der **Luchs** *(Lynx lynx)* war noch in der ersten Hälfte des vorigen Jahrhunderts in Mitteleuropa nicht selten. Die letzten Luchse wurden im Jahre 1838 im Allgäu und 1846 im Bayerischen Wald erlegt. Aber in den letzten beiden Jahrzehnten hat diese sehr zurückgezogen lebende Raubkatze in Mitteleuropa wieder zugenommen. Dazu trug nicht zuletzt das *Jagdverbot* bei. Auch die günstigen Ernährungsbedingungen, eine Folge des Anwachsens der Reh- und Rotwildbestände, haben dazu beigetragen. Ausgangspunkt für die erfreuliche Tatsache, daß ein als ausgestorben geltendes Tier in verschiedenen Ländern Mitteleuropas wieder festgestellt werden kann, ist die Slowakei. Von den dortigen ausgedehnten Waldbeständen aus kamen einzelne Tiere nach Deutschland und Österreich, sogar nach Frankreich, Dänemark und in die Schweiz. Es sind Einzeltiere, die so weite Wanderungen unternahmen, aber viele Anzeichen sprechen dafür, daß die einzige europäische Großkatze langsam an Boden gewinnt, zunächst im Grenzgebiet des Bayerischen und Böhmischen Waldes. In Skandinavien ist der Luchs noch heimisch.

Sein Lebensraum sind ausgedehnte Waldungen, vor allem im Mittel- und Hochgebirge. Es soll Felsklüfte aufweisen, die er tagsüber als Ruheplatz aufsuchen kann. Auch Dickungen können ihm als Versteck dienen. Erst mit Beginn der Dämmerung geht er auf Beutesuche. Als Nahrung dient ihm in der Regel krankes Rehwild, schwache Hirschkälber, aber auch Mäuse und Vögel. Im allgemei-

Luchs im National- park Bayeri- scher Wald

Nahrung

nen haben alle neueren Beobachtungen bestätigt, daß der Luchs eine wichtige Auslesefunktion auf die Bestände der Beutetiere ausübt. Im Gegensatz zum Wolf hetzt er seine Beute nicht; er schleicht sich nach Katzenart an sie heran und überrascht sie mit einem gewaltigen Sprung, packt sie mit den Pranken und beißt ihr das Genick durch. Sein Jagdrevier ist sehr ausgedehnt. In wildreichen Gebieten beträgt es 1000–2000 ha, in wildärmeren zwei- bis dreimal soviel.

Der Luchs wird (ohne Schwanz) 1–1.30 m lang, seine Schulterhöhe beträgt 55–75 cm, sein Gewicht 18–38 kg. Die höheren Werte gelten für den Luchskater. Das auffallendste Kennzeichen sind die Haarpinsel an den Ohren. Außerhalb der Ranzzeit (= Paarungszeit) lebt er als Einzelgänger und duldet keinen Artgenossen in seinem Territorium. Während der Paarungszeit im Februar oder März kann man die Stimme des Katers hören, ein hochtöniges Kreischen, das tief und dumpf endet (nach O. v. Loewis). Im Juni wirft die Luchskatze 2–3 Junge. 16 Tage sind sie blind und ganz auf die Mutter angewiesen. Sie bleiben bis zur nächsten Ranzzeit bei der Mutter und werden von ihr im Beutefang unterrichtet. Der Kater nimmt an der Aufzucht der Jungen keinen Anteil.

Die oft befürchtete Gefahr für den Menschen ist ein Märchen. Seit langem ist es nachgewiesen, daß der Luchs den Menschen meidet. Seine feinen Sinne gaben Anlaß zu manchem Aberglauben. Seine scharfen Augen sollten Holz- und Steinwände durchdringen. In der Götterwelt der Germanen war er das heilige Tier Freias, der ihren

Wagen zog. – Es wäre sehr zu begrüßen, wenn diese schöne Katze wieder Heimatrecht in Mitteleuropa finden würde.

Wildkatze

Die **Wildkatze** *(Felis silvestris)* hat ebenfalls *das ganze Jahr über Schonzeit.* Es gibt kaum genaue Unterlagen über die Verbreitung des heimlich lebenden Tieres, das, wie der Luchs, außerhalb der Paarungszeit ein ausgesprochener Einzelgänger ist. Die nächtliche Lebensweise der Wildkatze, die man auch Kuder nennt, ihre große Ähnlichkeit mit der Hauskatze und ihre unstete Lebensweise machen genaue Beobachtungen sehr schwer. Sie wird 100–120 cm lang, wovon 30–35 cm Länge auf den Schwanz treffen. Dieser ist auffallend buschig und an der Spitze nicht verjüngt wie bei der Hauskatze; er endet wie abgehackt. Der dichte, lange Pelz ist beim Kater fahlgrau, beim Weibchen gelbgrau; doch kann die Farbe ziemlich stark variieren. Kennzeichnend ist der gelblichweiße Kehlfleck.

Der Lebensraum der Wildkatze sind die dichten Wälder der Mittelgebirge. Ähnlich dem Luchs, liebt sie felsreiche Gebiete, die viele Schlupfwinkel bieten. Auch leere Fuchsbauten und Dachshöhlen dienen ihr als Versteck während des Tages. Erst nach Beginn der Dämmerung beginnt sie mit ihren Jagdzügen. Ihre feinen Sinne erlauben es ihr, sich unhörbar an ihre Beute heranzuschleichen. Sie lebt hauptsächlich von kleineren Säugetieren, besonders von Mäusen und Vögeln. Gelegentlich fällt ihr auch ein Hase oder ein Fasan zum Opfer. Dadurch gilt sie vielfach als schädlich. Doch die Untersuchung von Losung ergab, daß den weitaus größten Anteil der Nahrung Marder, Iltis, Wiesel, Hamster, Ratte, Mäuse aller Art, Eichhörnchen und Vögel ausmachten. Dagegen fallen die Schäden an jagdbarem Getier bei dem spärlichen Vorkommen der Wildkatze kaum ins Gewicht.

Die Paarungszeit der Wildkatze fällt ins zeitige Frühjahr, meist in den Februar. Ende April oder Anfang Mai wirft die Katze 5–6 blinde Junge. Bald schon klettern sie auf Bäume, auf denen sie spielen. So erlangen sie sehr bald die Geschicklichkeit, die sie brauchen, um sich bei drohender Gefahr in Sicherheit bringen zu können. Während der Ranzzeit kommt es auch nicht selten zu Kreuzungen zwischen der Wildkatze und der Hauskatze.

Äußerst gefährdet

Die Wildkatze gehört zu den vom Aussterben bedrohten Arten, denn ihr Lebensraum verengt sich immer mehr und zusätzlich ist sie vom Menschen verfolgt trotz des Schutzes, den ihr das Jagdgesetz bietet. Sie stellt ein echtes Naturdenkmal dar, das erdgeschichtlich bis in die jüngere Braunkohlenzeit zurückgeht. Der Schaden, den sie durch Erlegen von Hasen, ab und zu auch von Rehkitzen anrichtet, ist gering im Hinblick auf den Nutzen, den sie bringt. Ihre Erhaltung ist ein Gebot der Stunde!

Igel

Die kleineren Säugetiere sind durch das Naturschutzgesetz geschützt. Der **Igel** *(Erinaceus europaeus)* ist unter ihnen wohl am weitesten verbreitet und am besten bekannt. Er lebt nicht nur im Wald – dort vor allem am Waldrand, sondern wir können ihm vom Meeresstrand bis hinauf ins Hochgebirge in allen Landschaftsformen begegnen, vorausgesetzt, sie bieten ihm genügend Nahrung und trockene Schlupfwinkel, in denen er den Tag verbringen kann. Denn der Igel ist ein ausgesprochenes Dämmerungs- und Nachttier. Alfred Brehm bezeichnet ihn als ›seinen lieben Gartenfreund‹. Das deutet schon darauf hin, daß es sich bei ihm um ein ausgesprochen nützliches Tier handelt. Die Zoologen reihen ihn in die Ordnung der Insektenfresser ein. Er hat also ein scharfes, spitzhöckeriges Gebiß, mit dem er seine Nahrung erbeutet. Sie besteht aus Schnecken, Würmern, Insekten und deren Larven, Fröschen und Kröten; gelegentlich holt er sich auch einmal die Eier eines Bodenbrüters, junge Vögel und Mäuse. Auch vor Schlangen macht er nicht halt. Es ist bekannt, daß er einem Kampf mit der Kreuzotter nicht aus dem Wege geht, obwohl er gegen ihr Gift nicht völlig immun ist, wie man irrtümlicherweise oft hört. Doch verträgt er es besser als andere gleichgroße Tiere. Als einzi-

Insektenfresser

Igel, sich eben entrollend

ger Insektenfresser unserer heimischen Tierwelt nimmt er auch pflanzliche Kost zu sich, vor allem Obst und andere Früchte.

Der stachelige Geselle ist allgemein bekannt, so daß sich eine genaue Beschreibung seines Aussehens an dieser Stelle erübrigt.

Verhalten

Doch wollen wir uns etwas genauer mit dem Verhalten dieses, zu den interessantesten freilebenden Säugetieren Mitteleuropas, ja ganz Europas zählenden Tieres befassen. Findet er in seinem Lebensraum Schlupfwinkel, so legt er sich ein einfaches Nest an, das mit trockenem Laub, Heu und dgl. gepolstert ist. Unter Reisig, in Hecken und Gebüschen, aber auch in Scheunen und Gartenhäuschen finden wir solche Lager nicht selten. Manchmal scharrt er sich aber auch eine eigene Höhle, die zwei Ausgänge hat und etwa 30 cm unter der Erdoberfläche liegt. Dort verbringt er den Tag. Gegen Abend und des Nachts geht er auf Nahrungssuche, wobei ihm seine feine Nase, sein gutes Gehör und sein Geschmackssinn gute Dienste leisten. Seine erdfarbene, grau getönte Färbung machen ihn in seinem Lager wie auch bei seinen Streifzügen nahezu unsichtbar.

Von Ende März bis Anfang Juni paaren sich Männchen und Weibchen, doch bleiben sie nicht beisammen. Beide haben getrennte Lager. Nach zwei Monaten kommen 3–6 Junge in einem gut ausgepolsterten Nest zur Welt. Anfangs sind sie noch blind und ohne Stacheln. Doch schon nach wenigen Tagen brechen die Stacheln durch die Haut, nach einem Monat haben sie die gleiche erdbraune Färbung wie die ausgewachsenen Tiere. Dann folgen die Jungen der Mutter auf ihren nächtlichen Ausflügen, wobei sie im Gänsemarsch hinter ihr her trippeln.

Gefährdung

Trotz seiner weiten Verbreitung gehört der Igel zu den ›liebenswerten Todeskandidaten‹. Bedroht ist er vor allem durch den motorisierten Verkehr. Nach einer Feststellung des Dänen Linhard Hansen kommen pro Jahr und 1000 km Straßenlänge auf Hauptstraßen 5377, auf Landstraßen 9345 und auf Nebenstraßen 1103 Igel durch Überfahrenwerden zu Tode. Der Igel hat nur eine geringe Anpassungsfähigkeit und ist unserer technisch orientierten Welt nicht gewachsen. Seine einzige Abwehrreaktion bei drohender Gefahr ist das Einrollen und Aufstellen der Stachel. Das schützt ihn wohl vor seinen natürlichen Feinden (Hunden, Fuchs, Uhu und Iltis), nicht aber vor den heranbrausenden Kraftfahrzeugen. Noch dazu dauert es einige Zeit, bis er sich wieder aufrollt und weiterläuft; inzwischen kann schon ein anderes Auto kommen. Ist er einmal auf einer Straße, so hat er, da er keine Fluchtreaktion kennt, meist keine Chance, dem Tod zu entgehen.

Eine andere Gefahr für den Igel ist die Unsitte des Abbrennens der Hecken und der Bodendecke im Frühjahr. Zwar ist dies durch Art. 18, Abs. 3 des Bayer. Naturschutzgesetzes verboten, wird aber von uneinsichtigen Menschen jedes Jahr von neuem praktiziert. Der Igel, der in einer Hecke den Winter schlafend überstanden hat, bringt sich nicht durch die Flucht vor dem Feuer in

Sicherheit, sondern er rollt sich ein und kommt natürlich in der brennenden Hecke qualvoll ums Leben.
So geht der Igelbestand vielerorts in erschreckendem Maße zurück. Noch ist er nicht vom Aussterben bedroht, aber alle mitteleuropäischen Staaten haben ihn *unter Schutz gestellt,* nicht zuletzt auch wegen mancher Vogel›freunde‹, die ihm nachstellen, weil er gelegentlich das Nest eines am Boden brütenden Vogels plündert. Zum Schutze des Igels sollte der Schutz bzw. die Neuanpflanzung von Hecken und Gebüschgruppen zwischen der wirtschaftlich genutzten Flur verstärkt werden. Nicht nur für den Igel, auch für die Vogelwelt, zwei wertvollen biologischen Schädlingsbekämpfern, wäre das erstrebenswert und sollte vor allem bei Flurbereinigungsmaßnahmen berücksichtigt werden.

Spitzmaus

Nahe verwandt mit dem Igel sind die **Spitzmäuse**. Sie sind ebenfalls Insektenfresser, also keine Mäuse! Zwanzig Gattungen mit mehr als 200 Arten von Spitzmäusen zählen wir in allen Ländern der Welt. Sie gehören zu den ältesten Säugetieren, die seit der ersten Eiszeit (vor 600 000 Jahren) in Europa nachgewiesen werden können. In Mitteleuropa sind fünf Arten zuhause, die in einem Teil der Länder der Bundesrepublik sowie in Österreich, der DDR, der Tschechoslowakei und Polen zu den *geschützten Tieren* zählen. In Bayern besteht derzeit kein gesetzlicher Schutz für die Spitzmäuse. Sie sind nicht direkt bedroht, zumal sie kaum natürliche Feinde haben. Nur die Eulen fressen die Spitzmäuse, andere Fleischfresser lassen sich offenbar durch den moschusartigen Geruch, den Drüsen an den Körperseiten in Form einer Flüssigkeit abscheiden, abschrecken. Besonders während der Paarungszeit tritt dieser Moschusgeruch sehr stark auf. Trotzdem ist der Schutz der Spitzmausarten berechtigt, denn sie stellen ein wichtiges Glied im Naturhaushalt dar. Wir wollen das am Beispiel der

Waldspitzmaus (Abb. S. 50)

Waldspitzmaus *(Sorex araneus)* mit ihren wichtigsten Eigenschaften und ihrer Bedeutung für das Ökosystem, in dem sie lebt, darzustellen versuchen, soweit die vorliegenden wissenschaftlichen Untersuchungen das ermöglichen. Denn sie sind noch lange nicht abgeschlossen. Die genaue Erforschung dieser uralten Säugetiergattung wäre dringend notwendig!
Schon der Name ›Spitzmaus‹ ist irreführend, denn mit den Mäusen hat sie höchstens die Fellfärbung gemeinsam. Nur 10–11 cm wird sie lang, wovon 3,6–4,5 cm auf den Schwanz fallen. Sie benützt gerne die Gänge von Mäusen und Maulwürfen als Wohnung, in denen sie sich bis zur Abenddämmerung aufhält. Wie alle Spitzmäuse, ist auch die Waldspitzmaus überaus gefräßig. Ihr Tagesbedarf an Nahrung beträgt bis zum Dreifachen des eigenen Körpergewichtes. Alles, was sie bewältigen kann, fällt ihr zum Opfer: Eidechsen, Frösche, Mäuse, kleine Vögel, vor allem aber Insekten in den verschiedenen Stadien ihrer Entwicklung. Da bei

Wald-spitzmaus

letzteren die Massenvermehrung die Regel ist, spielt die Waldspitzmaus eine bedeutende Rolle bei der Regulierung der Insektenpopulationen. Interessant ist, daß sie dabei die Kokons schädlicher Fliegen, die von den sehr nützlichen Schlupfwespen befallen sind, unbeachtet läßt, während die ›gesunde‹ Kokons frißt. Dadurch überleben die Schlupfwespen, die ihrerseits wieder schädliche Insekten vernichten. Die Spitzmäuse vertilgen die Insekten vor allem in der Waldstreu und in den oberen Bodenschichten, wo sie von den insektenfressenden Vögeln nicht aufgenommen werden. ›Dadurch spielen die Spitzmäuse als regulierender Faktor für den Insektenbestand gerade in der Forstwirtschaft eine ziemlich wichtige Rolle. Diese ist keinesfalls geringer, wahrscheinlich aber sogar größer als die Bedeutung der insektenfressenden Vögel, die die Aufmerksamkeit leichter auf sich zieht und deshalb längst anerkannt ist‹ (Heptner, Die Säugetiere in der Schutzwaldzone).

Alle Spitzmäuse sind Einzelgänger, die sich nur zur Brunftzeit im Mai und Juni zur Paarung zusammenfinden. Nach einer Tragzeit von vier Monaten werfen die Weibchen 5–10 nackte, blinde Junge. Anfangs werden sie liebevoll gepflegt. Bei ihren ersten Ausflügen hält sich das erste Junge am Schwanz der Mutter fest, die folgenden jeweils am Schwanz des vor ihm laufenden Tieres. Diese ›Karawanenbildung‹ ist eine Instinkthandlung, die bei Gefahr eintritt. Doch schon bald werden die Jungtiere selbständig und beginnen ihr ungeselliges Eigenleben zu führen. Das wichtigste Erkennungszeichen der Spitzmäuse ist der lange Kopf, an dem Nase und Oberlippe rüsselartig vorstehen. Auf diesem ›Rüssel‹ sitzen zahlreiche feine Spürhaare, die zusammen mit einem gut entwickelten Gehör- und Geruchssinn die Auffindung der Beute erleichtern. Von den sechs bei uns vorkommenden Arten (Wald-, Zwerg-, Alpen-, Wasser-, Haus- und Feldspitzmaus) sind *drei als gefährdet zu betrachten,* nämlich die Wasser-, Feld- und Sumpfspitzmaus, eine Unterart der Wasserspitzmaus.

Fledermäuse

Die Fledermäuse *(Chiroptera)* leben zwar nicht alle im Wald, doch gibt es einige Arten, z. B. den **Abendsegler** *(Nyctalus noctula)* oder die **Frühfliegende Fledermaus** und die **Zwergfledermaus** *(Pipistrellus pipistrellus),* die vornehmlich im Wald leben. *Alle Fledermäuse gehören zu den stark gefährdeten Arten,* zwei, die Große und die Kleine Hufeisennase, sind unmittelbar vom Aussterben bedroht. Es ist nicht möglich, alle 20 bei uns lebenden Fledermäuse zu beschreiben. Doch können am Beispiel des Abendseglers die für alle Arten kennzeichnenden Merkmale und Verhaltensweisen dieser interessanten Tiere aufgezeigt werden.
Obwohl die Fledermäuse ein ausgesprochenes Insektenfressergebiß haben, bilden sie in der zoologischen Systematik eine eigene Ordnung. Das ist schon durch ihre Fortbewegung gerechtfertigt, sind sie doch die einzigen Säugetiere, die die Kunst des Fliegens

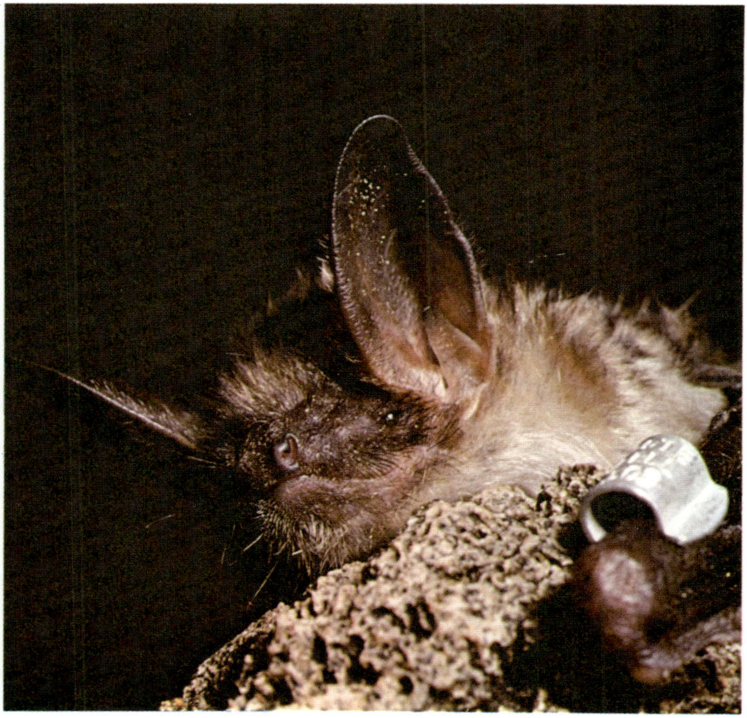

Großohrige Fledermaus

Körperbau beherrschen. Ihre Flugorgane bestehen aus einer dünnen Haut, die zwischen den stark verlängerten Finger- und Mittelhandknochen sowie zwischen dem Arm-, Bein- und Schwanzskelett ausgespannt ist. Werden die Arme an den Körper gelegt, faltet sich die Flughaut zusammen. Um sie schmiegsam zu erhalten, fettet sie die Fledermaus mit einer am Kopf erzeugten Flüssigkeit ein. Der Körper ist von einem feinen, dichten Pelz bedeckt (Name!). Der Rumpf, besonders der Brustkorb, ist der fliegenden Fortbewegung angepaßt. Die Wirbel des Rückgrats sind kaum gegeneinander beweglich, die Rippen vollkommen verknöchert. So entsteht ein starres System, das zusammen mit der kurzen Halswirbelsäule und dem keilförmigen Kopf den Luftwiderstand gut überwindet. Der Schwerpunkt des Fledermauskörpers ruht im Brustkorb. Der scheinbar unruhige Flatterflug ist in Wirklichkeit sehr sicher und zielstrebig. Muß sie doch ihre Nahrung, die sie ausschließlich im Flug erhascht, unter den rasch fliegenden und reagierenden Nachtfaltern, Käfern, Fliegen und Mücken suchen. Um in der Dunkelheit der Nacht ihre Beute erkennen und finden zu können, hat sie ein besonderes Organ entwickelt, ein ›Sonar‹. Es arbeitet in

Sonar ähnlicher Weise wie ein Radargerät, sendet jedoch an Stelle von Radiowellen Schallwellen aus. Diese werden von dem großen, muskulösen Kehlkopf erzeugt. Die Ultraschallwellen haben z. B. bei der Kleinen Hufeisennase 110 000 Schwingungen pro Sekunde. Treffen sie auf ein Hindernis (Baumäste, Leitungsdrähte) oder auf ein Beutetier, werden sie reflektiert und von den als Empfangsapparat dienenden Ohren der Fledermaus aufgefangen. Dabei kann sie genau unterscheiden, ob das Echo von einem weit entfernten, einem schlecht reflektierenden oder von einem in der Nähe befindlichen Gegenstand zurückkommt. Mit Hilfe des Sonars kann also das Tier die ganze Umgebung systematisch ›abtasten‹. Die empfangenen Eindrücke werden im Gehirn rasterartig zu einer Bildvorstellung zusammengesetzt, die einem optischen Eindruck ebenbürtig ist. Man kann sagen, die Fledermaus sieht mit den Ohren! Diese experimentell erhärtete Tatsache beweist, daß der scheinbar torkelige Flug der Fledermäuse genau beabsichtig ist und blitzschnelle Reaktion auf empfangene Eindrücke darstellt.

Die Frühfliegende Fledermaus bewohnt hohle Bäume in Wäldern, Parks und Gärten. Andere Arten kann man zu Tausenden in Felshöhlen, auf Kirchenspeichern, in Scheunen finden. Kopfunter hängen sie mit den Hinterbeinen an einem Vorsprung, in die Flughaut gehüllt.

Die Paarung erfolgt im Herbst, die Befruchtung aber erst im Frühjahr nach Beendigung des Winterschlafes. Zur Geburt ziehen sich die Weibchen der Fledermäuse in sog. ›Wochenstuben‹ zurück. Immer sind viele weibliche Tiere dort versammelt. Das einzige Junge wird bei der Geburt in der Schwanzflughaut aufgefangen, von wo aus es zu den Zitzen emporkriecht; dort hakt es sich mit den Milchzähnen fest und wird nun die ersten Wochen von der Mutter überallhin mitgenommen. Ende Juli sind die Jungen fertig entwickelt und selbständig.

Winterschlaf

Den Winter verbringen die Fledermäuse in großer Zahl in ganz bestimmten Höhlen, zu denen sie oft weite Wanderungen zurücklegen. Auch beim Winterschlaf befinden sie sich in größerer Zahl beisammen. Ihre Körpertemperatur sinkt während der Winterruhe von normal 35° auf 7°, das Herz schlägt innerhalb von 3 Minuten nur einmal. Atemzüge und Blutkreislauf sind auf ein Minumum reduziert. Sinkt bei großer Kälte die Bluttemperatur unter +1°, so sterben sie. Im Gegensatz zum Igel fehlt ihnen der Weckreiz, der sie beim gefährlichen Absinken der Außentemperatur veranlaßt, kältesichere Verstecke aufzusuchen.

Kaum eine andere Tierart ist durch Aberglaube und Unwissenheit so sehr der Verfolgung preisgegeben worden wie die Fledermäuse. Dazu tragen ihre nächtliche Lebensweise, die eigenartig gestalteten Flughände, der teilweise abschreckende Gesichtsausdruck (Hufeisennase!) und ihre kreischende Stimme nicht unwesentlich bei. So wurden sie zu Begleitern der bösen Geister abgestempelt, Lindwurm, Drache und Teufel werden mit Fledermausflügeln dargestellt. Dieses Bild des Dämonischen hat sich bis heute im Bewußtsein weiter Bevölkerungskreise gehalten. Daß es sich um geschützte und außerdem um außerordentlich nützliche Tiere handelt, weiß kaum jemand. Neben den Singvögeln, Spitzmäusen, Kröten, Blindschleichen und Marienkäfern sind sie als Schädlingsvertilger für die Land- und Forstwirtschaft unentbehrlich. Da sie nachts jagen, erreichen sie all die Schadinsekten, die für die insektenfressenden Vögel nicht erreichbar sind.

Gefährdung

Für ihren Rückgang sind mehrere Faktoren verantwortlich; durch die massenhafte Verwendung von chemischen Schädlingsbekämpfungsmitteln (Insektiziden) ist den Fledermäusen das Nahrungsangebot in bedrohlichem Maße entzogen worden. Da sie zudem wahrscheinlich auch vergiftete Insekten fressen, kann eine Schädigung ihres Gesundheitszustandes nicht ausgeschlossen werden. Leider liegen hierüber keine detaillierten Untersuchungen vor.

Eine weitere Ursache für die Bedrohung der nächtlichen Flattertiere ist die immer weiter vorrückende Kultivierung. Im Wirtschaftswald werden keine hohlen Bäume geduldet, die z. B. der Waldfledermaus (= Abendsegler) im Sommer und Winter als Unterkunft dienen. Die Vernichtung der Fledermausquartiere ist eine der Hauptursachen des bedrohlichen Rückgangs unseres einzigen fliegenden Säugetiers. Bei der Sanierung von alten Häusern und Kirchen, in deren Gebälk die standorttreuen Tiere seit Jahrhunderten Unterkunft fanden, werden die von ihnen benützten Einflugluken vermauert, die Tiere selbst oft aus Unverstand getötet, sogar von amtlich beauftragten Schädlingsbekämpfern! (So geschehen 1965.) In unseren modernen Betonbauten finden sie keinen Unterschlupf. Ihre Winterquartiere, alte Schächte, Stollen und Höhlen, werden oft aus Sicherheitsgründen zugemauert oder mit dicht schließenden Türen versehen. In solchen Fällen sollten sich die zuständigen Stellen vorher informieren, ob nicht ein Fledermausquartier vorliegt. Bei gutem Willen ist es dann nicht schwierig, eine Einflugöffnung zu erhalten. Die Wohnungsnot der Waldfledermäuse kann durch Aufhängen von Nistkästen aus Holz oder Holzbeton gelindert werden. Diese künstlichen Fledermaushöhlen haben sich in der Praxis bereits gut bewährt. Von ausschlaggebender Bedeutung aber für das Überleben unserer Fledermäuse ist die Aufklärung der Menschen über ihre wichtige Rolle im Naturhaushalt. *Alle mitteleuropäischen Länder haben sie auf die Liste der geschützten Tiere gesetzt.*

Siebenschläfer

Die **Siebenschläfer** oder **Bilche** *(Muscardinidae)* gehören zu den Nagetieren. Es handelt sich um kleine, etwa 14–16 cm lange Tiere mit einem fast ebensolangen, runden, behaarten Schwanz. In Mitteleuropa finden sich *vier Arten, die alle geschützt sind:* der **Siebenschläfer** *(Glis glis)* ist das größte Tier dieser ähnlich wie das Eichhörnchen auf Bäumen lebenden Familie. Der **Baumschläfer** *(Dryomys nitedula)* kommt als seltenste Art in Ober- und Niederösterreich, Tirol und in der Steiermark vor, der **Gartenschläfer** *(Eliomys quercinus)* ist den beiden anderen Arten sehr ähnlich. Er kann bei starkem Auftreten in Obstkulturen, aber auch in Vorratsräumen, die er im Herbst gerne aufsucht, größeren Schaden verursachen. Daher kann sein Schutz in solchen Fällen vorübergehend aufgehoben werden. Das kleinste und possierlichste Glied der Familie der Schläfer ist die **Haselmaus** *(Muscardinus avellanarius)*. Sie wird nur 14 cm lang, davon treffen 7 cm auf den Schwanz. Benannt ist sie nach ihrer Lieblingsspeise, den Haselnüssen. Doch ernährt sie sich auch, wie ihre Verwandten, von Eicheln, Bucheckern, Beeren, Obst. Auch Kerbtiere werden von den Bilchen nicht verschmäht, der Siebenschläfer plündert gelegentlich sogar Vogelnester. Der Familienname ›Schläfer‹ deutet schon darauf hin, daß sie einen Winterschlaf machen. Im Oktober ziehen sie sich in ihre Winternester zurück, die in Baumhöhlen und Felsspalten angelegt werden. Der Gartenschläfer wählt hierfür nicht selten auch Dachböden, Scheunen und Berghütten. Sieben Monate dauert ihr Schlaf (Name!). Fest eingerollt, den Schwanz über die Nase gedeckt, liegen sie in ihrem mit Moos warm ausgepolsterten Nest. Dorthin haben sie im Herbst allerlei Vorräte eingetragen, vor allem Nüsse, Kastanien, Bucheckern und Eicheln. Alle paar Wochen werden sie für kurze Zeit wach, fressen von ihren Vorräten, verfallen aber sehr rasch wieder in den für ihren Winterschlaf charakteristischen Starrezustand.

Haselmaus

Anfang Mai erwachen sie. Bald darauf erfolgt die Paarung und schon nach drei Wochen werden 3–7 blinde und nackte Junge

Haselmaus im Winterschlaf (vom Fotografen ausgegraben)

geboren, die aber rasch heranwachsen und bald selbständig werden.
In manchen Gegenden, z.B. in Krain, Jugoslawien, wird das Fleisch der Siebenschläfer als Delikatesse hoch geschätzt. Im alten Rom gab es regelrechte Bilchmästereien, in denen das wohlschmeckende Fleisch für die Tafel der reichen Feinschmecker erzeugt wurde. Auch der Pelz wurde verwertet. Die Haselmaus wird gerne als Haustier gehalten, denn sie ist sehr reinlich, verbreitet keinen üblen Geruch und frißt recht sparsam. Alle Bilche sind Waldbewohner und ausgesprochene Nachttiere.

2. Vögel

Die einheimischen nichtjagdbaren wildlebenden Vögel sind nach dem geltenden Naturschutzrecht mit wenigen Ausnahmen alle geschützt. Unter dem Schutz des Gesetzes stehen auch ihre Eier, Nester und die Brutstätten, also ihr Lebensraum. Diese sehr weitgehenden Bestimmungen erlauben es uns, die Betrachtungen über die in den verschiedenen Lebensgemeinschaften vorkommenden

Junger Kuckuck

Vögel auf die am meisten gefährdeten Arten zu beschränken. Die übrigen kann der an der Vogelkunde interessierte Leser in den zahlreichen auch für den Laien gut verständlichen Vogelbüchern kennenlernen.

Wenn wir von den im Walde lebenden Vögeln sprechen, so müssen wir, wie bei den Säugetieren, zwischen jagdbaren und nichtjagdbaren unterscheiden. Zu ersteren gehört das

Auerhuhn

Auerhuhn *(Tetrao urogallus),* der größte Vogel unserer Wälder. Heute ist er einer der seltensten und genießt daher *das ganze Jahr hindurch Schonzeit,* d. h. er darf nicht bejagt werden. In kleiner Zahl kommt das zu den Rauhfußhühnern gehörende Auerhuhn noch in den Misch- und Nadelwäldern der Alpen und der Mittelgebirge vor. Der Hahn ist fast um die Hälfte größer als die Henne, etwa 80–90 cm lang und erreicht ein Gewicht von 5–7 kg. Das dunkle Gefieder weist auf der Brust einen grünlichen Schimmer auf, die nackten Stellen über den Augen, die der Jäger ›Rosen‹ nennt, sind leuchtend rot. Das Weibchen ist viel einfacher gefärbt. Sein Gefieder ist rotbraun mit querverlaufender Bänderung. Nur wenige Jäger und Vogelfreunde kennen die berühmte Balz des

Balzender Auerhahn

Auerhahns. Sie beginnt Ende März und dauert bis Mitte Mai. Schon morgens um 3 Uhr bezieht der Hahn seinen Balzplatz, meist ein kräftiger, waagrechter Ast einer Fichte, Kiefer oder Buche. Das Balzlied beginnt mit dem sog. ›Knappen‹, dem der ›Hauptschlag‹ folgt; er erinnert an das Entkorken einer Flasche. Es endet mit dem ›Schleifen‹, einem Geräusch, das an das Wetzen eines Messers erinnert. Während des Balzens wird der Schwanz breit aufgefächert, die Flügel werden gesenkt, das Tier trippelt mit hoch aufgerichtetem Kopf auf dem Ast hin und her. Bei diesem ›Imponiergehabe‹ vergißt der Hahn alle Vorsicht, was der Jäger ausnützt, um sich anzuschleichen. Wenn es hell wird, verlassen die Hähne den Balzbaum und beginnen mit der Bodenbalz, bei der dann auch die Hennen ›getreten‹, also begattet werden. Das Nest, das allein von der Henne gebaut wird, ist denkbar einfach: sie scharrt eine Mulde unter einem Baum oder zwischen Beerenkraut und legt 6–9 hellbraune, dunkelpunktierte Eier hinein. Nach etwa 4 Wochen schlüpfen die Jungen. Sie sind Nestflüchter und können sofort der Mutter folgen, bei der sie bis zum Winter bleiben. Nach 2–3 Wochen können sie schon fliegen. Das ist wichtig, damit sie abends ›aufbaumen‹ können und so sicherer

Balz

vor Feinden sind. Die Jagdverbände haben sich zusammen mit den Naturschutzverbänden nachdrücklich für den Schutz und die Erhaltung des selten gewordenen Auerhuhns eingesetzt. Durch sorgfältige Hege wird derzeit versucht, die geringen noch vorhandenen Bestände wieder zu vermehren.

Sperber

Der **Sperber** *(Accipiter nisus)* gehört zu den lange Zeit schwer verfolgten Greifvögeln. Man war der Ansicht, daß diese ›Räuber‹ mit allen Mitteln ausgerottet werden müßten. Heute wissen wir, daß sie eine wichtige Rolle im Naturhaushalt spielen. Sie verhindern die Massenvermehrung anderer Tiere und sorgen für eine positive Auslese, indem sie kranke und schwache Tiere beseitigen. *Viele Greifvögel sind ganzjährig geschützt.*

Der Sperber weist die typischen Merkmale der Greifvögel auf: Hakenschnabel und starke Fänge. Er lebt in Wäldern von der Ebene bis hinauf ins Gebirge. Oft nistet er auch in kleinen Feldgehölzen. Das Männchen ist etwa 28 cm lang, das Weibchen um 10 cm größer. Das Gefieder zeigt manche Ähnlichkeit mit dem des Habichts: die Oberseite ist schiefergrau, die Unterseite grauweiß mit braunen Bändern. Man nennt diese Querbänderung ›gesperbert‹. Charakteristisch ist der lange Schwanz des Sperbers, der dunkle Querbinden zeigt. Der Horst wird auf Bäumen in mittlerer Höhe errichtet, ziemlich nahe am Stamm. Oft baut ihn das Weibchen allein, manchmal übernimmt der Sperber auch alte Krähenhorste. Die 4–6 schmutzigweißen Eier tragen rotbraune Flecken und werden nur vom Weibchen 33–36 Tage bebrütet. Das Männchen versorgt es während dieser Zeit mit Nahrung. Ganz eigenartig geregelt ist die Fütterung der Jungen. Das Männchen bringt die Beute bis zum Nestrand. Dort übernimmt sie das Weibchen, das sie zerrupft und die Stücke den Jungvögeln vorhält. Geht das Männchen während der Aufzucht zugrunde oder stirbt das Weibchen, so bedeutet das den Tod der Jungen, denn keiner der beiden Partner kann die Tätigkeit des anderen übernehmen. Sie sind völlig einseitig geprägt. Das ist mit eine Ursache für den starken Rückgang des Sperbers. Er wird noch immer erbarmungslos verfolgt. Denn er ernährt sich fast ausschließlich von Kleinvögeln, die er in überraschendem Angriff aus der Luft greift. Natürlich schlägt er auch ab und zu Küken von Vögeln, die dem Menschen Nutzen bringen. Das ist der Grund zu seiner Verfolgung. In den meisten mitteleuropäischen Ländern steht er inzwischen *unter Schutz.* Denn als Regulator unter den Populationen der Kleinvögel spielt er eine bedeutende Rolle. Seine Hauptbeute sind Sperlinge, ferner Finken und Stare. Gelegentlich greift er auch Feld- und Wühlmäuse. *Der Sperber gehört zu den gefährdetsten Waldvögeln* und verdient unseren Schutz. Das gilt für alle Greifvögel! Von ihnen leben noch im Wald der Mäusebussard, dessen miauende Stimme wir oft hören können, der Habicht, der Rote und der Schwarze Milan, die an

Gefährdung

Sperber

ihrem gegabelten Schwanz kenntlich sind und als Aasvertilger die Rolle der Gesundheitspolizei in Wald und Flur spielen, ferner der Wespenbussard, der seine Brut ausschließlich mit den Larven von Hummeln und Wespen auffüttert. Sie alle horsten im Wald, zur Beutesuche fliegen sie natürlich hinaus über Wiesen und Felder.

Eulen

Die **Eulen** haben mit den Greifvögeln manches gemeinsam. Wie bei diesen ist der Oberschnabel hakig gebogen, sie fangen ihre Beute mit den kräftigen Fängen, deren Zehen lange, spitze, gekrümmte Krallen tragen. Trotzdem bilden sie in der zoologischen Systematik eine eigene Ordnung. Denn ihre Augen sind nach vorne gerichtet, sie jagen ausschließlich nachts oder in der späten Dämmerung, fliegen völlig lautlos und orientieren sich nicht nur mit den scharfen Augen, sondern auch durch ihr feines Gehör. Dieses ermöglicht ihnen in erster Linie, ihre Beutetiere zu finden. Der starre Ausdruck ihres Gesichts und ihre nächtliche Lebensweise haben dazu geführt, daß sie völlig unberechtigt als Unglücksbringer gelten. Manche Arten heißen sogar Totenvogel, da ihr Ruf wie ›komm mit‹ klingt. Früher wurde die Waldohreule sogar mit ausgespreizten Flügeln an die Scheunentore genagelt, weil man glaubte, der gekreuzigte Vogel schütze das Anwesen vor Feuer. Die Waldohreule finden wir nur im Wald, wo sie sich fast ausschließlich von Mäusen ernährt. Der Waldkauz nistet sowohl in Wäldern, als auch auf Dachböden, ja sogar in Taubenschlägen. Diese beiden Eulenarten sind noch relativ häufig.

Uhu

Der **Uhu** *(Bubo bubo),* unsere größte Eule, *steht* dagegen *unmittelbar vor dem Aussterben.* In der Bundesrepublik leben höchstens noch 25–30 Brutpaare, im übrigen Mitteleuropa dürfte es vielleicht nochmal die gleiche Zahl sein. Nur noch in entlegenen Talschluchten und unzugänglichen Felshängen der Mittelgebirge und der Alpen ist er zu Hause, z. B. in der Fränkischen Schweiz, im Donau- und Altmühltal und im Bayerischen Wald. Der Uhu ist ein prachtvolles Tier: etwa 70 cm lang, mit den beiden beweglichen Federbüscheln, den sogenannten ›Federohren‹ auf dem Kopf und der orangeroten Iris des Auges ist er eine imponierende Erscheinung. Mit dem Hören haben diese Federohren nichts zu tun. Ein Uhupaar hält das ganze Leben lang zusammen, es besteht also eine Dauerehe. Mit dem Nestbau gibt es sich wenig Mühe. Wenn nicht gerade ein verlassener Greifvogelhorst zur Verfügung steht, legt das Weibchen, das größer und schwerer ist als das Männchen, die Eier, 1–3 an der Zahl, direkt auf den Boden. Felsnischen oder Höhlen werden bevorzugt. Die Eier sind rein weiß und werden nur vom Weibchen bebrütet. Während der 35 Tage dauernden Brutzeit füttert das Männchen seine Gefährtin. Es beteiligt sich auch an der Fütterung der Jungen, wenn sie ausgeschlüpft sind. Nach fünf Wochen verlassen diese den Brutplatz, obwohl sie noch nicht flügge sind. Das dauert rund acht Wochen.

Gefährdung

Die Nahrung des Uhus besteht aus Wirbeltieren aller Art, von der Maus bis zum Hasen, von der Taube bis zur Krähe. Auch Frösche und Eidechsen werden nicht verschmäht. Sein Rückgang ist nicht zuletzt auf Nahrungsmangel zurückzuführen. Denn viele seiner Beutetiere, meist Mäuse, sind durch Kultivierungsmaßnahmen und Massenvernichtungsmittel selten geworden, so daß der große Vogel seinen Nahrungsbedarf nicht mehr decken konnte. In solchen Fällen unterbleibt in der Regel die Brut oder die Jungen gehen zugrunde. Auch der zunehmenden Verdrahtung der Landschaft fallen immer wieder Altuhus zum Opfer. Vor etwa zehn Jahren hat sich der Deutsche Naturschutzring zusammen mit dem World Wildlife Fund des selten gewordenen Vogels angenommen. Durch die Aktion ›Uhuschutz‹ gelang es, in der Tschechoslowakei gefangene Jungtiere erfolgreich wieder anzusiedeln. Man versucht, sie auf bestimmte Beutetiere zu ›prägen‹, um sie zu veranlassen, hauptsächlich für den Menschen unerwünschte Lebewesen, z. B. Krähen und Bisamratten zu fangen und so als biologische Schädlingsbekämpfer zu arbeiten. Das wird natürlich nicht immer gelingen, aber selbst wenn manchmal ein Hase oder

Uhuweibchen mit 2 Jungen

ein Rehkitz dem Uhu zum Opfer fällt, ist das kein Grund, diesen schönen Vogel rücksichtslos zu verfolgen und ihn auszurotten. Besonders in den noch relativ ursprünglich gebliebenen Biotopen des schwäbischen und fränkischen Jura könnte er sich wieder soweit vermehren, daß ein kleiner Bestand ein sicheres Auskommen hat. Hoffen wir, daß uns der ›König der Nacht‹ erhalten bleibt!

Rauhfuß-kauz (Abb. S. 62)

Als seltener Gast unserer Wälder muß hier noch eine weitere Eulenart genannt werden, der **Rauhfußkauz** *(Aegolius funereus)*. Er ist eigentlich ein Bewohner des nördlichen und östlichen Europas und Sibiriens. *Als Eiszeitrelikt* lebt er bei uns in den größeren Wäldern der Alpen und des Bayerisch-Böhmischen Grenzgebirges. Neuere Beobachtungen haben ergeben, daß er vereinzelt auch in anderen Mittelgebirgen heimisch geworden ist; sogar in der Lüneburger Heide wurde er als Brutvogel beobachtet. Oft wird der Rauhfußkauz mit dem Steinkauz verwechselt. Von diesem unterscheidet er sich durch ein tiefer braun gefärbtes Gefieder, einen viel dicker und runder wirkenden Kopf, sowie einen längeren Schwanz. Er ist nur selten zu sehen, da er ausschließlich nachts jagt. Auch bei völliger Dunkelheit kann er seine Beute, vor allem Mäuse, kleine Vögel und Frösche mit Hilfe seines feinen Gehörs orten und zielsicher greifen. Tagsüber hält er sich in seiner Höhle, in der Regel verlassene Spechthöhlen, auf, in denen er auch brütet. Doch ist beobachtet worden, daß er auch Nistkästen annimmt. Die 3–7 weißen Eier werden vom Weibchen bebrütet, das während der 26tägigen Brutzeit vom Männchen betreut wird. Die Jungen

Junger Rauhfußkauz

fliegen nach 30 Tagen aus. Sie sind ganz anders gefärbt als die alten Vögel, nämlich dunkelkaffeebraun. Die weißen Tupfen, die für die erwachsenen Tiere kennzeichnend sind, treten erst später auf. Seinen Namen hat der Rauhfußkauz wegen seiner dicht mit weißen Federn bedeckten Zehen. Der lateinische Name *funereus* bedeutet unheilvoll und nimmt Bezug auf seine Stimme, ein in Tonhöhe und Lautstärke schwankendes ›bubububububu‹, das unheimlich in der finsteren Nacht klingt. Mancher, der den Rauhfußkauz in seiner Bruthöhle aufgeschreckt hat, mag auch erschrocken sein, wenn er mit seinem großen Kopf und den aufgerissenen Augen mit der gelben Iris aus dem Flugloch schaute. Solche Erlebnisse trugen dazu bei, auch dieser seltenen Eule aus Aberglauben Unglück bringende Eigenschaften anzudichten.

Die übrigen im Wald lebenden *Vögel* hier aufzuzählen, ist nicht möglich. Wie bereits gesagt, sind sie *alle durch das Gesetz geschützt.* Wer sich einmal die Zeit nimmt, sich auf einer Waldblöße still hinzusetzen, wird erstaunt sein, wie viele Arten man beobachten kann: An den Baumstämmen suchen die Spechte nach Insekten, die sich unter der Baumrinde verstecken. Was dem Bunt- und

Andere Waldvögel

Grünspecht entgeht – der Schwarzspecht ist leider sehr im Rückgang begriffen –, sammelt der Kleiber (= Spechtmeise) auf. Im Gegensatz zum Specht klettert er am Stamm auch sehr geschickt abwärts. In den Baumwipfeln und im Unterholz tummeln sich Rotkehlchen und Goldammer, der Dompfaff und die zahlreichen Laubsängerarten sind zu sehen, gegen Abend ertönt der Gesang der Drosseln, die ebenfalls in verschiedenen Formen im Wald leben. Noch viele andere unserer gefiederten Sänger, die unentbehrlichen Helfer des Menschen bei der Bekämpfung schädlicher Insekten, sind Waldbewohner. Durch die weitverbreitete Verwendung von Giften zur Schädlingsbekämpfung auch im Wald ist vor allem die Brut unserer Vögel gefährdet. Die Vögel fressen ja auch die *vergifteten* Insekten und füttern sie an ihre Jungen. Die Anhäufung von Gift im Körper der alten wie der jungen Tiere überschreitet oft die Toleranzdosis, d. h. die Menge an Giften, die ein Lebewesen ohne Schaden aufnehmen kann. Dazu kommt die Tatsache, daß die Gifte häufig in überhöhten Mengen verwendet werden – nicht nur im Wald: Dort ist diese Gefahr am geringsten, da geschulte Fachleute die Pestizide anwenden. Die Ansicht ›Viel hilft viel‹ ist leider weit verbreitet und sehr gefährlich. Zwei Beispiele sollen das erläutern: ›Eine 4 ha große Apfelplantage in Rheinland-Pfalz wurde an drei aufeinander folgenden Tagen mit einer 0,075%igen E 605-Lösung behandelt (Normallösung: 0,03%). Folge: 35 tote und 21 schwerkranke Meisen, Rotkehlchen und Buchfinken wurden in der Plantage und der nächsten Umgebung aufgefunden.‹

Gefährdung durch Insektizide

›Trotz Verbots streuten Landwirte in den Niederlanden Getreidekörner, Erbsen und andere Sämereien aus, die mit hochkonzentrierter E 605-Lösung getränkt worden waren. Sie wollten damit ›schädliche Vögel‹, besonders Krähen, vernichten. Folge: Je ha wurden durchschnittlich 170 tote Vögel, insgesamt rund 27 000 Stück aufgesammelt, davon etwa 9000 Buchfinken, außerdem große Mengen Drosseln, Feldlerchen, Rebhühner, Fasane, Stockenten. An Sekundärvergiftung (Fressen kranker oder toter vergifteter Tiere) verendet wurden rund 100 Mäusebussarde, 30 Sperber und viele Eulen aufgefunden. Schätzungsweise sind allein dieser einen gesetzwidrigen Aktion etwa 200 000 Vögel zum Opfer gefallen.‹ (Engelhardt, Umweltschutz.)

Pestizide

Diese Beispiele zeigen, wie gefährlich die Anwendung chemischer Gifte in der freien Natur ist. Fast alle Pestizide, wie man mit einem Sammelbegriff die Schädlingsbekämpfungsmittel nennt, töten nicht nur solche Insekten, die für uns Menschen unerwünscht sind, sondern auch die sog. Nützlinge, also für den Menschen nützliche Tiere. In den Wäldern sterben bei großen Schädlingsbekämpfungsaktionen neben den zu vernichtenden Insekten zu Millionen auch deren natürliche Feinde, z. B. Schwebfliegen, Spinnen, Schlupfwespen und Raupenfliegen. Die Rote Waldameise ist nicht weniger gefährdet als die in der Nähe fliegenden Bienen. So entfalten die chemischen Schädlingsbekämpfungsmittel eine zwar nicht erwünschte, aber unvermeidbare Breitenwirkung, durch die sogar die Gesundheit des Menschen bedroht werden kann. Die Forschung muß sich in Zukunft bemühen, *die natürlichen Feinde der Schädlinge zu erhalten und ihre Ausbreitung zu fördern.* In unseren Staatsforsten ist damit bereits begonnen worden durch Züchtung und künstliche Ansiedlung der Roten Waldameise, auf die wir noch gesondert zu sprechen kommen werden, da sie ja zu den geschützten Tieren des Waldes zählt.

Wir können das Kapitel über die Vögel nicht abschließen, ohne einige typische Nadelwaldbewohner zu erwähnen. Vor allem sind

Meisen

es die verschiedenen **Meisenarten**, die ursprünglich nur im Nadelwald anzutreffen waren, sich aber durch die Fütterung sehr stark an den Menschen und damit an eine andere Umwelt gewöhnt haben. Das gilt vor allem für die Kohlmeise, die allerorts häufig vorkommt. Echte Tiere des Nadelwaldes dagegen sind die Blaumeise, die Tannenmeise und die Haubenmeise geblieben, die wir nur selten im Winter an Futterhäuschen beobachten können.

Goldhähnchen

Auch unsere beiden **Goldhähnchen** sind in den sonst an Vögeln nicht so reichen Nadelwäldern zu finden, das Wintergoldhähnchen *(Regulus regulus)* und das Sommergoldhähnchen *(Regulus ignicapillus)*. Sie gehören zu den Grasmücken. Wohl jeder hat den wispernden Gesang dieser unserer kleinsten Vögel – sie werden nur 9 cm lang und erreichen ein Gewicht von rund 5 Gramm – schon gehört. Er klingt wie ›sisisih‹. Ihr Nest bauen sie mit Vorliebe in die äußersten Spitzen von Fichtenzweigen.

Noch einen typischen Vertreter der Nadelwaldbewohner müssen

Kreuzschnabel

wir hier erwähnen, den **Fichtenkreuzschnabel** *(Loxia curvirostra)*. Er ist etwa so groß wie ein Sperling und, wie die beiden Goldhähnchenarten, nur selten zu sehen, obwohl er keineswegs bedroht ist. Seine Anwesenheit verrät er uns durch die von ihm ›behandelten‹ Fichtenzapfen, die ganz zerzaust aussehen. Mit seinem nach rechts oder links überkreuzten Schnabel holt er die Samen aus den Zapfen heraus, wobei deren Schuppen stark zerfetzt werden. Der Kreuzschnabel ist ein typischer Strichvogel, d. h. er zieht unstet von Ort zu Ort und bleibt nur solange, wie die Nahrung reicht. Daher hat er auch keine bestimmte Brutzeit. Selbst mitten im verschneiten Winterwald baut er sein Nest hoch oben in den Fichtenwipfeln. Nur 16 Tage brütet das Weibchen, schon nach zwei Wochen klettern die Jungen im Gezweig herum. Die ungewohnte Brutzeit, meist von Ende Dezember bis März, hängt mit der Tatsache zusammen, daß in diesen Monaten die Nadelholzsamen in großer Menge zur Verfügung stehen.

3. Kriechtiere (Reptilien)

Von den geschützten Kriechtieren (Reptilien) finden wir im Wald nur einige wenige Arten, denn die meisten lieben als wechselwarme Tiere sonnige Biotope. Nur die **Blindschleiche** *(Anguis fragilis)* können wir hier erwähnen. Sie braucht etwas Feuchtigkeit und lebt gerne im feuchten Laubstreu der Buchenwälder. Dort findet sie auch ihre Nahrung, die aus Nacktschnecken, Würmern und Insektenlarven besteht. Leider wird die Blindschleiche oft mit den Schlangen verwechselt, sie gehört aber zu den Eidechsen. Folgende Merkmale, die wir bei diesen finden, treffen auch auf die Blindschleiche zu: das Maul muß zum ›Züngeln‹ geöffnet werden; bei den Schlangen ist dafür eine besondere Auskerbung vorhanden. Die Augen haben Lider, was bei den Schlangen nicht zutrifft. Der Schwanz bricht, wie bei allen Eidechsen leicht ab. Besonders deutlich aber weist die Anatomie des Skeletts die nahe Verwandtschaft mit den Eidechsen nach: Reste des Schulter- und Beckengürtels sind noch vorhanden, ein Hinweis darauf, daß die Beine erst im Laufe der Entwicklungsgeschichte der Blindschleiche verkümmert sind. Bei zwei nahen Verwandten, der Erzschleiche und dem Scheltopusik, sind sie zwar noch vorhanden, aber nicht mehr brauchbar. Diese beiden Eidechsenarten kommen in Mitteleuropa nicht vor. Sie sind in den wärmeren Mittelmeerländern heimisch.

Blindschleiche

Die Blindschleiche wird höchstens 50 cm lang, doch erreicht sie diese Größe sehr selten. Ihr Körper ist von kleinen, glatten Schuppen bedeckt, deren Farbe von Grau bis zu dunklem Braun variieren kann. Der ganze Körper ist glatt und glänzend, ›wie mit Firnis

Blindschleiche

überzogen«. Am Kopf sind die Hornschuppen zu größeren Schildern entwickelt. Interessant ist die Fortpflanzung der Blindschleiche: nach der Winterruhe, die sie in größerer Gesellschaft in unterirdischen Lagern verbringt, beginnt im Mai die Paarungszeit. Nach verhältnismäßig langer Tragzeit – sie beträgt drei Monate – bringt das Weibchen 5–15 lebendige Junge zur Welt. Meist stecken sie noch in einer häutigen Blase, die sie aber oft schon während des Geburtsaktes oder unmittelbar danach durchbrechen. Sie sind sofort selbständig. Infolge ihres feuchte und schattige Stellen bevorzugenden Lebensraumes sind die Bewegungen dieser Eidechsenart nicht so gewandt wie die anderer Echsen oder die der echten Schlangen. Doch kann sie erhebliche Muskelkraft entwikkeln, wenn man z. B. versucht, sie aus ihrem Schlupfwinkel herauszuziehen.

Bedeutung

Leider wird die Blindschleiche wegen ihres schlangenähnlichen Aussehens sehr verfolgt. Dabei ist sie absolut harmlos und nimmt durch die Vertilgung von Schnecken und anderer im Laubstreu der Buchenwälder lebenden Tiere einen recht bedeutsamen Platz unter den Regulatoren dieses Biotops ein. *Daher zählt sie zu den vollkommen geschützten Tieren.* Ihre Heimat ist ganz Europa, von den Alpen, in denen sie bis zu einer Höhe von 1000 m hinaufsteigt, bis zum Polarkreis.

4. Lurche (Amphibien)

Feuersalamander

Der **Feuersalamander** *(Salamandra salamandra = maculosa)* hat ein ähnliches Verbreitungsgebiet wie die Blindschleiche. Durch seine auffallende schwarzgelbe Zeichnung ist er leicht zu erkennen. Er gehört zu der großen Gruppe der Lurche (Amphibien) und speziell zur Familie der Schwanzlurche. Im Gegensatz zu den Fröschen und Kröten hat er einen langgestreckten Körper mit sehr kurzen Beinen und einem langen, drehrunden Schwanz. Er erreicht eine Länge von 15–22 cm. An die nahe Verwandtschaft mit den Fröschen erinnert das breite, tiefgespaltene Maul und die hervorquellenden Augen, die mit einem Ober- und einem Unterlid versehen sind. Das gleiche gilt für seine vollkommen nackte Haut, die keinen Schutz gegen Austrocknung besitzt. Daher muß er immer in feuchter Umgebung leben, an Bachufern, in Felsspalten, unter Steinen und Moos. Sein feuchtes Versteck verläßt er in der Regel nur in der Dämmerung oder bei Regenwetter. Dann ist das plumpe, langsame Tier unterwegs auf der Suche nach Schnecken und Würmern, die seine Hauptnahrung bilden. Von Oktober bis April hält der Feuersalamander einen Winterschlaf. Dazu ziehen sich viele Tiere gemeinsam in eine frostsichere Höhlung zurück.
Die Paarung erfolgt im späten Frühjahr, auf dem Lande oder im Wasser. Nach monatelanger Tragzeit bringt das Weibchen im Was-

Feuer-salamander

ser 30–75 Larven zur Welt. Bei der Geburt sind sie noch von einer dünnen Blase umhüllt, aus der sie sich aber sehr rasch befreien. Sie sind schon gut ausgebildet (im Gegensatz zu den Kaulquappen, den Larven der Frösche), haben bereits vier Beine, sind jedoch noch auf das Leben im Wasser angewiesen. Beiderseits am Kopf sitzen große, büschelförmige Kiemen, ein seitlich abgeflachter Ruderschwanz ermöglicht ihnen ein geschicktes Schwimmen. Kleine Wassertiere bilden ihre Nahrung. Die Larven sind zunächst grünlichgrau. Im Laufe der Entwicklung färben sie sich dunkler und die gelben Flecken beginnen hervorzutreten. Langsam schwinden die Kiemen, während sich gleichzeitig die Lungen entwickeln, der Schwanz wird drehrund und als kleine, 4–5 cm lange Feuersalamander steigen die Jungen an Land.

Giftdrüsen

Trotz ihrer langsamen, plumpen Bewegungen haben die Feuersalamander kaum Feinde. Am Hinterkopf und längs des Rückens finden sich in der Haut Drüsen, die ein giftiges Sekret absondern. Für den Menschen ist es völlig ungefährlich, doch ruft es bei kleineren Tieren auf den Schleimhäuten Brennen und Entzündungen hervor und wirkt sich offenbar auch noch anderweitig aus. So ist der Feuersalamander von Natur aus weitgehend geschützt, doch durch den Rückgang seiner Lebensstätten, durch Drainage vieler Feuchtgebiete ist er seltener geworden und *wurde unter Schutz gestellt.* Das Tiefland meidet er überhaupt. Die Gebirgslagen scheint er zu bevorzugen.

Erdkröte

Kröten

Unter den Lurchen, die im allgemeinen das Wasser als Lebenselement brauchen, bilden die **Kröten** in dieser Hinsicht eine Ausnahme. Sie sind ausgesprochene Landtiere. Man sieht das schon bei oberflächlicher Betrachtung ihrer Hinterbeine, deren fünf Zehen nur eine recht unvollkommene Schwimmhaut besitzen. Sie sind auch nur wenig länger als die Vorderbeine. Der ganze Körper wirkt plump und massig. Wegen der ganz rauh erscheinenden Haut gelten die Kröten als häßlich. Sie wurden und werden leider auch heute noch teilweise aus abergläubischen Gründen verfolgt. Die Einstellung weiter Kreise gegenüber den in Wirklichkeit sehr nützlichen Tieren hat der alte Naturforscher Gesner (1516–1565) treffend folgendermaßen gekennzeichnet: ›So jemats iren seich berührt, so sol sölcher ort faulen – auch ir anguken ist schädlich davon die menschen ganz bleych und ungestalt werden . . .‹ Die warzige Haut der Kröten scheidet tatsächlich ein Sekret von unangenehmem Geruch und geringer Giftigkeit aus. Das dient den langsamen Tieren zum Schutz gegen ihre natürlichen Feinde, die unter den Kleinraubtieren und den Greifvögeln zu suchen sind. Für sie mag dieses Gift auch unangenehme Wirkungen haben, tödlich ist es aber keinesfalls. Für den Menschen ist vielleicht der Geruch mancher Krötenarten unangenehm, ihr Gift ist für ihn absolut unschädlich.

Alle Kröten sind ausgesprochene Nacht- und Dämmerungstiere. Untertags suchen sie feuchte und schattige Stellen auf, z. B. Erdlöcher, Felsspalten, feuchte Stellen unter Baumwurzeln. Wir finden die Kröten nicht nur in Wäldern, sie sind sehr häufig auch in

Feldgehölzen, in Hecken und in Gärten. Überall verzehren sie Nacktschnecken, Würmer, nackte Raupen und viele Arten von Kerbtieren. Sie sind für die Land- und Forstwirtschaft ausgesprochen nützlich und verdienen unseren Schutz, der ihnen auch von dem Naturschutzgesetz zuerkannt wird. Es ist eigenartig, daß die Kröten ihre Beute nur erkennen, wenn sie sich bewegt. Kleinere Beutetiere werden durch Herausklappen der vorne am Kiefer angewachsenen Zunge erfaßt, größere unmittelbar mit dem Maul.

Verhalten

Das Wasser suchen die Kröten nur zur Fortpflanzungszeit auf. In einem Tümpel oder einem kleinen See setzen sie ihren Laich ab. Es ist interessant und bis heute wissenschaftlich noch nicht restlos geklärt, warum die Kröten zum Laichen immer das gleiche Gewässer aufsuchen. Sie unternehmen deswegen oft weite Wanderungen, die sie über Straßen und Autobahnen führen, wobei sie nicht selten zu Hunderten überfahren werden. Es handelt sich um ein ähnliches Phänomen wie bei der Wanderung der Aale und Lachse, die ja auch zum Laichen zu den Gewässern ziehen, in denen sie geboren wurden. Zur Paarungszeit entwickeln sich an den ersten drei Fingern des Männchens rauhe, dunkle Hautschwielen, die ein klebriges Sekret absondern; mit ihrer Hilfe klammert es sich in der Achsel des Weibchens fest. Oft wird diese Paarungsstellung schon während der Wanderung zum Wasser eingenommen. Dann schleppt das wesentlich größere Weibchen das Männchen auf seinem Rücken zum Laichplatz. Der Laich wird in langen Schnüren von Bleistiftdicke abgelegt. Diese 3–5 m langen Laichschnüre enthalten mehrere tausend Eier. Aus ihnen schlüpfen nach etwa 20 Tagen die Larven aus, die wie beim Frosch Kaulquappen genannt werden und sich mit einem flachen Ruderschwanz fortbewegen. Wie die Kaulquappen der Frösche ernähren sie sich zuerst von Algen und atmen durch Kiemen. Im Laufe der Entwicklung bilden sich dann das ›Froschmaul‹ und die Lungen, der Ruderschwanz bildet sich zurück und in Massen steigen die jungen Kröten, die nur ungefähr 1 cm lang sind, an Land. Da man sich früher ihre große Zahl nicht erklären konnte, sprach man von einem ›Froschregen‹ und knüpfte allerlei abergläubische Vorstellungen daran.

Den Winter verbringen unsere Kröten in Erdhöhlen, die sie sich selbst graben.

Geburtshelferkröte

In Mitteleuropa sind folgende Kröten beheimatet: die **Erdkröte**, die **Wechselkröte**, die gerne unmittelbar am und sogar im Wasser lebt, die **Kreuzkröte** und die **Geburtshelferkröte**. Sie hat ihren Namen von der merkwürdigen Art ihres Brutgeschäftes. Die Paarung findet nämlich nicht im Wasser statt wie bei den anderen Arten, sondern auf dem Land. Die aus dem Körper des Weibchens austretende Laichschnur wickelt sich das Männchen um Hinterleib und Hinterbeine. Einige Wochen hält es sich mit seiner Last an feuchten Stellen auf. Wenn die Eier gereift sind, sucht es ein Gewässer auf, wo sich dann die Larven in der üblichen Art entwikkeln. Als letzte wäre noch die **Knoblauchkröte** zu nennen, die ihren Namen einem nach Knoblauch riechenden Sekret verdankt, das sie bei Gefahr aus ihren warzigen Hautdrüsen abscheidet. *Alle sind sie streng geschützt.*

Wirbellose Tiere

Bisher haben wir nur von Wirbeltieren gehört. Aber auch eine ganze Anzahl wirbelloser Tiere sind gefährdet und durch das Naturschutzgesetz geschützt. Sie sind nicht von geringerer Bedeutung als Säuger, Vögel, Kriechtiere und Lurche. In der gesunden Kulturlandschaft haben sie die gleiche Bedeutung und sind genau so notwendig wie die Wirbeltiere (zu ihnen rechnet man alle Tiere, die eine Wirbelsäule besitzen). Es muß hier festgestellt werden, daß unser Wissen über diese oft winzig kleinen wirbellosen Tiere noch recht lückenhaft ist. Die Erforschung der Kleinlebewelt im Boden hat eben erst begonnen. Doch steht schon jetzt fest, daß letztere für die Fruchtbarkeit des Bodens von ausschlaggebender Bedeutung ist und daß zwischen ihr und den Natur- und Kulturpflanzen, die uns bekannt sind, ein enges Verhältnis besteht. Die Umweltforschung hat hier noch viel Neuland vor sich, das zu erkunden im Interesse der Erhaltung des menschlichen Lebens sehr dringend geworden ist.
Als geschützt im Sinne der Naturschutzgesetzgebung *sind zwei zu den Kerbtieren oder Insekten zu zählende Waldtiere zu nennen: der Hirschkäfer und die Rote Waldameise.*

5. Insekten

Hirschkäfer

Der **Hirschkäfer** *(Lucanus cervus)* ist einer der größten mitteleuropäischen Käfer. Von der Spitze des Kopfes bis zum Körperende mißt er bis zu 6 cm. Dazu kommt noch das Geweih, das mehr als 2 cm lang wird, aber nur dem Männchen zu eigen ist. Ein Teil der Mundwerkzeuge, die Oberkiefer, haben sich dazu entwickelt. Freilich schwankt die Größe der Käfer sehr, denn die Ernährungslage und die Möglichkeiten zur Verpuppung wirken sich auf die Endform der Tiere aus. So findet man neben ›Riesen‹ auch Zwergformen von nur 2 cm Länge.
Das Vorkommen der Hirschkäfer ist an das Vorhandensein von Eichen gebunden. Da die heutige Forstwirtschaft die langsam wachsenden Eichen gegenüber rascher nutzbaren Bäumen zurückstellt, ist die Zahl der Hirschkäfer in den letzten Jahrzehnten sehr stark zurückgegangen, so daß er unter Naturschutz gestellt werden mußte. Ohne Eichen kann er nicht leben. Der fertige Käfer, der im Juni mit ›wildem Gesumme‹ ausschwärmt um die Weibchen zu suchen, lebt vom Saft der Eichen. Dieser ist zuckerhaltig und wird von den allgegenwärtigen Hefepilzen vergoren, so daß man schon von ›bierbrauenden‹ Bäumen gesprochen hat. Männchen und Weibchen des Hirschkäfers lecken die zuckerhaltige Flüssigkeit mit

Hirschkäfer mit Weibchen

ihrer langen, gelben Pinselzunge auf. Diese 1/2 cm lange ›Zunge‹ ist nicht mit der Zunge der Wirbeltiere vergleichbar. Sie hat sich aus den für die Insekten typischen Mundwerkzeugen entwickelt und zwar aus dem Unterkiefer und der Unterlippe (auf den Bau der Mundwerkzeuge der Insekten kann hier nicht näher eingegangen werden). Beim ›Balzflug‹ fallen viele Hirschkäfer dem Igel und den Eulen zum Opfer, da sie dabei recht unaufmerksam sind. Um die Weibchen entspinnen sich oft erbitterte Kämpfe zwischen den ›Rittern‹, wobei es nicht ohne Verletzungen abgeht.

Entwicklung

Nach der Befruchtung legt das Weibchen 2-mm lange Eier an morschen Eichenwurzeln oder Eichenstubben in die Erde. Denn auch für die Larven ist die einzige Nahrung die Eiche. Die wie ein Engerling aussehenden Larven fressen zunächst Humusteile des Mulms, später morsches Eichenholz. Sie haben dazu sehr kräftig entwickelte Kiefer. Das Larvenstadium dauert fünf Jahre. Dann hat die Larve eine Länge von 10–11 cm erreicht und verpuppt sich. In der Zeit des Wachstums ist reichliche Nahrung notwendig. Mangelt es daran, so entstehen die schon erwähnten Zwergformen, die man früher für eine eigene Unterart hielt und als **Rehkäfer** *(Lucanus capreolus)* bezeichnete. Doch wissen wir heute, daß es sich lediglich um Kümmerformen handelt, die durch Nahrungsmangel während der Entwicklung der Larven entstehen.

Der Hirschkäfer ist infolge des Fehlens ausgedehnter Eichenwälder heute als echtes Naturdenkmal zu betrachten. Er hat keinen besonderen Nutzen, ist aber auch nicht schädlich. Doch seine riesige Größe und seine eigenartige Lebensweise sollten Grund genug sein, ihm den notwendigen Schutz angedeihen zu lassen.

Waldameisen an einer Futterstelle im Laboratorium

Wenn in Wäldern, die noch größere Eichenbestände haben, die Stubben im Boden belassen werden, haben die Larven die erforderliche Nahrung und der Bestand kann zumindest gehalten, wenn nicht vergrößert werden.

Rote Waldameise

Die **Rote Waldameise** *(Formica rufa)* erfreut sich schon lange des Schutzes durch die Forstwirtschaft. Die moderne Forschung hat ergeben, daß es drei Rassen der Roten Waldameise gibt, eine größere, eine mittlere und eine kleinere Form. Für den Laien sind sie nicht zu unterscheiden. Während sich die beiden größeren Rassen von allerlei tierischen und pflanzlichen Stoffen ernähren, ist die kleinste auf die Insektenjagd spezialisiert. Sie, aber auch die beiden anderen Rassen, spielen bei der biologischen Schädlingsbekämpfung eine außerordentlich wichtige Rolle. Wenn man bedenkt, daß eine einzige Kolonie der Roten Waldameise pro Tag wenigstens 100 000 Kerbtiere erlegt, kann man verstehen, daß bei Schädlingskatastrophen ein Wald mit zahlreichen Kolonien dieses nützlichen Insekts in relativ kurzer Zeit von den Schadinsekten befreit ist. Wir müssen ja bedenken, daß sich an der Jagd auch die Vögel beteiligen, die täglich soviele Insekten verzehren, wie sie wiegen. Leider wird die biologische Schädlingsbekämpfung immer noch zu sehr vernachlässigt.

Die Bauten der Roten Waldameise kennt jedermann. Sie können eine Höhe von 1½ m und einen Umfang von 15 Metern erreichen. In der Nähe solch großer Bauten befinden sich meist Zweigkolonien, die mit dem Hauptbau in Verbindung stehen. Die Ameisenhaufen erstrecken sich noch ebenso tief in das Erdreich hinein wie sie hoch sind. Sie bestehen aus Tannennadeln, Holzteilchen, Harz- und Blattstückchen. Zahlreiche Eingänge führen in das Innere, das aus einem Labyrinth von Gängen und Kammern besteht. Letztere dienen hauptsächlich der Brutpflege. Ein unablässiges Kommen und Gehen herrscht an einem Ameisenhaufen, wie sich wohl jeder schon überzeugen konnte. Regelrechte Straßen führen vom Nest weg in die Umgebung. Mit Beute oder Baustoffen beladen kehren die einen zum Haufen zurück, die anderen streben eilig davon, um für die Gemeinschaft der Hunderttausende, die in einer solchen ›Ameisengroßstadt‹ leben, das Notwendige herbeizuschaffen.

Staatenbildung

Die Ameisen gehören, wie auch die Bienen, zu den staatenbildenden Insekten. Ihr ganzes Verhalten ist auf die Erhaltung der Gemeinschaft ausgelegt. Manche Ähnlichkeit weist auf die nahe Verwandtschaft mit den Bienen hin. Wie diese, gehören sie zu den ›Hautflüglern‹, wenngleich die Ameise wegen ihrer Lebensweise in den großen Bauten keine Flügel mehr besitzt. Nur die Männchen und die voll entwickelten Weibchen, die man als Königinnen bezeichnet, sind während eines kurzen Zeitabschnitts geflügelt. Sofort nach dem Ausschlüpfen erheben sich diese geschlechtsreifen Tiere in die Luft zum sog. ›Hochzeitsflug‹. Nach der Rückkehr zur Erde gehen die nun nicht mehr benötigten Männchen zugrunde, die befruchteten Weibchen kehren in den Bau zurück oder beginnen mit der Errichtung eines neuen Staates. In jedem Ameisenbau können bis zu 100 Königinnen vorkommen. Da ihnen die Flügel im Innern des Baues hinderlich wären, beißen sie sich mit ihren scharfen Kiefern die nicht mehr benötigten Flugwerkzeuge ab. Ihre einzige Aufgabe ist nun nur noch die Erzeugung von Nachkommenschaft. Die sogenannten Arbeiterinnen, unfruchtbare Weibchen, machen den größten Anteil des Ameisenstaates aus. Für die vielfältigen Arbeiten, die sie auszuführen haben, sind sie durch ihren Körperbau gut ausgestattet. Die kräftigen Beine benutzen sie zum Laufen und Klettern, die Mundwerkzeuge weisen auffallend kräftige Kiefer auf. Mit diesen können sie die benötigten Baustoffe anpacken und transportieren; sie dienen ihnen auch bei der Überwältigung und Zerkleinerung der Beutetiere. Unterkiefer und besonders Unterlippe, die mit Haaren besetzt sind, dienen als Leckwerkzeuge zum Aufnehmen von Flüssigkeiten. Ameisen lieben besonders süße Stoffe, z. B. die zuckerhaltigen Absonderungen der Blattläuse, die ihnen gewissermaßen als ›Milchkühe‹ dienen. Auch für die Brutpflege und die gegenseitige Fütterung werden diese leckenden Mundteile benützt. Denn selbst die Nahrung ist bei den Ameisen Gemeingut. Eine hungernde Ameise verständigt sich durch Betrillern mit den Fühlern mit ihren Artgenossinnen und sofort wird ihr eine gesättigte Schwester aus ihrem gefüllten Kropf Nahrung heraufwürgen, die dann von der hungrigen aufgeleckt wird.

Körperbau und Lebensweise

Im Winter verfällt die Ameise in einen Winterschlaf. (Sie sammelt daher – im Gegensatz zur Biene – keine Vorräte.) Dazu zieht sich das ganze Ameisenvolk in die unter der Erde liegenden Teile des Baues zurück, wohin der Frost nicht vordringen kann.

Ameiseneier

Leider werden Ameisenhaufen immer wieder zerstört, teils aus Mutwillen, teils aus Unkenntnis der Nützlichkeit dieser Tiere. Vielfach werden auch noch die sog. ›Ameiseneier‹ zur Fütterung von Stubenvögeln oder Aquarienfischen gesammelt. Das ist für das Fortbestehen des Ameisenstaates von ausschlaggebender Bedeutung, denn diese ›Eier‹ sind in Wirklichkeit die Puppen, aus denen die jungen Tiere ausschlüpfen. Das Sammeln der Puppen vernichtet also den Nachwuchs. Eier und Puppen werden durch Belecken sorgfältig betreut. Je nach der Außentemperatur schleppen die Arbeiterinnen das wertvolle Material in höher oder tiefer gelegene Kammern des Baues.

Bei Gefahr verteidigen die Arbeiterinnen ihr Nest und greifen den Feind entschlossen an. Mit ihren scharfen Kiefern zwicken sie ihn und spritzen den Inhalt einer Giftdrüse, die sich am Ende des Hinterleibes befindet, in die Wunde. Mit diesem Gift, das im wesentlichen aus Ameisensäure besteht, verteidigen sie den Bau auch durch Einnebeln, indem sie in großer Zahl das Gift in die Luft spritzen. Dadurch entsteht eine mit Ameisensäure gesättigte Atmosphäre, die viele Angreifer zurücktreibt. Sie können das Gift bis $^1/_2$ m hoch emporspritzen.

Heute werden durch Massenzucht von Königinnen die Ameisenkolonien in unseren Wäldern vermehrt. Damit ist ein wichtiger Schritt zur Intensivierung der biologischen Schädlingsbekämpfung getan worden. Manche interessante Einzelheit über das Leben der Ameisen wäre noch zu berichten, doch müssen wir das der Spezialliteratur überlassen.

Hochmoor – eine Urlandschaft

II. Feuchte Wiesen, Moore, Gewässer

Feuchte Wiesen, Moore und verschilfte Seeränder, aber auch kleine Tümpel und Weiher gelten meist als Ödland. Man schätzt diese Biotope sehr gering ein. Weiher und Tümpel verwendet man gerne als Ablagerungsplätze für Bauschutt und sonstige Abfälle, nasse Wiesen, die man auch als Streuwiesen und Marschen bezeichnet, werden drainiert, Moore entwässert. Durch solche Maßnahmen sind die sog. Feuchtbiotope im mitteleuropäischen Raum schon recht selten geworden und nicht ohne Grund hat der Europarat das Jahr 1976 zum Jahr der Feuchtbiotope erklärt, um die Öffentlichkeit auf den bedeutenden biologischen Wert dieser Lebensgemeinschaft aufmerksam zu machen. Denn diese als Ödland bezeichneten Flächen beherbergen eine außerordentlich reiche Pflanzen- und Tierwelt, die unwiederbringlich verloren geht, wenn ein Tümpel zugeschüttet, eine Streuwiese drainiert und gedüngt und ein Moor entwässert wird. Die Lebensbedingungen sind für diese Biotope vom Tiefland bis zu den Alpen gleich. Wie entstehen sie? **Streuwiesen** finden sich häufig im Überschwemmungsgebiet von Flüssen und in Gebieten mit hohem Grundwasserstand. Von den Wirtschaftswiesen unterscheiden sie sich dadurch, daß auf ihrem nassen, sauren Boden nur die für Futterzwecke unbrauchbaren Sauergräser (= Riedgräser, Seggen, Carexarten) gedeihen. Von den echten Gräsern (= Süßgräsern, Gramineen) unterscheiden sie sich durch folgende Merkmale:

Feucht-biotop

Streuwiesen

Süßgräser	*Sauergräser*
Halm rund und hohl, durch Knoten gegliedert.	Stengel dreikantig, markgefüllt ohne Knoten.
Blattfläche offen, umfaßt den Stengel mit einer Blattscheide.	Blätter dreizeilig angeordnet mit geschlossener Scheide. Blattränder scharf durch eingelagerte kleine Nadeln von Kieselsäure.
Blütenstand bildet eine Ähre (wie bei den Getreidearten, die auch zu den Gräsern zählen). Blüten haben männliche und weibliche Organe, sind also zwitterig.	Seggen bilden männliche und weibliche Ähren aus, die in verschiedener Höhe am Stengel stehen. Wollgras und Simsen, die auch zu den Sauergräsern zählen, haben zwitterige Blüten.

Auf sauren Wiesen wachsen auch häufig **Binsen.** Im Gegensatz zu den Seggen haben sie einen runden Stengel, sonst sind sie ähnlich den Sauergräsern, also knotenlos und markgefüllt. Durch diese

Streuwiese

Pflanzen wird das Bild einer Streuwiese charakteristisch bestimmt. Vom Vieh werden sie gemieden, da der Kieselsäuregehalt die zarten Schleimhäute im Maul verwundet. Früher wurden sie regelmäßig gemäht und das als Futter nicht verwertbare Heu zum Einstreuen im Stall benützt.

Die geschützten Pflanzen und Tiere der Streuwiese sind die gleichen wie beim Moor und werden dort näher behandelt. Da das Mähen heute oft unterbleibt, beginnen viele Streuwiesen zu verwalden, wobei sich natürlich die Flora und Fauna verändert. Es ist daher wichtig, durch Landschaftspflegemaßnahmen diese wirtschaftlich zwar wertlosen, als Rückzugsgebiet für bedrohte Pflanzen und Tiere aber sehr bedeutsamen Streuwiesen zu erhalten. Wenigstens einmal im Jahr sollten sie gemäht werden. Werden sie drainiert und gedüngt, bedeutet das den Tod für die seltenen Pflanzen, die wir weiter unten erwähnen. Denn diese sind alle stickstofffeindlich, also an magere Böden gewöhnt. Den in den Düngemitteln enthaltenen Stickstoff vertragen sie nicht.

Moortypen

Bei den Mooren müssen wir zwischen **Flachmooren**, **Zwischenmooren** und **Hochmooren** unterscheiden.

Flachmoor

Die **Flachmoore** entstehen durch die Verlandung von Seen und Teichen oder durch den Austritt von Grundwasser. Im ersten Fall sammeln sich zwischen den Binsen und dem Schilf am Ufer angeschwemmte Pflanzenteile und Schlamm. Das Gewässer wird seichter, Schilf und Seggen schieben sich immer weiter vor, verdrängen die Schwimmpflanzen (Seerosen!) und mit der Zeit die offene Wasserfläche immer mehr, bis schließlich nur noch einige ›Blänken‹ (kleine Wasseraugen) übrig bleiben. Unter der Pflanzendecke, die aus Röhricht, Sauergrashorsten und vor allem aus Moosen besteht, ist noch Wasser vorhanden. Der Boden schwankt unter dem Tritt und gurgelnd kommt es zwischen den Pflanzen hervor. Man spricht in solchen Fällen von ›Schwingrasen‹ oder

Hochmoor mit Latschen

›Schwappmooren‹. Es ist nicht ungefährlich, sich auf solch trügerischer Pflanzendecke zu bewegen. Die abgestorbenen Pflanzenteile bilden bei geringer Wassertiefe den bläulich-schwarzen Faulschlamm, da durch den Luftabschluß eine völlige Verwesung nicht möglich ist. Mit der Zunahme der abgestorbenen Pflanzenteile entsteht der schwarzbraune Flachmoortorf, der durch die unter ihm noch vorhandene Feuchtigkeit nährstoffreich und keinesfalls sauer ist. Das Flachmoor gibt daher einer großen Zahl von Blütenpflanzen Lebensmöglichkeiten. Kurz zusammengefaßt weist das Flachmoor (= Niedermoor) folgende Lebensbedingungen auf: hoher Grundwasserstand, genügend Kalk und andere Nährsalze.

Faulschlamm

Langsam werden die Torfschichten mächtiger. Dadurch wird der Abstand der Flachmoorpflanzen zum Grundwasser größer – es tritt ein relatives Absinken des Grundwassers ein – der Boden wird also trockener, der Gehalt des Wassers an Kalk und Nährsalzen sinkt. Es stellen sich jetzt Pflanzen ein, die mit diesen Lebensbedingungen auskommen und das sind vor allem die kalkfliehenden **Torfmoose** (Sphagnumarten). Damit beginnt die Umwandlung des Flachmoores zum Hochmoor.

Torfmoos

Hochmoor

Das **Hochmoor** wölbt sich im Gegensatz zum Flachmoor uhrglasförmig über seine Umgebung empor. Das hat seine Ursache darin, daß das Torfmoos ständig oben weiterwächst, während es unten abstirbt. Es braucht nämlich keine Wurzelhaare wie andere Moosarten, ist daher unabhängig vom Boden. Die benötigte Feuchtigkeit und die Nährstoffe nimmt es mit der Blattoberfläche auf, die große, lufthaltige, nach außen geöffnete Zellen besitzt. Durch diesen Bau können sie das zwanzigfache ihres Trockengewichts an Wasser aufnehmen und speichern. In regenreichen Klimazonen kann sich die Mitte des Hochmoores mehrere Meter über den Außenrand empor wölben. Die abgestorbenen Teile der Moosstämmchen können durch den Sauerstoffmangel in den wassergetränkten Polstern nicht verwesen, es bildet sich der Hochmoortorf, der rotbraun

Torf

gefärbt ist. Bei der Torfbildung entstehen Humussäuren. Sie wirken konservierend und geben dem Moorwasser eine bräunliche Farbe. Das Hochmoor ist nährstoffarm, hinsichtlich der Wasserführung von den Niederschlägen abhängig und hat sauren Boden. Seine Pflanzenwelt ist artenarm, aber hochspezialisiert. Der Rand des Hochmoors ist von einer grabenförmigen Vertiefung umgeben, dem ›Lagg‹. Von der hochgelegenen Mitte her fließt das vom Torfmoos gespeicherte Wasser langsam in Rinnen und ›Rüllen‹ nach außen hin ab. Zwischen den Moospolstern, den ›Bulten‹ finden sich oft wassergefüllte Gräben, die ›Schlenken‹. Der trockenste Teil des Hochmoores liegt in der Mitte. Dort treffen wir oft ausgesprochene Heidepflanzen, z. B. das Heidekraut.

Übergangsmoor

Zwischen dem Flach- und dem Hochmoor finden wir häufig das **Übergangsmoor**. Es schließt in der Regel an den Lagg an und ist von Zwergsträuchern, Wacholder, Moorbirke, Spirken, Erlen und Weiden bewachsen. Man bezeichnet diese Pflanzengesellschaft auch als **Bruchwald**. In biologischer Hinsicht sind die Übergangsmoore von besonderem Interesse. Neben den Charakterpflanzen des Flach- und Hochmoors geben sich hier die Tiere dieser Lebensgemeinschaft, vor allem Kleinraubtiere, Reptilien und Amphibien zusammen mit andernorts sehr selten gewordenen Vögeln ein Stelldichein. Wir werden sie im Anschluß an die Einführung zu diesen Feuchtbiotopen eingehend behandeln. Findet das Torfmoos im Bruchwald ihm zusagende Stellen, so ist das Schicksal der Bäume besiegelt. In dem durch die abgestorbenen Teile des Torfmooses gebildeten filzigen Torf finden die Wurzeln keine Nährstoffe mehr. Wenn das Moos 25–30 cm des Stammes einer Birke einhüllt, stirbt sie ab. Moorkiefern (Spirken) halten 30–40 cm Moosumhüllung aus. Die Stämme versinken im wuchernden Torfmoos und fallen zusammen mit dessen abgestorbenen Teilen dem Vorgang der ›Inkohlung‹ anheim, bei dem durch chemische Umwandlung des Zellstoffs der Pflanzen sich Kohlenstoff in ihnen anreichert. Es entsteht der Torf. In genügend langen Zeiträumen entstanden auf ähnliche Weise unsere Braun- und Steinkohlenlager.

Die Moorböden sind kalte Böden. Als schlechte Wärmeleiter nehmen sie die Tageswärme nur langsam auf. Bei klaren Nächten geben sie den größten Teil der gespeicherten Wärme durch Ausstrahlung wieder ab. So sind die meisten Moore Frostherde. Wenn in der Umgebung eines Moores schon alles blüht, liegt es noch

braun und abgestorben da. Dafür dauert die Blütezeit im Moor bis in den Nachsommer hinein.
Unsere Feuchtgebiete sind ökologische Zellen, die der Stabilisierung eines gesunden Naturhaushaltes dienen. Sie sind ›die Heimat und die Lebensgrundlage von 320 in der Bundesrepublik vorkommenden höheren Tierarten (für 9 von insgesamt 70 bei uns lebenden Säugetierarten, für 140 von 300 Vogelarten, für 3 von 13 Kriechtierarten, für alle 16 Lurcharten und für 150 Fischarten), für ein Riesenheer von wirbellosen Tieren und für eine Fülle vielfältiger Pflanzenformen‹ (Deutscher Naturschutzring). Die Feuchtgebiete sind also kein nutzloses Land, sie brauchen unseren Schutz und unsere Pflege.

A. Die geschützten Pflanzen der Feuchtgebiete

Schlüsselblume *(Abb. S. 80)*

Zu den bekanntesten Frühlingsboten auf Wiesen mit hohem Grundwasserstand gehört die zu der artenreichen Gattung der Primeln zählende **Schlüsselblume** *(Primula).* Von den 300 Arten der Primeln kommen in Mitteleuropa 19 vor, in Deutschland 7. Der Gattungsname ›*Primula*‹ ist eine Verkleinerung des lateinischen Wortes ›*primus*‹ = der erste. Denn die beiden bekanntesten Arten, die Hohe Schlüsselblume *(Primula elatior)* und die Duftende Schlüsselblume *(Primula veris)* gehören zu den ersten Frühlingsblumen. Schon im März können wir sie antreffen und sie begleiten uns bis in den Mai hinein. Beide Arten haben hochstengelige, gelbe Blütendolden, die sich auf den ersten Blick sehr zu gleichen scheinen. Doch gibt es einige Unterschiede, die es leicht machen, die beiden Arten voneinander zu unterscheiden. Die Blüten der Hohen Schlüsselblume sind schwefelgelb, geruchlos, der Saum der Blütenkrone ist flach ausgebreitet mit dottergelbem Fleckenring am Schlund. Die Duftende Schlüsselblume hat dottergelbe, duftende Blüten mit 5 orangeroten Flecken im Schlund. Der Saum der Blütenkrone ist glockig. Auch hinsichtlich des Standortes weisen die beiden Arten Unterschiede auf: Während die erste feuchte Wiesen, Bachufer und Auwälder liebt, bevorzugt die zweite lichte Wälder und trockenere Rasenfluren. In der Natur gehen die beiden Standorte oft ineinander über. Wir treffen dann die Hohe Schlüsselblume an Nordhängen und schattigen Plätzen, die Wohlriechende auf der trockeneren Sonnenseite.

Arten

Die genaue Betrachtung der Blüten enthüllt uns eine botanische Besonderheit. Wir können feststellen, daß es zweierlei Blüten bzw. Blütenstände gibt. In den einen sehen wir im Blütenschlund die knopfförmige, grüne Narbe, in den anderen fünf gelbe Staubbeutel. Doch haben alle Blüten sowohl Staubgefäße wie auch Stempel. Schneiden wir die verschieden erscheinenden Blüten der Länge

Wie alle rotblühenden Primelarten ist auch die Prächtige Primel vollkommen geschützt.

Schlüsselblume (Text S. 79)

nach auf, so finden wir die Ursache der zweierlei Blüten: bei der langgriffeligen Art sitzen die Staubgefäße tief unten in der Blütenröhre, der andere Typ besitzt eine ganz kurze Narbe, dafür liegen die Staubgefäße oben am Blütenrand. Der Botaniker spricht von einer ›Heterostylie‹ (= Verschiedengriffligkeit). Dadurch soll die Fremdbestäubung garantiert werden. Die Blüten der Schlüsselblumen werden hauptsächlich von den langrüsseligen Hummeln besucht. Beim Besuch einer kurzgriffeligen Blüte bepudern sie sich den Kopf mit Blütenstaub. Besuchen sie eine langgriffelige Blüte, bestäuben sie diese. Dabei kommt der lange Rüssel des Insekts mit den tief unten sitzenden Staubgefäßen in Berührung, der nun wieder einen kurzen Griffel bestäuben kann.

Heterostylie

Schon in den mittelalterlichen Kräuterbüchern erscheint die Duftende *Schlüsselblume als Heilpflanze*. Die moderne Pharmazie verwendet sie noch heute als wirksames Mittel gegen Bronchitis und andere Erkrankungen der Atmungsorgane. Die Wirkstoffe finden sich in dem Wurzelstock. Die getrockneten Blüten werden in der Volksheilkunde wegen ihrer schweißtreibenden Wirkung bei Erkältungen in Form eines Teeaufgusses geschätzt.

Der Name ›Schlüsselblume‹ geht auf das 16. Jahrhundert zurück.

Man nimmt an, daß der Blütenstand mit einem Schlüsselbund verglichen wurde. Eine andere Erklärung vergleicht den Kelch mit einem Hohlschlüssel. Noch älter ist die Bezeichnung ›Himmelschlüssel‹. Sie findet sich schon im Althochdeutschen – ein Beweis dafür, welcher Beliebtheit sich diese schöne Frühlingspflanze seit frühester Zeit erfreut. Leider ist diese Beliebtheit auch am Rückgang der Schlüsselblumen schuld, denn in der blütenarmen ersten Frühlingszeit werden sie von Ausflüglern und Händlern in großen Mengen gesammelt. Sie stehen deswegen *teilweise unter Schutz, d. h. sie dürfen nicht ausgegraben werden und mehr als einen Handstrauß zu pflücken ist nicht erlaubt.*

Mehlprimel

Ist die Hohe Schlüsselblume eine Leitpflanze für feuchte Wiesen, so müssen wir ihre Verwandte, die **Mehlprimel** *(Primula farinosa),* als kennzeichnend für das Flachmoor bezeichnen. Im Tiefland finden wir ihre rosa bis hellpurpurn gefärbten Blüten schon im Mai, in den Alpen, in denen sie bis 2900 m Höhe hinaufsteigt, treffen wir sie noch im Juli an. Wie bei allen Primelarten, entspringt der Blütenstiel einer dichten Blattrosette. Die Unterseite der Blätter, der Stengel, der Kelch fallen durch ihren weißen Belag auf, der der Pflanze den Anschein gibt, als sei sie mit Mehl bepudert. Daher kommt der Name ›Mehlprimel‹. Die weiße Bestäubung entsteht durch die Ausscheidung winziger Drüsenhaare. In Form von mikroskopischen Kristallen geben sie Flavon, einen Farbstoff, ab. Dieses Flavon mischt sich mit Wachs und ergibt so den mehlig erscheinenden Belag, der für die Pflanze charakteristisch ist.
Die Mehlprimel ist weniger durch Ausflügler, als durch Steingartenliebhaber gefährdet. Doch die größte Gefahr droht ihr durch die Entwässerung und Düngung ihrer Standorte. Sie gehört zu den bedrohtesten Pflanzen unserer Flachmoore und ist daher *vollständig geschützt.*

Trollblume *(Abb. S. 83)*

Im Mai und Juni verwandelt die **Trollblume** *(Trollius europaeus)* feuchte, moorige Wiesen in golden leuchtende Flächen. Sie ist eine stattliche Pflanze, die bis zu 80 cm hoch wird. Ihrer kugelförmigen, goldgelben Blüte verdankt sie ihren Namen, der sich vom lateinischen *trulleus*, der Bezeichnung für ein rundes Gefäß, ableitet. Eine andere Auslegung bringt ihren Namen mit dem altfranzösischen *truiller* = bezaubern in Verbindung und meint, es solle damit ihre bezaubernde Schönheit bezeichnet werden. Wie dem auch sei, sicher wird eine Trollblumenwiese jeden Wanderer begeistern, findet er sie nun auf moorigen Wiesen des Tieflandes oder der Alpen, wo sie bis auf 2800 m emporsteigt. Was uns an den kugeligen Blüten, von den Einheimischen manchmal Bälleli genannt, entzückt, sind aber nicht etwa die Blütenblätter, sondern die kronblattartig gefärbten und kugelig geformten Kelchblätter. Die eigentlichen Blütenblätter sind viel kleiner. Wir finden sie im Innern der goldgelben Kugeln als unscheinbare, schmale Gebilde. Sie sind zu Nektarblättern umgewandelt und bergen den von den Bestäubern begehrten süßen Saft. Neben ihnen birgt das Innere der Blüte noch viele Staubgefäße und Fruchtknoten. Größere Insekten wie Bienen und Hummeln können die auffallenden Blüten nicht besuchen, gar zu eng schließen sich die gelbgefärbten Kelchblätter kugelig zusammen. Nur eine winzige Fliege vermag in die goldgelb leuchtenden Kugeln einzudringen und die Bestäubung durchzuführen. Wir können diese kleine Fliege fast in jeder Trollblumenblüte finden.

Giftig Die Trollblume gehört zu der artenreichen Familie der Hahnenfußgewächse. Man erkennt dies leicht an den handförmig in 3 bis 5 Teile gespaltenen Blättern. Wie alle Ranunculaceen (= Hahnenfußgewächse) enthält auch *Trollius europaeus* einen *Giftstoff,* der aber weitgehend unschädlich ist. Ja, er soll sogar die Milchleistung der Kühe erhöhen. Darauf deuten manche Volksnamen hin wie Almkaibal und Kuhblume.

Es darf uns nicht wundern, wenn die auffallende Blume in Massen geräubert wird. Es ist nur gut, daß sie sehr widerstandsfähig ist, sonst wäre sie längst ausgestorben. Was aber Ausflügler und Händler bis jetzt nicht fertigbrachten, erreicht spielend die Technik, wenn mit ihrer Hilfe Feuchtwiesen und Niedermoore entwässert und anschließend gedüngt werden. Es ist zu hoffen, daß durch das internationale Übereinkommen zum Schutz von Feuchtgebieten, dem auch die Bundesrepublik beigetreten ist, die noch vorhandenen Biotope erhalten bleiben und damit auch eine unserer schönsten Blütenpflanzen. *Die Trollblume ist teilweise geschützt, nur ein Handstrauß darf gepflückt werden.*

Im Alpenvorland kann man auf Streuwiesen und Flachmooren auch die blauen Glocken des Stengellosen Enzians finden. Doch wollen wir diese für die Alpen charakteristische Pflanze zusammen mit den übrigen Enzianarten im Kapitel ›Lebensgemeinschaft Alpen‹ näher behandeln.

Schachblume *(Abb. S. 85)*

Dagegen kommt die **Schachblume** *(Fritillaria meleagris)* nur auf feuchten Wiesen des Flachlandes vor, so in den Marschen des Elbgebietes, auf Überschwemmungswiesen Westfalens und bei Lübeck. Auch auf nassen, nährstoffreichen Auwiesen des Maingebietes und Südwestdeutschlands kann man diese kostbare, sehr selten gewordene Schönheit noch finden. Durch ihre auffallende Blüte ist die zu den Zwiebelpflanzen gehörige Schachblume sehr gefährdet. Der 20–30 cm hohe Stengel trägt meist nur eine nach unten hängende Blüte, die derjenigen der Tulpe ähnelt. Der Name bezieht sich auf die schachbrettähnliche Zeichnung der sechs Blütenblätter, bei der purpurbraune und weiße Felder miteinander abwechseln. Der lateinische Name *Fritillaria* kommt von *fritillus* = Becher,

Trollblumen – schönster Schmuck feuchter Wiesen (Text S. 81)

auch Würfelbecher. Er nimmt Bezug auf die becherförmige Blumenkrone. *Meleagris* bedeutet Perlhuhn, weist also auf die würfelförmigen Flecken der Blumenblätter hin. Schon Ende April öffnen sich die Blüten. Nur fünf Tage liegen zwischen dem Beginn und dem Ende der Blütezeit. Durch die nach unten gerichtete Öffnung der Blüte werden Staubgefäße und Stempel gegen Regen und Nässe geschützt.
Es ist bis heute noch nicht einwandfrei geklärt, ob die Schachblume als einheimische Pflanze anzusehen ist. Sicher ist ein Teil der heutigen Fundorte auf Verwilderung aus früheren Kulturen zurückzuführen. Doch deutet manches darauf hin, daß die schöne Pflanze auf der Süddeutschen Hochebene heimisch ist.
Eine so auffallende Frühjahrspflanze wie die Schachblume ist natürlich *sehr gefährdet.* Alljährlich werden zahlreiche Pflanzen nicht nur gepflückt, sondern auch ausgegraben. Doch lohnt sich eine Verpflanzung in Gärten nicht. Sie kümmern und gehen nach kurzer Zeit ein. Wer Schachblumen in seinem Garten haben will, kann heute um wenig Geld die Zwiebeln im Handel erwerben. Solche für den Garten speziell gezüchtete Pflanzen bereiten ihren Besitzern noch nach Jahren Freude. Die größten Verluste hat die

Schachblume durch Kultivierungsmaßnahmen erlitten. Sie reagiert sehr empfindlich auf die Senkung des Grundwasserspiegels. Drainage und Düngung der Naßwiesen, auf denen sie vorkommt und die Einsaat von Süßgräsern verträgt sie nicht. Wir können nur hoffen, daß für Neukultivierung von feuchten Wiesen keine Zuschüsse mehr gewährt werden. Neuerdings sind einige Standorte der Schachblume zu Naturschutzgebieten erklärt worden und werden durch die Naturschutzwacht überwacht. *Sie ist vollkommen geschützt.*

Sumpf-gladiole

Von Mai bis Juli finden wir auf kalkreichen, feuchten Streuwiesen die **Sumpfgladiole** (= Sumpfschwertel, Sumpfsiegwurz, *Gladiolus paluster*). Sie bevorzugt solche Feuchtwiesen, auf denen das Pfeifengras *(Molinia coerulea)* und das Kopfried *(Schoenus nigricans* und *Schoenus ferrugineus)* vorkommen. Ihr Verbreitungsgebiet reicht von der Ebene bis in die Bergregion. Den deutschen Namen Schwertel und den wissenschaftlichen *Gladiolus*, das die Verkleinerungsform des lateinischen *gladius* = Schwert ist, verdankt die Sumpfgladiole ihren schwertförmigen Blättern. Auf den Standort weist die Beifügung *paluster* = sumpfliebend hin. Der Name Siegwurz beweist, daß die Zwiebel der Pflanze in früheren Zeiten als Talisman diente, besonders bei den Landsknechten. Ihre Zwiebel sollte hieb- und stichfest, ja unbesiegbar machen. Auch wurde sie von Marktschreiern, in Seide eingenäht, als Amulett gegen ›podagrische Schmerzen‹ für teures Geld verkauft. Was half es, daß schon im 17. Jahrhundert die hochlöbliche Medizinische Fakultät der Universität Leipzig ein Gutachten abgab, das diesen Aberglauben verdammte. Vielmehr hielt er sich bis in unser Jahrhundert! Der Schriftsteller Johannes Trojan erwarb 1910 im damaligen Kaufhaus Wertheim zu Berlin einen ›Glücksalraun‹ in einem kleinen Medaillon. Die botanische Untersuchung durch den Botaniker Paul Ascherson ergab, daß ein Teil des Präparats von der Siegwurz stammte.

Die Siegwurz treibt im Frühjahr aus ihrer Zwiebel einen bis zu 60 cm langen Stengel, dessen purpurrote Blüten alle nach einer Seite gerichtet sind. In der Botanik nennt man einen solchen Blütenstand eine einseitswendige Ähre. Die Einzelblüten sind etwa 3 cm lang, die sechs Blumenblätter sind zu einer Röhre verwachsen. Auffallend ist die federige Narbe, die an die Schwertlilie erinnert. Mit ihr ist die Sumpfgladiole verwandt, sie zählt zu den Schwertliliengewächsen.

Die Standorte der Siegwurz sind selten geworden, weniger durch das Pflücken durch Ausflügler, als durch die Kultivierung ihrer natürlichen Standorte. Es nützte daher wenig, als sie *unter vollständigen Schutz gestellt* wurde. Nur wenn ihr Biotop geschützt wird, entweder als Naturschutzgebiet oder als Naturdenkmal, wenn es sich um einen kleinen Standort handelt, ist zu erwarten, daß sich

Schachblume (Text S. 82)

Sumpfgladiole

diese schöne, aber sehr stark bedrohte Pflanze in unserer Heimat halten kann.
Wegen ihres Schmuckwertes sind die Gladiolen schon früh in Kultur genommen worden. Heute gibt es viele Sorten in den verschiedensten Farben. Trotzdem müssen wir alles tun, um die Urform zu erhalten.

Auch die artenreiche Gattung der **Knabenkräuter** *(Orchis)* ist auf den nassen Wiesen meist häufig vertreten. Für den Laien sind die 22 verschiedenen Arten sehr schwer voneinander zu unterscheiden. Wir können daher hier nicht alle bei uns vorkommenden Knabenkräuter behandeln und wollen ihre wichtigsten Kennzeichen an dem am häufigsten zu findenden, dem **Breitblättrigen Knabenkraut** *(Orchis latifolia)* beschreiben. Es ist von allen Arten das anspruchloseste und auf feuchten Wiesen, in Mooren und Auwäldern genauso zu finden wie in den Bergen, wo es bis zu einer Höhe von 2000 m emporsteigt. Als einzige Knabenkrautart verträgt es sogar gedüngten Boden. Aber genügend feucht, ja sogar sumpfig, muß er sein.

Breitblättriges Knabenkraut (Abb. S. 87)

Wie alle Knabenkräuter hat auch das Breitblättrige Knabenkraut einen unverzweigten, steif aufrecht stehenden Stengel, dessen unterer Abschnitt die ungestielten Blätter trägt. An seinem Ende sind viele Einzelblüten zu einem ährigen Blütenstand vereinigt. Die Blätter haben auf der Oberseite purpurbraune bis schwärzliche Flecken, deren Bedeutung nicht eindeutig geklärt ist. Einige Forscher nehmen an, daß sie zum Auffangen von Wärmestrahlen dienen, was eine Steigerung der Wasserverdunstung verursachen würde. Bei den an feuchten Standorten lebenden Orchis-Arten mag das zutreffen, denn bei anderen, die trockene Standorte bevorzugen, fehlen diese Flecken. Doch ist, wie schon bemerkt, über die Bedeutung dieser auch beim Gefleckten Knabenkraut auftretenden Erscheinung nichts genaues bekannt.

Name Die Namensbezeichnung ›breitblättrig‹ ist eindeutig auf die breiten Blätter bezogen. ›Knabenkraut‹ dagegen deutet auf die Gestalt der Wurzelknollen hin, die früher im Volksglauben eine bedeutende Rolle spielten. Auch der botanische Name *Orchis* stammt von einer Form dieser Knollen, die der Pflanze als Nährstoffspeicher dienen. Das griechische Wort *orchis* bedeutet Hoden. Einige Knabenkräuter haben tatsächlich hodenförmige Knollen und man nahm an, daß der, der solche Knollen ißt, die Kraft bekäme, Knaben zu zeugen. Daher stammt also der Name Knabenkraut. Bei anderen Arten sind die Knollen handförmig. Da die Knolle, aus deren Nährstoffvorrat die blühende Pflanze aufgebaut wurde, vertrocknet und dunkel aussieht, die mit frischen Nährstoffen gefüllte dagegen hell, machte der Aberglaube die ›Teufelshand‹ und das ›Muttergotteshändchen‹ daraus. Als Amulett spielten diese handförmigen Knollen, die auch das breitblättrige Knabenkraut besitzt, eine bedeutende Rolle. All diese mehr oder weniger abergläubischen Verwendungsarten der Orchideenknollen sind schon aus dem Altertum bezeugt, so beim griechischen Arzt Dioskorides (50 n. Chr), bei Plinius und im Mittelalter bei Theophrast. In den Schriften der genannten Gelehrten wird vor allem die Wirkung der Orchideenknollen als Aphrodisiacum hervorgehoben. Auch bei den Germanen war diese Verwendung bekannt; die Orchis-Arten waren unter dem Namen ›Stendelwurz‹ und ›Ragwurz‹ der Göttin der Liebe, Freya, geweiht. Wir mögen uns vielleicht wundern, wie man in alten Zeiten auf diese Ansichten kam. Im Altertum gab man viel auf die Form von Pflanzen und Pflanzenteilen und glaubte aus der *signatura rerum*, also aus dem Aussehen auf die Wirkung schließen zu können.

Aus den frischen Wurzelknollen einiger einheimischer Knabenkrautarten wurde und wird noch heute *ein Heilmittel, der Salepschleim*, gewonnen. Die Salepknollen sind reich an Stärke und Pflanzenschleim. Der aus ihnen gewonnene Salepschleim spielt besonders in der Kinderheilkunde bei Darmerkrankungen eine Rolle. Heute liefert dieses Heilmittel nur noch das Salep-Knabenkraut *(Orchis morio)*. Früher wurden auch die Knollen des

Breitblättriges Knabenkraut (Text S. 85)

Brandknabenkraut

Helm-Knabenkrautes *(Orchis militaris)*, des Purpurknabenkrautes *(O. purpurea)*, des Brandknabenkrautes *(O. ustulata)* und des Gefleckten Knabenkrautes *(O. maculata)* zur Gewinnung des Salepschleims gesammelt, vor allem in der Rhön, in Franken, im Taunus und im Odenwald. Dort entwickelte sich ein wahres ›Wurzelgräber-Gewerbe‹.

Bestäubungsmechanismus

Schon immer haben die Blüten der Orchideen die Aufmerksamkeit der Menschen erweckt. Von den sechs violett gefärbten Blütenblättern des Knabenkrauts ist eines besonders auffallend. Wir bezeichnen es als ›Lippe‹. Es dient den Bestäubern, meist Bienen und Hummeln, als Landeplatz. Für sie ist es nicht leicht, zum begehrten Nektar zu kommen; dieser ist in einem mehr oder weniger langen ›Sporn‹ verborgen und nur langrüsselige Insekten können dazu gelangen. Dabei kommen sie natürlich mit den für die Samenbildung wichtigen Organen, die im sog. ›Säulchen‹ *(Gymnostemium)* vereinigt sind, in Berührung und führen die Bestäubung durch. Das ist komplizierter als bei anderen Blüten und soll daher kurz geschildert werden: Der Blütenstaub ist nicht wie bei den meisten anderen Blütenpflanzen staubförmig, sondern

Blaue Schwertlilie (Text S. 89)

durch eine wachsähnliche Masse zu ›Pollinien‹ zusammengeklebt. Diese besitzen am Grund eine klebrige Scheibe. Drückt das Insekt bei der Honigsuche seinen Kopf in die Blüte, so kommt es mit dieser in Berührung und die Pollenkölbchen bleiben daran kleben. Der Insektenkopf scheint dann wie mit zwei Hörnchen versehen zu sein. Diese biegen sich aber sehr bald nach vorne um und beim Besuch der nächsten Blüte drückt die Biene oder Hummel den klebrigen Pollen gegen die unter den Pollinien befindliche Narbe. Die Samenerzeugung ist außerordentlich hoch, etwa 180 000 pro Frucht. Aber nur wenige kommen zur Keimung, denn dazu brauchen sie einen ›Geburtshelfer‹, einen Pilz. Nur wo so ein Wachstumshelfer vorhanden ist, kann sich der Same entwickeln.

Entwicklung

Das Breitblättrige Knabenkraut blüht im Mai und Juni. Auf dem gleichen Standort, also auf feuchten, moorigen Wiesen kommen auch noch nahe Verwandte dieser Orchidee vor, so das Brandknabenkraut *(Orchis ustulata)*, das Sumpfknabenkraut *(O. palustris)*, und das Helmknabenkraut *(O. militaris)*, die auch zur gleichen Zeit blühen. Etwas später, bis zum August, finden wir das Wanzenknabenkraut *(O. coriophora)* und das Gefleckte Knabenkraut *(O. maculata)* auf unseren Mooren. Ebenfalls im späten

Wasserschwertlilie *(Text S. 90)*

Sommer blühen die als Sumpfwurz oder Stendelwurz *(Epipactis)* bezeichneten Orchideen.
All diese Orchideen sind ständig im Rückgang begriffen. Die Ursache ist in der Regel die Entwässerung ihrer natürlichen Standorte und deren Umwandlung in Wirtschaftswiesen. Es gibt aber heute kaum noch einen Grund, weitere Meliorationen durchzuführen, da infolge der Umstrukturierung der Landwirtschaft zahlreiche bisher genutzte Flächen brach liegen. *Daher sollten die letzten Feuchtwiesen und Moore als Rückzugsgebiete nicht nur der Orchideen, sondern aller gefährdeten Pflanzen der Feuchtbiotope unter Schutz gestellt werden.*

Blaue Schwertlilie *(Abb. S. 88)*

Zu den schönsten Pflanzen unserer Flachmoore gehören die beiden in Mitteleuropa früher überall vorkommenden Schwertlilienarten *(Iris)*. Die **Blaue** (= Sibirische) **Schwertlilie** *(Iris sibirica)* kommt meist in Röhrichtbeständen, in Begleitung von Pfeifengras und Mehlprimel vor. Zu stark versauerte Wiesen meidet sie. Sie braucht einen gewissen Kalkgehalt im Boden, wie er eben für Flachmoore kennzeichnend ist. Im Gebiet des Bodensees, in den weiten Chiemseemooren und im Ennstal finden sich noch ansehnliche Bestände, die jedoch durch die oben genannten Ursachen immer weiter zurückgehen. Im nordwestdeutschen Flachland fehlt sie. Der Blütenschaft, der 2–5 blauviolette Blüten trägt, ist viel länger als die schmalen Blätter. Ihrer Form verdankt die Pflanze ihren Namen. Die Blaue Schwertlilie entfaltet ihre Blüten schon im Mai. Zur Zeit des ersten Schnitts der Wiesen hat sie meist schon abgeblüht. Durch den Besitz eines Wurzelstocks, in dem sie auch noch nach der Blütezeit mit Hilfe der büschelig gestellten, 5–8 mm breiten Blätter Nährstoffe speichert, kann sie auf den an sich kalten Flachmoorböden doch verhältnismäßig früh ihre Blüten entfalten.

Durch die auffallende Färbung der Blütenblätter, deren blauvioletter Ton nach innen zu in weiße Farbtöne übergeht, die von braungelben und rotgelben Adern durchzogen sind, wurde die Blaue Schwertlilie schon früh zu einer beliebten Gartenpflanze, die heute in zahlreichen Farben und verschiedener Blütenstielhöhe und Blütezeit gezüchtet wird. Die Wildform ist *vollständig geschützt.*

Wasserschwertlilie (Abb. S. 89)

Die **Wasserschwertlilie** *(Iris pseudacorus)* liebt feuchtere Standorte als die vorher erwähnte Art. Das sagt schon der Name. Gerne wächst sie in Verlandungszonen nährstoffreicher Gewässer, an Grabenrändern unserer Sumpfwiesen und in Erlenbrüchen. Die Wasserschwertlilie, die nach ihrer Blütenfarbe auch gelbe Schwertlilie genannt wird, besitzt einen viel kräftigeren Wurzelstock als ihre blaue Verwandte. Er enthält ätherische Öle, viel Gerbstoff, Stärke, Schleim und das Iridin. Früher wurde er deshalb zum Gerben verwendet. Auch in der Medizin spielte der Wurzelstock der Gelben Schwertlilie eine Rolle. Wie der einer verwandten Form, der Deutschen Schwertlilie *(Iris germanica)*, wurde er in Brusttee gegen Husten verwendet. Homöopathisch wird eine leichte Abkochung bei Ischias und Migräne verordnet. Eine weitere Art, die Florentiner Schwertlilie *(Iris florentina)*, liefert die Veilchenwurzel. Unter diesen Namen wurde und wird sie noch heute in der Parfümindustrie verwendet. Die beiden letztgenannten Schwertlilienarten werden häufig als Zierpflanzen angebaut und verwildern oft. Im Gegensatz zur Wasserschwertlilie lieben sie trockenere Standorte.

Der Stengel der Sumpfschwertlilie trägt vier bis fünf gestielte Blüten. Sie sind besonders auffällig durch ihre leuchtend gelbe Farbe und die nach unten zurückgeschlagenen großen äußeren Blütenblätter, die von purpurbraunen Adern durchzogen sind.

Ab und zu wird die gelbe Schwertlilie auch heute noch auf Gräbern angepflanzt, obwohl dieser Standort ihren Anforderungen eigentlich gar nicht entspricht. Das geht auf eine uralte Gepflogenheit zurück. Die Griechen des Altertums gaben die schöne Pflanze der goldgeflügelten, schnellfüßigen Göttin Iris als Attribut. Sie

Kaiser-Karl-Szepter

brachte die Seelen der Frauen und Mädchen nach dem Tod an den Ort ihrer Bestimmung. Aus diesem Grunde pflanzten sie die gelbe Schwertlilie auf die Gräber ihrer Verstorbenen. – In der nordischen Sagenwelt wurde die Wasserschwertlilie mit der Frühlingsgöttin Ostara in Verbindung gebracht.
Auch im Volksbrauch spielte die Gelbe Schwertlilie eine Rolle. Mit ihren Blättern schmückte man die Pfingsbraut, die als personifizierter Frühling auf einem mit frischem Grün geschmückten Wagen ihren Einzug hielt. Dieser Brauch war auch in Holland heimisch. Dort heißt die Pflanze noch heute ›pingster bloem‹.
Nach dem Gesetz ist *die Wasserschwertlilie nur teilweise geschützt,* das heißt, *es besteht Sammel- und Handelsverbot.* Das gilt auch für alle anderen in Mitteleuropa vorkommenden Schwertlilienarten.

Zu den seltensten Bewohnern der Flachmoore und Seeufer gehört das **Kaiser-Karl-Szepter** *(Pedicularis sceptrum carolinum).* Es ist das auffallendste aller Läusekräuter. Während alle anderen Arten, die nicht zu den geschützten Pflanzen gehören, niedrige Kräuter von 20–60 cm Höhe sind, erreicht das Karlszepter bis 90 cm

Höhe. Der kräftige Stengel ist fast blattlos. Die fiederteiligen Blätter bilden eine grundständige Rosette. Die mehr als 3 cm großen Blüten sind gelb oder rötlichgelb, ihre Unterlippe ist blutrot gerandet. Von allen anderen 10 in Mitteleuropa vorkommenden Läusekrautarten unterscheidet sich das Karlszepter oder der Moorkönig, wie es auch genannt wird, dadurch, daß der Schlund der Einzelblüte durch die stark zusammengeneigte Ober- und Unterlippe geschlossen ist. Seinen Namen verdankt das Kaiser-Karl-Szepter seiner schlanken, eleganten Gestalt, die man ohne viel Phantasie mit einem Szepter vergleichen kann. Es blüht im Juli und August, die Einzelblüten öffnen sich von unten nach oben am Blütenstand. Der unschöne Name der Gattung Läusekraut kommt daher, daß früher eine Abkochung der Pflanze als Mittel gegen Läuse bei Mensch und Tier Verwendung fand. Wie alle Läusekräuter ist auch der Moorkönig ein Halbschmarotzer. Die Pflanze enthält zwar Blattgrün und kann assimilieren, also mit Hilfe des Sonnenlichts aus Wasser und Kohlendioxid Zucker und Stärke aufbauen. Doch sind die Wurzeln von Halbschmarotzern nicht in der Lage, selbständig Wasser und die in diesem gelösten Nährstoffe aufzunehmen. Deshalb zapfen sie mit Hilfe von Saugwurzeln (= Haustorien) die Wurzeln anderer Pflanzen an und entziehen ihnen Wasser und Nährsalze. Auf Wirtschaftswiesen wachsende Semiparasiten sind natürlich vom Landwirt nicht gerne gesehen, auch werden sie vom Vieh gemieden. Doch für das Karlszepter trifft das nicht zu, denn es wächst an Standorten, wo es keinerlei Schaden verursacht. Wegen der schon erwähnten häufigen Kultivierungsmaßnahmen ist *auch das Kaiser-Karl-Szepter stark in seiner Existenz bedroht.* Seit 1900 ist es um mehr als 50% zurückgegangen, viele seiner Standorte sind erloschen.

Name

Halbschmarotzer

Es gibt wohl keine Pflanzengruppe, die so viel Interesse erweckt wie die der ›fleischfressenden‹ Pflanzen. Wir sprechen besser von Insektenfressern, denn sie sind meist klein und könnten größere Beutetiere nicht bewältigen. Unter den Bewohnern der nährstoffarmen Hochmoore finden wir eine geschützte Pflanze, die zu diesen eigenartigen Lebewesen gehört; trotz des wuchernden Torfmooses kann sie mehrere Jahre an ihrem Standort ausdauern. Es ist der **Sonnentau** *(Drosera)*, der in drei Arten in Mitteleuropa vorkommt.

Sonnentau

Die häufigste Art ist der **Rundblättrige Sonnentau** *(Drosera rotundifolia)*, der auch auf feuchten Heideböden zu finden ist; der **Langblättrige Sonnentau** *(Drosera anglica)*, bevorzugt als Standort die Hochmoorschlenken und Torfrasen; der **Mittlere Sonnentau** *(Drosera intermedia)* gleicht der langblättrigen Art, ist aber wesentlich kleiner und liebt Standorte, die nicht zu nährstoffarm sind. In ihrer Lebensweise sind sie völlig gleich, so daß wir sie bei unserer Betrachtung nicht scharf zu trennen brauchen.

Insektenfang

Schon in alten Zeiten hat der Sonnentau das lebhafte Interesse der Naturforscher erweckt. 1737 schreibt Dietrichs in seinem Kräuterbuch: ›Die Pflanze ist Sonnentau genannt, sintemalen das Kräutlein auch bei dem Sonnenschein und zu jeder Zeit mit schönen hellen Wassertröpflein gefunden wird, als wenn es darauf getauet hätte.‹. Diese ›Wassertröpflein‹ und die rote Färbung des Pflänzchens machen auf die Sonnentauarten aufmerksam. Wenn wir eine Blattrosette genau betrachten, so fallen uns eine Menge rötlicher Drüsenhaare auf, die die Blattfläche vollständig bedekken, am Blattrand aber besonders lang sind. Am Ende jedes Drüsenhaares – man nennt sie auch Tentakeln – sitzt ein wie Tau glitzerndes Tröpfchen. Wenn sich ein Insekt, das die in der Sonne schimmernden Perlen vielleicht für Blütennektar hält, auf dem Blatt niederläßt, klebt es fest. Natürlich versucht es, sich durch heftiges Zappeln zu befreien. Die dabei von den Bewegungen ausgehenden Reize bewirken einmal eine stärkere Absonderung des klebrigen Saftes, zum anderen veranlassen sie auch die entfernter stehenden Tentakeln, sich nach innen zu krümmen. Schließlich klappt die ganze Blattfläche über dem Insekt zusammen. Nicht nur Fliegen oder kleine Käfer, auch Schmetterlinge und Libellen können erbeutet werden. Das abgeschiedene Sekret enthält ein dem Pepsin unseres Magens ähnliches Ferment, das die Weichteile der gefangenen Kerbtiere zu einem Brei verwandelt, der von den

Langblättriger Sonnentau

Drüsenhaaren aufgesaugt wird. Sind die so gewonnenen Stoffe restlos aufgenommen, öffnen sich die Drüsenhaare wieder. Der Wind weht die unverdaulichen Teile des Insekts, vor allem den Chitinpanzer, davon.

Ernährung

Die Insektennahrung versorgt die Pflanze zusätzlich mit stickstoffhaltiger Nahrung, ohne die kein Eiweiß aufgebaut werden kann. Ohne Eiweiß ist aber kein Leben möglich. Der saure Hochmoorboden enthält sehr wenig Stickstoffverbindungen. Der Insektenfang bessert also die Nahrungsversorgung der Pflanze wesentlich auf. Zwar kann sie auch ohne Insektennahrung auskommen, doch wird sie kräftiger, wenn ihr tierisches Eiweiß zur Verfügung steht. Sie produziert auch mehr Samen.

Im Juli und August blüht der Sonnentau. Auf einem rund 20 cm hohen Stiel stehen kleine, weiße Blüten, die sich nur bei hellem Sonnenschein öffnen.

Die Pflanze enthält eine Reihe von Wirkstoffen: Droseron, Gerbstoff, ätherische Öle, Vitamin C, Gallus- und Benzoesäure sowie bisher noch nicht näher bekannte Stoffe. Sie wird daher *seit langem als Heilpflanze* verwendet. Die ätherischen Öle erlauben Einreibungen als äußerliche Anwendung, die übrigen Stoffe haben sich als krampflösende Mittel erwiesen und finden als *Herba Droserae* bei Bronchitis und Keuchhusten Verwendung.

Name

Der wissenschaftliche Name *Drosera* kommt aus dem Griechischen; *Droseros* bedeutet Tau. Das weist unmißverständlich auf die wie Tau aussehenden tröpfchenförmigen Ausscheidungen der Drüsenhaare hin. Da sie in der Sonne nicht verdunsten, glaubte man, die Pflanze hätte eine besondere Kraft, den ›Tau‹ festzuhalten und versuchte, diese Kraft auf den Menschen zu übertragen. Die Verwendung von Sonnentauabkochungen sollte helfen, die Lebenskraft bei Kranken zu erhalten und zu erneuern. Besonders häufig wurden Droserapräparate bei Schwindsucht angewendet. Sogar in der germanischen Mythologie finden sich Hinweise auf den Sonnentau. Die glänzenden Drüsenausscheidungen galten als die Tränen der Göttin Freya, die sie um ihren in der Ferne weilenden Gatten Odin weinte. Nach der Christianisierung wurden die unerklärlichen Ausscheidungen als Marientränen gedeutet.

Alle Sonnentauarten gehören zu den teilweise geschützten Pflanzen. Sie dürfen nicht gesammelt und gehandelt werden. Für ihr Fortbestehen ist die Erhaltung ihres Biotops, des Hochmoors, unabdingbare Voraussetzung. Nicht nur der Sonnentau wird dann erhalten, sondern auch die zahlreichen anderen Moorpflanzen, z. B. die Rosmarinheide *(Andromeda polifolia)*, die Moosbeere *(Vaccinium oxycoccus)*, die Rauschbeere *(Vaccinium uligionosum)*, die verschiedenen Wollgrasarten *(Eriophorum)*, die Glockenheide *(Erica tetralix)* und die Zwergbirke *(Betula nana)*. Diese Pflanzen sind teilweise Relikte aus der Eiszeit und von hohem wissenschaftlichem Wert.

Von den zahlreichen geschützten Pflanzen, die auch in den Mooren und Feuchtwiesen vorkommen, wie Arnika, Lungenenzian und Schwalbenwurzenzian wird bei der Lebensgemeinschaft Hochgebirge noch die Rede sein. Hier müssen wir aber noch zwei Pflanzen genauer betrachten, die für stille, von Schilf und Gebüsch umstandene Teiche und andere stehende Gewässer charakteristisch sind: die weiße Seerose und die gelbe Teichrose.

Seen und Teiche

Der Lebensraum dieser beiden geschützten Pflanzen ist die offene Wasserfläche bis zu einer Tiefe von 5 m. Sie wurzeln in einem Boden, auf dem sich infolge der unvollständigen Zersetzung der organischen Stoffe durch Sauerstoffmangel Faulschlamm gebildet hat. Im Gegensatz zur ›Schilfrandzone‹, in der neben dem Schilf die Gelbe Schwertlilie gerne wächst, nennt man den Lebensraum der Seerosen die ›Seerosenzone‹. Auf sie folgt die ›Schwimmpflanzenzone‹, dann bis zu einer Tiefe von 6 m die ›Tauchpflanzenzone‹. Durch Abnahme der Lichtintensität treten bei weiter zunehmender Wassertiefe die grünen Pflanzen fast vollständig zurück.

Weiße Seerose (Abb. S. 96)

Die **Weiße Seerose** *(Nymphaea alba)* besitzt, wie auch die Teichrose, große, auf der Wasseroberfläche schwimmende Blätter. Lange, elastische Stiele verbinden sie mit den unter Wasser befindlichen Wurzeln. Ein Wachsüberzug schützt die ganzrandigen Laubblätter, um sie vor Benetzung auf der Oberseite zu schützen. Sie sind lederartig derb, um den aufprallenden Regentropfen und dem Wellengang widerstehen zu können. Im Gegensatz zu den Landpflanzen haben sie die für die Atmung wichtigen Spaltöffnungen auf der Blattoberseite. Um den im sauerstoffarmen Teichgrund steckenden Wurzelstock mit Atemluft versorgen zu können, haben die Blätter weitmaschige Lufträume im Gewebe, von wo aus die durch die Spaltöffnungen aufgenommene Atemluft durch Luftkanäle im Stengel zum Wurzelstock geleitet werden kann.

Anpassung an den Standort

Auch die prachtvollen Blüten der Seerose sind durch seilartige Stiele mit dem Wurzelstock verbunden. Etwa 20 reinweiße Blütenblätter folgen auf die lederartigen Kelchblätter, die wie kleine Kähne den Blütenstern tragen. Nach innen zu gehen die Blütenblätter allmählich in die Staubblätter über. Die Seerose bietet ihren Besuchern, meist Fliegen und Hummeln, keinen Nektar, dafür aber Blütenstaub in reicher Menge. Abends und bei Regenwetter schließt sich die Seerosenblüte.

Ihren botanischen Namen hat die Seerose nach einer Nymphe *(Nymphaea)*, die aus unerwiderter Liebe zu dem Halbgott Herkules starb. So berichtet es uns der Römer Plinius. Auch in Deutschland ranken sich vielerlei Sagen um die schöne Pflanze. Wer sie zu pflücken versucht, wird von den Nixen in die Tiefe gezogen, heißt es. Nun ist es sicher wahr, daß schon mancher, der sich die verlockenden Blüten anzueignen versuchte, dabei ertrunken ist. Aber nicht, weil böse Wassergeister ihn in die Tiefe zogen, sondern weil

Weiße Seerose (Text S. 95)

er sich in die außerordentlich festen Stiele von Blättern und Blüten verstrickte und sich daraus, wohl auch durch die Aufregung, nicht mehr frei machen konnte.

Die Weiße Seerose gehört zu den vollständig geschützten Pflanzen. Sie wurde und wird von den Wochenendgästen der Seen und sonstigen Gewässer, in denen sie vorkommt, gerne gepflückt. Doch lohnt sich das nicht, da die Blüten sehr schnell welken, wenn sie nicht sachgemäß behandelt werden. Der Rückgang der auffallenden Pflanzen konnte einigermaßen gestoppt werden, seitdem seerosenreiche Gewässer an Handelsgärtnereien verpachtet wurden. Diese dürfen die beliebten Blüten verkaufen und sorgen naturgemäß dafür, daß der Bestand erhalten bleibt und sich kein fremder Nutznießer daran bereichert. In Blumengeschäften angebotene Seerosen sind also rechtmäßig erworben.

Gelbe Teichrose

Die **Gelbe Teichrose**, auch Mummel genannt *(Nuphar luteum)*, ist an den gleichen Standorten anzutreffen wie ihre weiße Verwandte, also in langsam fließenden oder stehenden Gewässern. Von ihrem Wurzelstock, den Stielen und Blättern gilt das gleiche wie wir es schon bei der Weißen Seerose gehört haben. Im Gegensatz zu

Gelbe Teichrose

dieser erheben sich die Blüten der Teichrose etwas über die Wasseroberfläche, sind kleiner und haben gelbe (daher der Name *luteum* = gelb) Kelchblätter, die den Schauapparat darstellen und Fliegen und Käfer anlocken. Sie bilden fast eine Kugel. Die eigentlichen Blütenblätter sind zu spatelförmigen Nektarien umgewandelt. Die Narbe reift vor den Staubgefäßen, wodurch die Fremdbestäubung garantiert ist.

Der wissenschaftliche Name *Nuphar* wurde schon von Dioskurides gebraucht. Vermutlich geht er auf das ägyptische ›*nu-far*‹ zurück, genaues ist darüber nicht bekannt. Der deutsche Name ›Mummel‹ ist nach Jakob Grimm die Verkleinerung von Muhme. Die Wasserfrauen sollen sich untereinander so nennen. Die Gelbe Teichrose hat auch dem bekannten Mummelsee im Schwarzwald seinen Namen gegeben. *Wie alle einheimischen Seerosenarten ist auch die Mummel völlständig geschützt.*

B. Geschützte Tiere der Feuchtgebiete

Die Tierwelt unserer Feuchtgebiete ist zahlreich. Eine scharfe Trennung von den ein Moor oder einen See umgebenden Landschaftsteilen ist oft nicht möglich und so gehen auch die dort lebenden Tiere oft von einem Lebensraum zum anderen, sind also nicht immer streng ortsgebunden wie die Pflanzen. Trotzdem zeigen verschiedene Arten, besonders die, welche in ihrem Bestand bedroht sind, spezielle Anpassungen, die ihnen ein Leben im Feuchten ermöglichen und sie deshalb als Tiere des Moores und der Gewässer kennzeichnen. Es gibt auch Arten, die sich nicht mit der menschlichen Zivilisation abfinden können, die sog. Kulturflüchter. Sie finden in Mooren und Verlandungszonen ihre letzte Zufluchtsstätte. So werden die Feuchtgebiete zum Rückzugsgebiet für bedrängte Tierarten und sind für deren Erhaltung von ausschlaggebender Bedeutung. Feuchtbiotope sind für den Menschen schwer zugänglich. Sie bieten daher auch kleineren Tieren eine Wohnstätte, wo sie ihr heimliches Leben führen können. Andererseits bieten solche Landschaften mit ihren Sauergräsern anspruchsvolleren Tieren keinen günstigen Lebensraum, weshalb vor allem größere Säugetiere nur ab und zu diese Gebiete besuchen und zum Nahrungserwerb die Kulturlandschaften (Wiesen, Felder) aufsuchen müssen – nicht immer zur Freude des Bauern. Unter den Säugetieren haben sich nur zwei Arten vollständig dem Leben am und im Wasser angepaßt: der Biber und der Fischotter. Beide gehören offziell zu den jagdbaren Tieren, unterstehen also dem Jagdgesetz. *Doch genießen sie ganzjährig Schonzeit, sind also praktisch vollständig geschützt.*

Kulturflüchter

1. Säugetiere

Biber

Der Biber *(Castor fiber)* zählt zu den Nagetieren. Er ist deren größter Vertreter in Europa. Während er früher weit verbreitet war, gehört er heute zu den unmittelbar vom Aussterben bedrohten Arten. Selbst in Gegenden, in denen Orts- und Flurnamen noch heute auf ihn hinweisen, ist er verschollen, z. B. in Biberach an der Riß, das sogar einen Biber im Wappen führt. Jahrzehntelang war das letzte Verbreitungsgebiet in Deutschland zwischen Magdeburg und Dessau. In Frankreich lebt er noch an der unteren Rhone; zahlreicher ist der große, im Durchschnitt 18–25 kg schwere Nager noch in Norwegen und Rußland anzutreffen.

Anpassung an das Wasser

Der Biber ist seinem Lebenselement, dem Wasser, hervorragend angepaßt. Der plumpe, schwere Körper verjüngt sich zum Kopfe hin, so daß er das Wasser wie der Bug eines Schiffes durchschneidet. Die fünf Zehen der Hintergliedmaßen sind durch Schwimmhäute verbunden. Ohren und Nasenlöcher sind verschließbar, was vor allem beim Tauchen von Wichtigkeit ist. Der von oben plattgedrückte, 30 cm lange, geschuppte Schwanz, ›Kelle‹ genannt, dient beim Schwimmen und Tauchen als Höhenruder. Ein Tier, das einen großen Teil seines Lebens im Wasser verbringt, braucht auch einen guten Schutz gegen Wärmeverlust. Dieser Aufgabe wird sein Fell völlig gerecht. Es besteht aus sehr dichtem Wollhaar, über dem bis zu 5 cm lange Grannenhaare liegen. Diese sind dunkler gefärbt als die feinen Wollhaare.

Nahrung

Der Biber verrät seine Anwesenheit sofort, obwohl er eine ausgesprochen nächtliche Lebensweise führt. Überall in seinem Revier treffen wir kegelförmig oder sanduhrartig an- und abgeschnittene Bäume, die er mit seinen scharfen Nagezähnen bearbeitet hat. Er braucht sie aus zweierlei Gründen: einmal baut er mit Knüppeln, Ästen und Zweigen seine ›Burgen‹, zum anderen dienen ihm Rinde und Knospen neben Schilf, Laub, Wurzelstöcken von Seerosen und Schößlingen von Weidenzweigen als Nahrung. Die Baumstämme benagt er immer so, daß sie ins Wasser fallen. So kann er die Zweige durch das Wasser ins Innere seiner Burg transportieren oder auch ohne Umwege zum Bau der Dämme verwenden, mit deren Hilfe er die Höhe seines Wohngewässers willkürlich steuern kann. Zu den Burgen führen Zugangsröhren, deren äußere Mündung immer unter Wasser liegt. Im Innern befindet sich der sog. ›Kessel‹, der einen Durchmesser von etwa 80 cm und eine Höhe von 35 cm hat.

Für seine Bauten und als Nahrung bevorzugt der Biber vor allem Weichhölzer, z. B. Pappeln, Espen und Weiden. Doch macht er sich auch an Ulmen, Erlen und Birken heran. Vor Stämmen mit einem Durchmesser von 70 cm scheut er nicht zurück. Diese Baumarten finden sich vor allem in Auwäldern, so daß diese unbedingt unter Schutz gestellt werden müssen, wenn man den Bestand an Bibern nicht nur erhalten, sondern vermehren will.

Vermehrung

Die Aufzucht dauert längere Zeit, denn das Biberweibchen wirft nach sechswöchiger Tragzeit nur 2–3, seltener 4 Junge, meist Anfang Mai. Sie können sofort sehen und werden von der Mutter nach 3–4 Wochen schon ins Wasser geführt, in dem sie sich gleich zuhause fühlen. Doch werden sie lange betreut, meist 3 Jahre.

Schaden

Wegen der geringen Vermehrung des Bibers hält sich der Schaden, den man ihm zur Last legt, in Grenzen. Denn die Weichhölzer, die er bevorzugt, haben nur geringen wirtschaftlichen Wert. Deswegen wurden die Auwälder, in denen sie wachsen, bei Flußbegradigungen häufig völlig vernichtet und damit auch der Lebensraum des Bibers. Außerdem stellte der Mensch dem Biber schon immer nach. Sein Fleisch war geschätzt; vor allem der Schwanz galt als Delikatesse. In erster Linie aber jagte man ihn wegen seines kostbaren Pelzes. Bei der Verarbeitung wurden meist die langen Grannenhaare ausgezupft. Auf diese Weise bekam man einen seidenweichen, kurzhaarigen Pelz.

Um den geringen natürlichen Bestand an Bibern zu erhalten, geht man seit dem Europäischen Naturschutzjahr dazu über, den Biber in geeigneten Biotopen künstlich wieder anzusiedeln. Dabei wurden die Erfahrungen der Russen, die die Biberkolonien an den großen sibirischen Strömen sehr schätzen – die Nager stauen die Flüsse durch ihre Dammbauten, wodurch das umliegende Land leichter bewässert werden kann – erfolgreich studiert und kopiert. Die Wiedereinbürgerung der Biber wurde vor allem durch den Bund Naturschutz in Bayern betrieben. Heute haben wir an Altwassern der Donau an verschiedenen Stellen wieder Biberkolonien und es besteht Hoffnung, daß der größte europäische Nager in ganz Mitteleuropa wieder heimisch wird.

Fischotter

Der **Fischotter** *(Lutra lutra)* gehört wie der Biber zu den unmittelbar vom Aussterben bedrohten Tieren. Früher wurde die Ausrottung des Fischotters nachdrücklich befohlen. Diesem Befehl wurde so gründlich Folge geleistet, daß die größte europäische Marderart heute bei uns so gut wie verschwunden ist. Trotz der geringen noch vorhandenen Zahl dieses dem Leben im Wasser angepaßten Säugetieres gehört es nach wie vor zu den jagdbaren Tieren, *genießt jedoch ganzjährige Schonzeit.* Allerorts werden auf Betreiben des WWF (World Wildlife Fund) Schutzmaßnahmen in letzter Minute gefordert. Gewisse Erfolge sind bereits zu sehen. So wurde der Otter in der Schweiz von der Liste der ›schädlichen‹ Tiere gestrichen, in Holland steht er schon *unter Naturschutz,* desgleichen in Polen. In der DDR darf er nur gejagt werden, wenn die Jagdbehörde des Kreises im Einvernehmen mit dem Kreisbeauftragten für Naturschutz die Abschußgenehmigung erteilt hat. Zudem ist dort die Jagd grundsätzlich auf die Zeit vom 1. Dezember bis zum 31. Januar begrenzt. Auch Österreich bemüht sich, den Bestand an Fischottern zu erhalten.

Warum wurde dieses schöne Tier lange Zeit so gnadenlos verfolgt?

Schaden

Die Fischer behaupten, es sei für die Fischereiwirtschaft sehr schädlich und würde den Fischbestand ganzer Gewässer restlos vernichten. Inzwischen steht fest, daß er, wie alle Raubtiere, eine wichtige Funktion im Naturhaushalt einnimmt. Er vertilgt in erster Linie kranke Fische. Das wird durch die Tatsache bewiesen, daß Fischkrankheiten überall dort gehäuft auftreten, wo der Fischotterbestand vernichtet wurde. Aus Österreich liegen Berichte vor, in denen bestätigt wird, daß in guten Fischwassern, die mit Bach- und Regenbogenforellen sowie mit Äschen reichlich besetzt sind, keine Krankheiten auftreten, weil viele Otter vorhanden sind. Übrigens ernährt sich der zu Unrecht so sehr verfolgte Fischotter durchaus nicht von Fischen allein. Neue Beobachtungen ergaben, daß er unter den Bisamratten gewaltig aufräumt. Auch Frösche und allerlei Wassergeflügel zählen zu seiner Beute.

Seiner Lebensweise am und im Wasser ist der Otter ausgezeichnet

Fischotter

angepaßt. Der länglichrunde, flache Kopf, der bootsförmige Körper, das mit einer Hautfalte verschließbare Ohr und der dichte Pelz aus feinstem Wollhaar mit einer dichten Decke aus derben Oberhaaren machen ihn zu einem vorzüglichen Schwimmer. Als Steuer dient der rundliche, an der Spitze stark verschmälerte Schwanz, der 35–45 cm lang wird. Seine Gesamtlänge beträgt 1,2–1,5 m. Die gut entwickelten Schwimmhäute an den Vorder- und Hinterbeinen dienen ihm als Ruder. Auch seine Sinne sind scharf und ermöglichen ihm das Aufspüren und Ergreifen der Beute.

Der Fischotter legt sich, oft unter Benutzung bereits vorhandener Höhlen, einen Bau an, dessen Zugang immer unter der Wasseroberfläche liegt. Im Innern befindet sich ein ›Kessel‹ wie beim Biber, in dem das Weibchen – meist im Mai – die 2–4 Jungen zur Welt bringt. Sie sind lange auf die Pflege der Mutter angewiesen und können ihr erst nach acht Wochen folgen. An Land bewegt sich der Otter ebenfalls sehr geschickt. Er hält dort bestimmte Wege, die ›Otternstiege‹, ein, auf denen man unschwer seine breite Spur mit den 5 durch Schwimmhäute verbundenen Zehen erkennen kann.

Hoffen wir, daß es gelingt, den Fischotter unseren heimatlichen Gewässern zu erhalten, in denen er von Natur aus Lebensrecht hat.

Unsere Gewässer und Feuchtgebiete sind auch Lebensstätte für zahlreiche Vogelarten. Sie alle hier aufzuzählen, ist nicht möglich. Nur die besonders bedrohten Arten wollen wir etwas genauer betrachten.

2. Vögel

Rohrweihe

Von den Greifvögeln hat sich nur ein einziger auf den Lebensraum Feuchtbiotope spezialisiert. Es ist die **Rohrweihe** *(Circus aeruginosus)*. Sumpf und Wasser gehören zu ihren Lebensbedürfnissen. Es wird behauptet, sie lasse das Röhricht niemals außer Sichtweite. Knapp über dem Schilf fliegt sie über ihr Revier, nur während der Balz steigt das Männchen bis zu 70 m hoch in die Lüfte und führt dort regelrechte Kunstflüge aus. Die Färbung dieses Greifvogels ist vorwiegend dunkelbraun, an Kopf und Kehle gelblich. Er ist sehr schwer zu beobachten, da er sich fast immer im Schilf aufhält. Dort baut das Weibchen am Boden ein flaches Nest, legt von Anfang Mai bis Juni 4–5 Eier und bebrütet sie rund 38 Tage lang. Die Jungen werden in der Regel vom Weibchen allein gefüttert. Nach 30–40 Tagen können sie das Nest verlassen. Bis sie fliegen können, vergehen nochmals ein bis zwei Wochen.
Als Nahrung dient der Rohrweihe vor allem allerlei Wassergeflügel, aber auch Wasserratten, Frösche und Insekten. Ihre bevorzugte Beute sind Bläßhühner und Teichhühner, auch deren Eier und die Jungvögel. Man hat sie deswegen lange Zeit als ›schädlich‹ gebrandmarkt und sie rücksichtslos verfolgt. Erst *seit 1968 steht die Rohrweihe unter Schutz*. Nur mehr 200 Brutpaare gibt es in der BRD, die meisten davon leben in Niedersachsen und Schleswig-Holstein. Zahlreichere Vorkommen gibt es noch in der DDR und am Neusiedler See. Neben der starken Bejagung ist auch der Rückgang der Feuchtbiotope schuld an ihrer geringen Zahl.

Flußseeschwalbe

Die meisten Flüsse Mitteleuropas sind begradigt worden. Dadurch finden sich an und in ihnen nur mehr selten Kies- und Sandbänke, die Brutplätze der **Flußseeschwalbe** *(Sterna hirundo)*. In Süddeutschland, wo sie früher an den aus den Alpen kommenden Flüssen zahlreich vorkam, nisten nur noch etwa 100 Paare des zur großen Familie der Möven gehörenden Vogels. Er ist leicht kenntlich an dem tiefgegabelten Schwanz, dem schwarzen Oberkopf und dem roten Schnabel. Zahlreich kommt die Flußseeschwalbe dagegen noch im Küstengebiet vor, wo sie zusammen mit einer nahe verwandten Art, der Küstenseeschwalbe, lebt. Im Binnenland bildet sie nur kleine Brutkolonien auf Sand- und Kiesbänken von Flüssen und Seen. Dort legt das Weibchen ihre schwarzbraun gefleckten,

bläulichweißen Eier in eine Bodenmulde. Da sie Kieselsteinen zum Verwechseln ähnlich sehen, werden sie nicht selten von Kanufahrern, die Rast an einer solchen Sandbank machen, zertreten, ohne daß sie es wollen. Heute bewachen freiwillige Helfer vielerorts die gefährdeten Gelege, die nicht selten durch Frühjahrshochwässer zusätzlich gefährdet sind. Beide Eltern bebrüten die 2–3 Eier gemeinsam 23 Tage lang. Auch die Jungen werden gemeinsam betreut. Sie können schon nach wenigen Tagen das Nest verlassen und werden nach 3–4 Wochen flügge. Als Nahrung dienen der Flußseeschwalbe kleine Fische, Insekten und Insektenlarven. Letztere sammelt sie auf nahegelegenen Feldern und Wiesen. Erst mit 3 Jahren werden die Flußseeschwalben geschlechtsreif. Das ist mit ein Grund, warum sie ihren Bestand nur schwer ergänzen können.
Interessant ist das Balzverhalten der im Binnenland so selten gewordenen Mövenvögel. Bei der Balz übergibt das Männchen seiner Auserwählten einen Fisch. – Die Flußseeschwalbe ist ein Zugvogel. Zweimal jährlich macht sie die weite Reise bis ins Kapland Afrikas, wo sie überwintert, und zurück zu ihren Brutplätzen. *Sie ist streng geschützt.*

Eisvogel *(Abb. S. 104)*

Auch der **Eisvogel** *(Alcedo atthis)* hat sich das Wasser als Lebenselement erwählt. An Teichen und Seen treffen wir ihn nur im Winter, sein Brutplatz findet sich meist an sandigen oder lehmigen Steilhängen von Flüssen. Sind solche Gegebenheiten an Seen zu finden, nistet er auch dort. An solchen Stellen graben beide ›Ehe‹-Partner eine ungefähr 5 cm weite und 1 m lange Niströhre. Sie wird leicht ansteigend angelegt (warum, werden wir noch sehen) und endet in einer größeren Höhle. Ab April bis zum August legt das Weibchen im Durchschnitt 7 weiße, fast runde Eier. Beide Eltern brüten sie in etwa 20 Tagen aus. Nach vier Wochen sind die Jungen flügge. Sie sehen eigenartig aus, denn bis kurz vor dem Ausfliegen haben sie nur Federkiele, sind also richtige Stachelbällchen. Der Kot der Jungen ist flüssig und wird in die Brutröhre gespritzt, aus der er nach außen abfließt. An der weißen Brühe erkennt man auch leicht den Brutplatz des Eisvogels. Meist brütet der Eisvogel zweimal im Jahr. Vom Herbst an trennen sich die Partner und führen einzeln ein unstetes Leben. Kritisch wird es für den Eisvogel, wenn in strengen Wintern die Gewässer zufrieren. Da er fast ausschließlich von Fischen (Stichlingen, Elritzen) und Libellenlarven lebt, muß er hungern. Hält der Frost lange an, geht der Bestand an Eisvögeln stark zurück. Man schätzt die Verluste im Winter 1962/63 auf 90–95%.

Brut

Seine Beute holt er im ›Tauchstoß‹ aus dem Wasser, manchmal von einem festen Sitzplatz aus, manchmal aus dem Flug. Bevor er sie verzehrt, schlägt er den Fisch gegen einen Ast und verschlingt ihn ganz.

Eisvogel mit Beute

Der Eisvogel hat neben der Blauracke das farbenprächtigste Gefieder aller mitteleuropäischen Vögel. Die Oberseite ist glänzend blaugrün bis türkisfarben, die Unterseite rotbraun. Paradoxerweise ist das eine Schutzfärbung und schreckt seine einzigen Feinde, Greifvögel, ab. Sein Fleisch schmeckt widerlich nach fauligem Fisch. Das finden die Raubvögel schnell heraus und meiden ihn. So kommt es, daß auch ein auffallend buntes Gefieder Schutzwirkung haben kann.
Es sind in erster Linie Eingriffe in den Lebensraum des Eisvogels, die ihn zu einer *bedrohten Art* gemacht haben. Entwässerung und Verbauung der Flußufer haben ebenso zu seinem Rückgang beigetragen wie indirekte menschliche Einwirkungen, vor allem der Tourismus mit dem gesteigerten Bootsverkehr und dem Unruhe bringenden Freizeitbetrieb. Auch Drahtleitungen und Drahtzäune tragen das ihre zum Rückgang eines der schönsten mitteleuropäischen Vögel bei. *Bei der Anlage und Gestaltung von Freizeitanlagen sollte viel mehr auf die Erhaltung der naturgegebenen Umgebung geachtet werden als bisher.*

Blau-kehlchen

Ähnliche Gründe haben auch eine weitere Vogelart, deren Lebensraum die Feuchtgebiete sind, in Gefahr gebracht. Wir meinen das prächtige **Blaukehlchen** *(Luscinia svecica* = schwedische Nachtigall). Es gehört zur Unterfamilie der Drosseln. Sein Gesang ist schwer zu identifizieren, denn es imitiert allerlei andere Vogelstimmen, z. B. den Stieglitz, die Rauchschwalbe und die Feldlerche. Am ehesten ist sein dem Lied der Nachtigall ähnlicher Gesang noch in der Balzzeit zu erkennen, wenn es singend in die Luft steigt. Sein Nest legt das Blaukehlchen auf oder dicht über dem Boden an. Gebüschbestandene Sumpfwiesen, Verlandungszonen von Seen und Teichen oder Erlenbrüche sagen ihm besonders zu. Trockengebiete meidet es. *Jede Entwässerungsmaßnahme zerstört daher zwangsläufig ein Brutgebiet des Blaukehlchens.*

Blau-kehlchen

Wie der Name schon sagt, besitzt das Männchen des Blaukehlchens während der Brutzeit eine leuchtend blaue Kehle. Beim Weibchen und außerhalb der Balzzeit auch beim Männchen ist sie weiß mit schwarzer Begrenzung am unteren Rand. Das übrige Gefieder ist olivbraun. Bei der Balz trippelt das Männchen mit aufgerichtetem Schwanz um das Weibchen und stellt seine leuchtend blaue Kehle zur Schau. Ab und zu steigt es, wie schon erwähnt, singend in die

Luft. Der blaue Kehllatz trägt bei der mitteleuropäischen Rasse in der Mitte einen weißen Fleck, bei der skandinavischen Unterart einen rostroten. Nur der untere Teil der Kehle bleibt nach der Mauser blau. Das Gelege besteht aus 5–6 Eiern. Sie sind auf graugrünem Grund rostbraun gefleckt. Die Brutdauer beträgt zwei Wochen und wird fast nur vom Weibchen bestritten. Doch beteiligt sich das Männchen beim Füttern der Jungen mit kleinen Insekten und deren Larven, Spinnen und kleinen Schnecken. Im Herbst, vor dem Zug nach Nordafrika, gehören auch Beeren zur Nahrung des Blaukehlchens. Der Nachwuchs ist durch natürliche Feinde gefährdet. Da das Nest auf dem Boden steht, fallen die Jungen oft Wasserratten oder anderen Nesträubern zum Opfer.

Graureiher

An Gewässern mit seichten Uferzonen, deren Rand noch mit dichten Auwäldern gesäumt ist, treffen wir einen der umstrittensten Vögel dieser Biotope, den **Graureiher** *(Ardea cinerea)* an. Immer noch wird er auch Fischreiher genannt, was die falsche Vorstellung erweckt, er lebe nur von Fischen und sei deshalb für die Fischerei absolut schädlich. Diese Falscheinschätzung brachte dem fast 1 m großen Vogel mit einer Spannweite von 160 cm eine grausame, völlig sinnlose Verfolgung ein. Bis vor kurzem durfte er von jedem Jagdausübungsberechtigten abgeschossen werden, sogar am Horst, wobei auch die Jungvögel getötet bzw. das Gelege zerstört werden mußte. Inzwischen hat man allerdings eingesehen, daß die auf Ausrottung abzielende Verfolgung des Graureihers biologisch völlig verfehlt war und *hat ihm ganzjährige Schonzeit zugebilligt.* Somit ist es in letzter Minute gelungen, einen unserer auffallendsten und größten Bewohner der Feuchtbiotope zu erhalten. Es soll nicht verschwiegen werden, daß der Graureiher, wenn er an Fischzuchtteichen seinem Nahrungserwerb nachgeht, zum Problem werden kann. Hier versucht man neuerdings, durch Anlage von eigens für den Graureiher bestimmten Teichen Wandel zu schaffen und ihn durch einfache und wirksame Abwehrmethoden von Fischteichen fernzuhalten. Dies gelingt durch neun erprobte Methoden, die sich alle als brauchbar erwiesen haben und je nach Art und Lage des Fischteichs angewendet werden können.

Schaden

Ist der Graureiher wirklich schädlich? Eine Reihe von Untersuchungen durch bedeutende Ornithologen hat ergeben, daß er durchaus nicht von Fischen allein lebt. Dazu wurden die Gewölle des Vogels, die man an den Brutplätzen reichlich findet, untersucht. Dabei hat sich gezeigt, daß neben Fischresten auch die Reste von Schermäusen, Insekten, Wasserschnecken, Fröschen, Molchen, Blindschleichen, Ratten und Maulwürfen vorhanden waren. Der Graureiher ist also durchaus kein ›Fischspezialist‹, wie man früher annahm. Besonders an seine Jungen verfüttert er große Mengen von Feldmäusen. So ist durch wissenschaftliche Untersuchungen bewiesen worden, daß der Reiher in keiner Weise schädlich,

Zu Unrecht verfolgt: Der Graureiher

sondern sogar nützlich ist. Selbst die Fische, die er erbeutet, sind in der Regel wirtschaftlich nicht von Bedeutung, ja sogar unerwünscht (sog. Fischunkraut), andere sind krank oder werden tot aufgenommen. ›Hierin liegt die biologische Bedeutung des Reihers, um derentwillen er unbedingt als Glied der Biozönose erhalten bleiben muß . . .‹ (G. Creutz).

Der Graureiher ist ein geselliger Vogel, der in Kolonien nistet. Schon im Februar und März beginnt die Balz. Das Weibchen legt in den nicht besonders kunstvoll aus Reisig errichteten Horst 3–5 hellblaue Eier, die von beiden Partnern abwechselnd 25 Tage lang bebrütet werden. Die Jungen, die täglich viel Nahrung brauchen (ein erwachsener Vogel braucht pro Tag 330 g), werden erst nach 2 Monaten flügge. Bei der Jagd steht der Graureiher meist auf einem Bein im seichten Wasser oder auf einer Wiese. Er scheint zu schlafen. Aber jede Bewegung löst blitzartig einen Reflex aus, der dem Fisch oder der Maus zum Schicksal wird. Der starke Schnabel erfaßt die Beute; sie wird in der Regel ganz verschlungen, die unverdaulichen Teile später als Gewölle ausgespieen. Manchmal stelzt er auch auf seinen langen Beinen durch das Wasser oder das Gras.

Der Graureiher ist nicht nur durch die sinnlose Verfolgung stark zurückgegangen. Auch Flußregulierungen und andere Zerstörungen seines Lebensraumes, nicht zuletzt die Beunruhigung durch den Touristenbetrieb an den Gewässern, haben seinen Bestand schwinden lassen. Dazu kommt, daß die Jungvögel erst mit drei Jahren geschlechtsreif werden. *Durch die in allen Ländern Mitteleuropas erfolgten Schutzmaßnahmen* dürfte eine Stabilisierung der Graureiherzahl allmählich eintreten.

Birkhuhn

Eine Reihe von selten gewordenen Vögeln finden wir in unseren Mooren. Das **Birkhuhn** *(Lyrurus = Tetrao tetrix)* gehört zu ihnen. Vor zwanzig Jahren war es in den Mittelgebirgen noch zahlreich vertreten. Heute ist es nur mehr auf inselartigen Vorkommen in der Rhön, im Sieger- und Sauerland, im Bayerischen Wald und sehr vereinzelt im Voralpenland und im Hochgebirge anzutreffen. Eine Vermehrung seiner Bestände ist eng mit der Erhaltung seines Lebensraumes verbunden. Solange die Kultivierung von Moor- und Heideflächen nicht eingestellt, die Übererschließung der Hochgebirgslandschaft mit Erhohlungseinrichtungen aller Art nicht gestoppt wird, ist die Frage der Erhaltung des Birkwildes in Mitteleuropa nicht günstig zu beurteilen.

Der Birkhahn unterscheidet sich in seinem Gefieder auffallend von den Hennen. Er ist auch größer (60 cm) als diese (40 cm). Sein stahlblau schimmerndes, schwarzes Gefieder, die großen, roten ›Rosen‹ über den Augen, die leierförmig nach außen gebogenen Schwanzfedern mit den weißen Unterschwanzdecken verleihen ihm ein prächtiges Aussehen. Besonders kommt das bei der Balz zum Ausdruck, wenn er Hals und Brust aufbläht, die teilweise geöffneten Flügel hängen läßt und die weißen Unterschwanzdecken hinter dem gefächerten Schwanz einen Schild bilden. Die Hähne fallen zur Balz auf einem offenen Platz ein, meist schon im März. Dort

Balzverhalten

tragen sie Scheinkämpfe um die Hennen aus, wobei sie geziert herumtrippeln, dann wieder in die Höhe springen und zischende und wie ›tschjuhuisch‹ klingende Laute ausstoßen. Die ältesten und stärksten Hähne beanspruchen die Mitte des Balzplatzes, sie sind die ranghöchsten. Ausgesprochen polygam, begatten sie nach den vorliegenden Untersuchungen bis zu 80% der auf einem Balzplatz vorhandenen Hennen. Es ist auch sicher, daß sich letztere meist nur von einem sog. ›Haupthahn‹ treten lassen. Ihre Bereitschaft zur Paarung zeigt die Henne, indem sie sich niederhockt. Bald danach legt sie in ein in den Boden gescharrtes Nest 6–10 Eier. Die Küken schlüpfen nach etwa vier Wochen aus und folgen als echte Nestflüchter sofort der Mutter auf Nahrungssuche. Schon zwei Wochen später können sie fliegen. Erst nach zwei Jahren werden sie geschlechtsreif. Die Nahrung besteht aus rein pflanzlichen Stoffen, doch werden auch Insekten gefressen.

Haselhuhn

Im Zusammenhang mit dem Birkhuhn muß auch das **Haselhuhn** *(Tetrastes bonasia)* erwähnt werden. Es ist nur rebhuhngroß, der Hahn hat eine schwarze Kehle und eine Federhaube. Durch die fast überall zu verspürende Lärmbelästigung durch Kraftfahrzeuge ist sein Lebensraum, vor allem Niederwaldungen, stark beeinflußt und sein Bestand äußerst gefährdet worden.
Birkhuhn und Haselhuhn gehören, wie das Auerhuhn, zu den Rauhfußhühnern. Obwohl zu den jagdbaren Tieren, zum Federwild zählend, *dürfen alle Arten nicht bejagt werden.* Durch das Verständnis der Jäger für die Erhaltungsmaßnahmen zugunsten dieser selten gewordenen Gattung der Hühnervögel und entsprechende Hegemaßnahmen besteht die Hoffnung, in besonderen Schutzgebieten wieder eine steigende Zahl dieser Vögel beobachten zu können.

Bekassine *(Abb. S. 110)*

Ein für unsere Feuchtgebiete typischer Vogel ist die **Bekassine** *(Gallinago gallinago).* Auffallend an ihr ist ihre ausgezeichnete Schutzfärbung. Das braungestreifte Gefieder macht sie in ihrem Lebensraum, den Mooren und Streuwiesen, fast unsichtbar. Mit ihrem langen, an der Spitze flexiblen Schnabel kann sie ihre Nahrung geschickt aufnehmen. Sie besteht aus Würmern, Larven der Köcherfliege, Schnecken und anderem Kleingetier. Daneben verzehrt sie auch die Samen einiger Sumpfpflanzen.
Die Bekassine ist ein Zugvogel, der schon im Juli sein Winterquartier im Mittelmeergebiet, teilweise auch im tropischen Afrika, aufsucht. Aber schon zeitig im Frühjahr, oft schon Ende Februar, meist aber im März zieht es sie zurück in ihre Brutgebiete. Im Moor ist die Bekassine der Frühlingsbote. Es ist ein fesselndes Schauspiel, die Flugspiele des Männchens bei der Balz zu beobachten. In Zick-zack-Linien streicht es dahin, steigt plötzlich senkrecht in die Lüfte, um im Sturzflug mit gespreiztem Schwanz wieder zur Erde zu schießen. Dabei kann man einen eigenartigen Ton hören, der fast an das Meckern einer Ziege erinnert. Es ist nicht ganz klar, wie er erzeugt wird, wahrscheinlich durch Schwingungen der Schwanzfedern. Wegen dieses ›Meckerns‹ nennt man die Bekassine auch ›Himmelsziege‹. Als Balzruf läßt das Männchen ein monotones ›tüke-tüke-tüke‹ ertönen. Das Weibchen legt in ein von beiden Partnern gebautes Bodennest 4 bräunlich-olivfarbene Eier, die dunkel gefleckt sind. Drei Wochen brütet das Weibchen, dann schlüpfen die Jungen aus. Schon nach wenigen Stunden können sie das Nest verlassen, werden aber noch 21 Tage von beiden Eltern betreut. Dann sind sie flügge.
Die Bekassine zählt zum Federwild. Ihr Fleisch wird sehr geschätzt. Aber nicht die Jagd hat dazu geführt, daß die Bekassine schon *ziemlich selten geworden* ist, sondern die Zerstörung ihrer Lebensräume durch Entwässerung zahlreicher Moore und Sumpfwiesen.

Bekassine
(Text S. 109)

Großer Brachvogel

Für den **Großen Brachvogel** *(Numenius arquata)* gilt dasselbe. Wie die Bekassine hat er eine sehr gute Schutzfarbe. Der Rücken ist kräftig schwarzbraun gefleckt, Kopf und Hals etwas heller. Er ist der größte mitteleuropäische Schnepfenvogel. Von anderen Arten dieser Gattung unterscheidet er sich durch seinen langen, nach abwärts gebogenen Schnabel. Er wird 55 cm groß und erreicht eine Spannweite von 1 m. Vor dem Krieg zählte man in Deutschland 250 Brutplätze, die aber *durch Meliorationsmaßnahmen wesentlich zurückgegangen* sind. Häufiger kommt er noch an der deutschen Westküste und überall im Wattenmeer vor, wo er genügend Nahrung findet. Im Binnenland treffen wir den scheuen Vogel auf offenem, feuchten Gelände. Etwa zur gleichen Zeit wie die Bekassine kommt er aus dem Winterquartier in West- und Südeuropa und in Afrika zurück, als Teilzieher bleibt er aber auch oft an den Küsten des Wattenmeeres. In den Feuchtgebieten, wo er brütet, kann man fast das ganze Jahr über seine Stimme hören, ein melodisches ›tlüihd‹. Zur Balzzeit trippelt das Männchen mit nickendem Kopf und gefächertem Schwanz, immer wieder die Flügel lüftend, um das Weibchen herum. Dieses legt im Mai in eine von ihm selbst gescharrte Bodenmulde 4 hellbraune, dunkelgesprenkelte Eier. Beide Eltern bebrüten sie 4 Wochen. Die Jungen sind Nestflüchter. Ungefähr 6 Wochen lang folgen sie ihren Eltern und werden von ihnen mit allerlei Insekten, Würmern und Weichtieren, aber auch mit Beeren und Samen gefüttert. An der Küste kommen kleine Fische, Krustentiere und Meerespflanzen hinzu. Die Scheu des Vogels läßt sich besonders während der Brutzeit beobachten. Ganz leise und vorsichtig wechseln sich die Eltern beim Brüten ab. Die Küken werden teilweise im Flug überwacht und gegen Eindringlinge in das Brutrevier mutig verteidigt.

Brut

Großer Brachvogel

Noch zahlreiche Sumpf, Moor und Gewässer bewohnende Vögel wären hier zu nennen, doch sind sie weniger gefährdet. Mit den Genannten teilen Kiebitz, Regenpfeifer und Flußuferläufer den Lebensraum, im Schilf können wir Drosselrohrsänger, Bachstelze und Wiesenpieper beobachten. Auch die **Wasseramsel** lebt, wie schon ihr Name sagt, am Wasser. Sie ist dadurch bekannt, daß sie unter Wasser, ja sogar unter der Eisdecke, auf dem Grund schnell fließender Bäche stromaufwärts dahinläuft, um wasserbewohnende Insekten zu fangen. Nur eine Art müssen wir noch etwas genauer betrachten, die **Sumpfohreule** *(Asio flammeus)*. Sie ist im Lebensraum Moor sehr selten geworden. Als scheuer Vogel ist sie besonders empfindlich gegen Ausflugsbetrieb, der ja leider auch vor Moorgebieten nicht Halt macht. Auch die Bekämpfung schädlicher Nager durch chemische Gifte hat sich auf ihr Vorkommen negativ ausgewirkt. Denn nur dort kann sie Lebensmöglichkeiten finden, wo neben dem geeigneten Biotop auch genügend Nahrung vorhanden ist. Diese besteht vor allem aus Feldmäusen. Forschungen haben ergeben, daß eine Sumpfohreule in vier Monaten bis zu 2000 dieser äußerst schädlichen Nager verzehrt. Auch ihre Vermehrung hängt vom Nahrungsangebot ab. Gibt es viele Feldmäuse, legt sie mehr Eier als in mäusearmen Jahren; die Zahl schwankt zwischen 4 und 8 Stück. Sinkt die Zahl der Mäuse gar zu sehr ab, brütet sie überhaupt nicht. Wie die meisten Vögel, die unsere Feuchtgebiete bewohnen, ist sie ein Bodenbrüter. Das Weibchen brütet die Eier in etwa 26 Tagen allein aus, füttert auch die Jungen. Doch schleppt das Männchen die Beute herbei. In ihrem Äußeren gleicht die Sumpfohreule der Waldohreule. Doch besitzt sie im Gegensatz zu dieser eine leuchtendgelbe Iris. Ihr Gefieder ist gelbbraun. Die ›Federohren‹, die bei einigen Eulenarten auftreten, sind zwei kleine Federbüschel. Mit dem Gehör haben sie nichts zu tun. In Mitteleuropa ist die Sumpfohreule das ganze Jahr

Wasseramsel

Sumpfohreule

anzutreffen. Aus Nordeuropa kommen manchmal Trupps als Durchzügler, von denen einige als Wintergäste bei uns bleiben. Andere fliegen als Zugvögel bis in die Tropen. Die Sumpfohreule gehört zu den wenigen Eulenarten, die auch bei Tage und in der Dämmerung jagen, stets über offenem Gelände.

3. Kriechtiere (Reptilien)

Die Reptilien sind nur in wenigen Exemplaren in den Feuchtgebieten anzutreffen, da sie meist warme, trockene Biotope bevorzugen. Doch einige wenige haben sich auch diesen Lebensraum erobert. Zu ihnen hehört die **Ringelnatter** *(Natrix natrix)*. Der lateinische Name *natrix* = Schwimmerin weist darauf hin, daß das Wasser ihr Revier ist. Immer finden wir sie in Wassernähe. Dorthin zieht sie sich auch zurück, wenn sie sich bedroht fühlt. Die Ringelnatter ist als Schlange wie alle ihre Artgenossen sinnloser Verfolgung ausgesetzt, obwohl sie *ungiftig* ist. Leicht ist sie von anderen Schlangen durch die beiden großen, halbmondförmigen Flecken am Hinterkopf, die leuchtend gelb oder weiß gefärbt sind, zu unterscheiden. Die Farbe des schuppenbedeckten Körpers ist aschgrau, an den Seiten finden sich mehrere Reihen von schwarzen Flecken. Da die Haut der Ringelnatter, wie die aller Schlangen, aus nicht dehnbaren Hornschuppen besteht, muß sie beim Wachsen ›aus der Haut fahren‹. Sie streift das zu eng gewordene Schuppenkleid ab, indem sie durch Gestrüpp kriecht. Dabei bleibt das zuerst am Kopf geplatzte ›Natternhemd‹ an Zweigen hängen und wird wie ein Strumpf abgezogen, wobei sich das Innere nach außen kehrt. Solche ›Natternhemden‹ können wir beim Wandern in Mooren und an den Ufern von Teichen leicht entdecken, denn die Häutung findet mehrmals im Jahr statt.

Ringelnatter

Natternhemd

Ihre Nahrung sucht sich die Ringelnatter im Wasser. Geschickt verfolgt sie Frösche, Molche, Kaulquappen und kleine Fische, die sie ganz verschlingt. Dabei kommt ihr eine anatomische Eigenart zustatten: die Schädelknochen sind nicht fest miteinander verwachsen, sondern durch elastische Bänder verknüpft. So können alle Schlangen ihr Maul weit auseinanderziehen und sehr große Beutestücke hinunterschlingen. Dabei wird das erjagte Tier durch mehrere Reihen nadelspitzer Zähne, die nach hinten gerichtet sind, festgehalten. Das wichtigste Sinnesorgan ist die gespaltene Zunge. Mit ihrer Hilfe nimmt die Ringelnatter die Witterung ihrer Umgebung auf. Sie ist also das Geruchsorgan der Schlangen. Viele Menschen glauben, die Schlangen würden durch ihren starren Blick ihre Beute hypnotisieren. Das stimmt jedoch nicht. Das Auge wirkt starr, da das Unterlid durchsichtig und über das Auge gezogen ist. Mit dem Oberlid ist es verwachsen. So liegt die Pupille geschützt unter einer uhrglasförmigen Schale.

Im Herbst zieht sich die Ringelnatter in eine Erdhöhle zum Winterschlaf zurück. An warmen Tagen erwacht sie schon im April und beginnt nach einer Häutung mit dem Fortpflanzungsgeschäft. Das Weibchen legt nach der Paarung 10–40 Eier, die eine pergamentartige Schale haben, in Komposthaufen oder in faulendes Laub. Die dort herrschende Gärungswärme brütet sie aus. Es ist dem Zufall überlassen, ob die Brut ausreifen kann, denn es dauert 7–10 Wochen, bis die jungen Schlangen ausschlüpfen. Sie sind dann etwa 15 cm lang. Wir können verstehen, daß es zahlreicher Häutungen bedarf, bis die erwachsenen Ringelnattern eine Länge von 1 m erreicht haben. Gelegentlich werden auch Exemplare bis zu 1,50 m gefunden, aber das ist selten.

Fortpflanzung

Die Ringelnatter ist ungiftig und beißt auch nicht, wenn man sie ergreift. Trotzdem ist es ratsam, sich nicht zu eng mit ihr zu befassen, denn sie besitzt Stinkdrüsen an der Schwanzwurzel, die sie entleert, wenn sie sich in Gefahr fühlt. Manchmal speit sie auch kurz vorher verschlungene Nahrung über den Schlangenfänger. Lassen wir also die Ringelnatter besser in Ruhe! *Wie alle heimischen Schlangen steht sie unter Naturschutz.*

Auch die **Sumpfschildkröte** *(Emys orbicularis) genießt vollständigen Schutz.* Sie ist sehr selten und kommt nur noch in stehenden oder langsam fließenden Gewässsern östlich der Elbe vor, besonders im Gebiet von Oder, Weichsel, Havel und Spree. Im Wasser und auf dem Land ist sie gleich geschickt, bevorzugt aber das Leben im Wasser. Frösche und Molche, Insektenlarven und Fische sind ihre Beute. Da sie gegen Störungen sehr empfindlich ist, treffen wir sie nur mehr ganz vereinzelt an. Eine genauere Beschreibung erübrigt sich daher.

Ringelnatter

4. Lurche (Amphibien)

Für die**Lurche** sind unsere Moore mit ihren Tümpeln und Weihern, ihren immer feuchten Moospolstern und wasserdurchronnenen Schlenken das ideale Biotop. Denn mit ihrer nackten, gegen Verdunstung ungeschützten Haut können sie nur an feuchten Örtlichkeiten leben. Schon im Wald haben wir zwei Vertreter kennengelernt, den Feuersalamander und die Erdkröte. Im Moor finden wir sie in zahlreichen Arten. *Sie sind* mit Ausnahme des Wasser- und des Grasfrosches *alle vollständig geschützt.* Die Lurche oder Amphibien werden in zwei Gruppen eingeteilt: die Froschlurche und die Schwanzlurche. Zu den ersteren zählen alle Frösche und Kröten. Sie alle hier anzuführen, ist nicht möglich.

Laubfrosch

Eine stark gefährdete Art ist der **Laubfrosch** *(Hyla arborea).* Er gehört einer eigenen Familie an, der der Baumfrösche, die bei uns nur durch ihn vertreten ist. Als einziger unserer heimischen Froschlurche lebt er oft weiter vom Wasser entfernt, da er offenbar gegen die austrocknenden Sonnenstrahlen weniger empfindlich ist als seine Verwandten. Seine leuchtend grüne Färbung kann sich je nach Ernährung, Witterung und Gesundheitszustand stark ändern, von gelblich über grau, bläulich bis schwärzlich. Diese Farbänderungen können nicht willkürlich hervorgerufen werden, sondern entstehen durch Pigmentverlagerungen in der Haut, bedingt durch äußere Reize, z. B. hohe Temperaturen, Helligkeit, Kälte, Feuchtigkeit u. a. Seinem Lebensraum auf Blättern von Sträuchern und Bäumen am Rand von Teichen und sumpfigen Wiesen ist er

Der Laubfrosch hat eine gute Tarnfarbe

Anpassung

bestens angepaßt. An den Zehenspitzen befinden sich scheibenförmige Haftballen, mit deren Hilfe er ohne Schwierigkeiten auf Bäume klettern kann. Diese Haftorgane scheiden ein klebriges Sekret ab, das es in Zusammenwirken mit der ansaugenden Wirkung der Ballen dem Tier sogar ermöglicht, an der Glaswand eines Terrariums emporzuklettern. Fliegen, Spinnen, glatte Raupen, Käfer und Schmetterlinge bilden die Nahrung des Laubfrosches.
Den Winter verbringt er in Erdlöchern, unter Baumstümpfen oder Steinen in tiefem Schlaf. Nach dem Erwachen im April wandert er zum Wasser, um zu laichen. Die Laichklumpen enthalten bis zu 1000 Eier. Bis zum Schlüpfen der Kaulquappen ruhen sie auf dem Grund des Gewässers. Die Kaulquappen sind gelblich gefärbt. Nach drei Monaten haben sie die Verwandlung zum Frosch vollendet und sind nun oft in großen Mengen in der Nähe ihres Geburtsortes anzutreffen. Allerdings fallen sehr viele ihren natürlichen Feinden, hauptsächlich Vögeln, zum Opfer.

Unken

Echte Wassertiere sind die **Unken** *(Bombina)*. Sie kommen bei uns in zwei Arten vor: Als Tieflandunke = Rotbauchunke *(Bombina bombina)* und als Bergunke = Gelbbauchunke *(Bombina variegata)*. Der Unterschied zwischen ihnen beruht auf der verschiedenen Färbung der Unterseite, was schon durch die Namensgebung deutlich wird. Auch ihr bevorzugter Lebensraum geht daraus hervor. Die rotbauchige Art finden wir ausschließlich in den großen Ebenen Norddeutschlands bis hinüber nach Rußland und in den Donauländern. Die gelbbäuchige Unke dagegen lebt nur im Hügelland und im Gebirge, wo sie bis zu einer Höhe von 1800 m anzu-

Gelbbauchunke in Schreckstellung

treffen ist. In ihrem Verhalten sind beide Arten gleich. Von den Fröschen unterscheiden sie sich durch geringere Größe und dadurch, daß ihre Zunge nicht herausklappbar ist. Zur Paarungszeit lassen sie ihre überraschend kräftige, melodische Stimme ertönen, ein tiefes ›unk-unk‹. Im Gegensatz zu den Fröschen haben sie keine Schallblase, die äußerlich sichtbar ist. Die Stimme der Unken wird häufig mit Glockentönen verglichen. Manche Sage von versunkenen Städten mag mit dem Unkenruf zusammenhängen, den man als das Läuten der Glocken der untergegangenen Orte deutete.

Warnfarbe

Die auffallende Farbe der Unterseite der Unken ist eine ›Warnfarbe‹. Wenn sie in Gefahr kommen, versuchen sie zunächst, sich im Schlamm ihres Wohngewässers zu verkriechen. Hindert man sie daran, werfen sie sich auf den Rücken, so daß die Warnfarbe sichtbar wird. Bei dieser Schreckstellung sondern sie aus Hautdrüsen eine weiße, giftige, stark riechende Flüssigkeit ab. Minutenlang verharrt die Unke in dieser Schreckstellung, bis die Gefahr vorüber ist.

Beide Unkenarten legen den Laich im Frühjahr in Klumpen an Wasserpflanzen oder am Boden des Gewässers ab. Die Laichzeit erstreckt sich vom April bis weit in den Sommer hinein. Nach dem üblichen Kaulquappenstadium gehen die nur $1^1/_2$ cm großen jungen Unken an Land, wo sie, wie ihre Eltern, unter Baumwurzeln und in anderen Höhlungen ihre Winterruhe halten. Beide Unkenarten *sind stark gefährdet und daher streng geschützt.* Ist doch ihr Lebensraum durch das üblich gewordene Zuschütten von Tümpeln und Teichen (außer im Gebirge) sehr bedroht.

Molche

Wo Unken leben, sind auch fast immer **Molche** *(Triturus)* zu beobachten. Sie gehören zu den Schwanzlurchen, sind also mit dem Feuersalamander verwandt. Doch behalten sie ihr ganzes Leben lang den Ruderschwanz, den sonst nur die Kaulquappen haben. Das deutet darauf hin, daß sie mehr dem Wasserleben als dem Leben auf dem Land angepaßt sind, obwohl sie vier Gliedmaßen und Lungen haben. Sie können auch auf dem Lande leben, was manchmal notwendig wird, wenn ihr Wohngewässer austrocknet. Dann verkriechen Sie sich in Erdlöcher, zwischen Steine u. dgl., wo sie die lebensnotwendige Feuchtigkeit noch finden. Alle bei uns lebenden Molcharten legen ihren Laich an die Blätter von Wasserpflanzen. Die Larven benötigen zur Entwicklung das Wasser unbedingt, denn sie atmen durch Kiemen, die sie sehr lange behalten. Zur Paarungszeit bekommen die Männchen ein farbenprächtiges Hochzeitskleid. Das Weibchen wird mit vielfältigen Zeremonien umworben, bevor es zur Begattung kommt. Die bei uns lebenden Arten der Molche sind der Kamm-Molch, der Teichmolch, der Fadenmolch und der Berg- oder Alpenmolch.

Alle Molcharten sind vollkommen geschützt. Zwei von ihnen, der

Kamm-Molch und der Fadenmolch, sind besonders gefährdet. Ihre Bestände gehen vielerorts stark zurück, in einigen Regionen müssen sie als erloschen angesehen werden.

Kamm-Molch

Der **Kamm-Molch** *(Triturus cristatus)* ist der größte Vertreter der Molch-Familie. Er wird 13–16 cm lang und besitzt eine eidechsenähnliche, schlanke Gestalt. Seinen Namen hat er von dem auffallenden Hochzeitskleid des Männchens. Über der dunkelolivgrünen bis graubraunen Oberseite erhebt sich dann ein hoher, gezackter Rückenkamm. Vom Schwanzsaum ist er durch einen tiefen Einschnitt getrennt. An den beiden Seiten des Schwanzes zieht sich ein bläulichweißes, silbern schimmerndes Längsband hin. Auf dem Bauch sind auf dottergelbem Grund große, schwarze Flecken. Nach der Paarungszeit, etwa von Ende Mai an, schwindet der Rückenkamm des Männchens. Von Juni/Juli an verlassen die Kamm-Molche das Wasser und leben versteckt am Ufer. Zur Nahrungssuche jedoch gehen sie immer in ihr eigentliches Element. Sie sind außerordentlich freßgierig. Würmer, Insektenlarven und Schnecken bilden ihre Hauptnahrung. Für das Auffinden der Beute ist der gut ausgebildete Geruchssinn von Bedeutung. Kamm-Molche lieben klare, reich mit Wasserpflanzen bewachsene Teiche. An seinen Larven fallen das sehr fein zugespitzte Schwanzende und die büschelförmigen äußeren Kiemen auf. Der Kamm-Molch lebt vor allem im Flachland und steigt im Gebirge nicht höher als 600 m empor. Im Winter schläft er in frostsicheren Verstecken auf dem Lande.

Fadenmolch

Der **Faden- oder Leistenmolch** *(Triturus helveticus)* ist der seltenste der Familie der Molche. Seinen Namen hat er von dem fadenartigen Fortsatz, den das Männchen am Schwanzende trägt. Er wird nur 7–8 cm lang. Eine an den Körperseiten verlaufende Leiste wurde ebenfalls bei der deutschen Namensgebung verwendet. Der Rückenkamm ist beim Männchen nur schwach ausgebildet. Als einziger Molch hat er zwischen den Zehen der Hinterfüße Schwimmhäute. Im Frühjahr kann man ihn in langsam fließenden Bächen, in Gräben und Tümpeln finden. In Westeuropa ist er häufiger anzutreffen als in Mitteleuropa.

Es gibt noch einige Lurcharten in den Feuchtgebieten, die als gefährdet zu bezeichnen sind, so den Moorfrosch *(Rana arvalis)*, den Seefrosch *(Rana ridibunda)*, die Geburtshelferkröte *(Alytes abstetricans)*, die Wechselkröte *(Bufo viridis)*, die Knoblauchkröte *(Pelobates fuscus)* und die Kreuzkröte *(Bufo calamita)*. Für den Laien sind die einzelnen Arten schwer zu unterscheiden. *Alle sind sie durch das Naturschutzgesetz vollkommen geschützt.* Um sie zu erhalten, ist aber die Unterschutzstellung der noch vorhandenen Feuchtbiotope unerläßliche Voraussetzung.

III. Trockene Wiesen, sonnige Hügel (Steppenheiden)

Zu den wenigen, vom Menschen ganz unbeeinflußt gebliebenen Gebieten zählen neben den Mooren die in Mitteleuropa verhältnismäßig seltenen Trockengebiete. Wir finden sie in größerer Ausdehnung auf den durch die Eiszeit geschaffenen Lehm- und Mergelböden der Norddeutschen Tiefebene. Man nennt diese Flächen ›Geest‹; sie finden sich an steilen, trockenen Hängen der Flußtäler und der Moränen. Auch in Süddeutschland sind solche ›Steppenheiden‹ an sonnigen Felshängen der Mittelgebirge, vor allem des Jura, und an den nach Süden geneigten Hängen des voralpinen Moränenlandes noch anzutreffen. Die Voraussetzungen zur Entwicklung einer Lebensgemeinschaft sind dort ungünstig:

Biotop

der Boden ist karg, oft besteht er aus Kalkgeröll. Die Sonne dörrt ihn aus, das Regenwasser läuft rasch ab. Grundwasser ist für die Pflanzenwurzeln an solchen Stellen nicht erreichbar. Es können sich also nur solche Pflanzen ansiedeln, die diesen Klimaverhältnissen angepaßt sind. Das gleiche gilt für die Tierwelt, die ebenfalls der vollen Einwirkung von Licht, Dürre und Wind ausgesetzt ist. Während der Eiszeit waren solche Steppenheiden in Mitteleuropa weit verbreitet, sie nahmen das eisfreie Gebiet zwischen den von Norden und Süden vorgedrungenen Gletscherrändern ein. Auch nach der Eiszeit bestanden sie noch längere Zeit. Sie verlagerten sich vor allem in die vom Eis freigewordenen Moränengebiete, wo wir sie noch heute finden.

A. Bedrohte Pflanzen der Steppenheiden

Besiedelung der Trockengebiete

Wie bei allen Lebensgemeinschaften bestimmt auch die Pflanzenwelt das Bild der Steppenheide. Pflanzen waren es, die als erste in die vom Eis frei gewordenen Gebiete einwanderten. Ein Teil von ihnen drang aus dem Südosten, vom Schwarzen Meer her, nach Mitteleuropa vor. Südosteuropa besitzt weite Flächen, auf denen die gleichen klimatischen Bedingungen herrschen wie auf den Steppenheiden. Andere Pflanzen stammen aus dem Mittelmeergebiet. Es bildete sich also eine Pflanzengesellschaft (= Pflanzenassoziation), die dem trockenen Standort angepaßt ist. Als Leitpflanze kann das Blaugras bezeichnet werden. Seinen Namen hat es von den durch eine Wachsausscheidung bläulich bereiften Blättern. Grundvoraussetzung für alle Pflanzen der Steppenheide ist die Fähigkeit, mit dem wenigen Wasser auszukommen, das der Standort aufzubieten hat. Die Sträucher sind stachelig und haben oft lederige Blätter. Die Blattflächen sind schmal, oft stark behaart

Steppenheide mit Wacholder

Anpassungen der Pflanzenwelt

oder von einer Wachsschicht überzogen, um die Verdunstung so weit als möglich einzuschränken. Die Wurzeln gehen tief in den Boden. Eine Reihe von Steppenpflanzen haben auch unterirdische Organe in Form von Zwiebeln und Knollen entwickelt, in denen sie die Trockenheit des Hochsommers überdauern. Ist also das Überleben der Pflanzenwelt der trockenen Wiesen und sonnigen Hänge schon von Natur aus bedroht, so wurden die meist sehr schönen, farbenprächtigen Blüten schon immer gerne vom Menschen gepflückt, wodurch der Bestand zurückging. Entscheidend für die Minderung der sehr interessanten Flora der Steppenheiden aber waren die Kultivierungsmaßnahmen, mit denen versucht wurde, diese Trockenflächen zu nutzen. Glücklicherweise konnten einige der wertvollsten Steppenheiden rechtzeitig unter Schutz gestellt werden, auf denen wir die geschützten Arten noch finden.

Die schönste Zeit der Trockenhänge ist der Frühling. Die Wärme der Sonne ist noch gemäßigt, vom Winter her sind noch genügend Feuchtigkeitsreserven im Boden vorhanden. Daher blühen die meisten Pflanzen der Steppenheide vom Vorfrühling bis zum Frühsommer. Im heißen Hochsommer liegt sie braun und vertrocknet da, erst gegen den Herbst zu künden wieder einige Blüten, daß das Leben auf der trockenen Halde nicht erloschen ist.

Federgras

Das **Federgras** *(Stipa pennata)*, auch Wilder Flachs oder Marienflachs genannt, ist eine charakteristische Erscheinung der Steppenheide. In der ungarischen und ukrainischen Steppe kommt es in riesigen Beständen vor. Die südrussische Federgras-Steppenzone ist stellenweise über 1000 Kilometer breit und reicht bis über den Ural hinaus. In Mitteleuropa kommt das Federgras nur sehr zerstreut vor, vor allem in den wärmsten Gebieten Süddeutschlands: an der Donau, im Oberrhein-, Main- und Nahegebiet, ferner in den trockenwarmen Landschaften Thüringens und Sachsens. In den küstennahen und daher niederschlagsreicheren Teilen Deutschlands, insbesondere im Nordwesten, fehlt es völlig, im Nordosten ist es auf das untere Oderbecken beschränkt. Gegen Beschattung ist es außerordentlich empfindlich. Sobald an seinem Standort Buschwerk aufkommt, verschwindet es.

Aussehen

Das Federgras ist eine sehr auffallende Pflanze. Die Halme werden 60 bis 100 cm hoch. Sie tragen einen 25 cm langen ›Federschopf‹. Dieser kommt dadurch zustande, daß die Grannen der Blütenrispe mit federartig abstehenden, seidenweichen, milchweißen Haaren besetzt sind. Der Namen ›Federgras‹ ist daher ganz berechtigt. Löst man ein einzelnes Federchen aus der Rispe, so erkennt man an seinem unteren Ende die Frucht. Nun erweist sich auch die Bedeutung der ›Federn‹: sie sind stark hygroskopisch (= Feuchtigkeit anziehend) und daher an trockenen Tagen korkzieherartig gedreht. Der Wind trägt die befiederten Grannen weit übers Land. Fallen sie zu Boden, bohrt sich die Frucht mit ihrer harten Spitze durch Drehbewegungen der Granne in die Erde. Die Blätter des Federgrases sind borstenartig, blaugrün gefärbt und zu einem dünnen Rohr zusammengerollt, eine Einrichtung, welche die Verdunstung stark herabsetzt und es der Pflanze ermöglicht, an sonnendurchglühten, trockenen Südhängen auszuhalten.

Das Federgras bietet zur Zeit der Fruchtreife, wenn der Wind die federartigen Fruchtstände hin- und herwogen läßt, einen prachtvollen Anblick und es ist verständlich, daß es von Ausflüglern als Trockenstrauß begehrt ist. Aber seine Seltenheit, nicht zuletzt bedingt durch Kultivierungsarbeiten, macht seinen Schutz dringend notwendig. *Vor allem müssen die wenigen Standorte,* an denen es noch in nennenswerten Beständen vorkommt, *als Naturdenkmal unter Schutz gestellt werden.*

Das Frühlingsadonisröschen, eine pontische Pflanze

Federgras

Frühlings-adonis-röschen

Auch das **Frühlingsadonisröschen** *(Adonis vernalis)*, das schon im April seine leuchtendgelben Blütensonnen entfaltet, stammt aus Südosteuropa. Bei seiner Einwanderung folgte es den großen Stromtälern, deren nach Süden geneigte Hänge ihm günstige Lebensbedingungen gaben. In den Trockengebieten Mitteleuropas kann man es als die Königin der Steppenheidengesellschaften bezeichnen. Der Name der seltenen Pflanze hängt mit einer griechischen Sage zusammen: Adonis war der Liebling der Göttin Aphrodite. Das erregte die Eifersucht des Kriegsgottes Ares. Er schickte dem Adonis, der ein leidenschaftlicher Jäger war, einen wilden Eber entgegen, der diesem eine tödliche Verletzung zufügte. Aphrodite vergoß um den toten Geliebten heiße Tränen, aus denen die leuchtenden Blütensterne des Adonisröschens wurden.

Aus dem Wurzelstock der Pflanze entspringen mehrere Stengel, die nur zum Teil Blüten tragen. Die Blätter sind zum Schutz vor Austrocknung mehrfach fiederschnittig, also in schmale Zipfel zerteilt. Die auffallenden Blüten haben einen Durchmesser von 3–7 cm und tragen 10–20 leuchtendgelbe Blütenblätter. Sie sind es, die vor allem Ausflügler auf die seltene Pflanze aufmerksam machen. Da das Adonisröschen in der Medizin eine Rolle spielt,

Giftig

Küchenschelle

wurde es auch als *Heilpflanze* in Mengen gesammelt. Es enthält das Gift Adonidin, das, wie das Digitalin des Roten Fingerhutes, zur Behandlung von Herzerkrankungen verwendet wird. Auch als Diureticum wirkt ein Inhaltsstoff der Pflanze, das Cymarin. In der modernen Medizin wird das Adonisröschen wegen seiner kombinierten Wirkung bei Herz- und Harnbeschwerden geschätzt, nachdem es um die Jahrhundertwende aus der Liste der Heilpflanzen verschwunden war. Um die gewünschten Stoffe zu gewinnen, sammelt man das Adonisröschen nicht mehr in der freien Natur, sondern kultiviert es in Heilpflanzengärten. Die wenigen mitteleuropäischen Standorte an der Oder, im Thüringer Becken, im Maintal, auf den Keuperböden um Ansbach und auf den Heiden der Oberbayerischen Hochebene stehen meist als Naturschutzgebiete unter Schutz. Nur durch die Erhaltung der Standortbedingungen kann die seltene Pflanze erhalten werden.

Küchenschelle

Etwa um die gleiche Zeit wie das Adonisröschen blüht die **Küchenschelle** *(Pulsatilla)*. Sie kommt in vier verschiedenen Arten vor. Für die Steppenheiden charakteristisch ist die Echte Küchenschelle *(Pulsatilla vulgaris = Anemone pulsatilla)*. Wir finden sie immer auf Kalkboden. Oft wird sie auch als Osterglocke bezeichnet, denn meist öffnen sich schon um die Osterzeit ihre violetten Blüten, zu denen die dottergelben Staubgefäße in reizvollem Kontrast stehen. Die ganze Blüte ist zottig behaart, nicht um sie vor der zur Blütezeit meist noch herrschenden Kälte zu schützen, sondern um eine übermäßige Wasserabgabe zu verhindern. Die Form der Blüte ist die eines Glöckchens, was sich auch im deutschen wie im wissenschaftlichen Namen niederschlägt. Mit der Küche hat sie allerdings nichts zu tun. Besser ist die Bezeichnung Kuhschelle. Die Verkleinerungsform ›Kühchen‹ führte zu der heute meist üblichen Bezeichnung Küchenschelle. Der Name *Pulsatilla* kommt vom lateinischen *pulsare* = schlagen, läuten, deutet also gleichfalls auf die Blütenform hin.

Giftig

Die Küchenschelle gehört zur Familie der Hahnenfußgewächse, ist also wie diese *giftig*. Früher wurde sie gerne gegen Keuchhusten und Asthma, auch gegen Schwindelanfälle verwendet. Da sich ihr wirksamer Bestandteil, das Anemonin oder Pulsatillin, leicht zersetzt, ist sie aus der Liste der Heilpflanzen verschwunden.

Der wissenschaftliche Zweitname *vulgaris* = gewöhnlich weist darauf hin, daß es noch andere Arten der Küchenschelle gibt. Da ist zunächst die Wiesenküchenschelle *(Pulsatilla pratensis)*. Wie schon der Name sagt, wächst sie auf trockenen Wiesen. Sie ist seltener als die Echte Küchenschelle. Die Frühlingsküchenschelle *(Pulsatilla vernalis)* ist weit verbreitet auf ungedüngten Matten des Hoch- und Mittelgebirges. Die Alpenküchenschelle *(Pulsatilla alpina)* schließlich kommt auf den Matten der Alpen vor. Sie hat, im Gegensatz zu ihren Verwandten, weiße Blüten. *Alle Küchenschellenarten sind streng geschützt. Sie gehören zu den äußerst gefährdeten Pflanzen.*

Orchideen

Die kostbarsten Blütenpflanzen der Trockenrasen-Gesellschaft sind die **Insektenorchis-Arten** *(Ophrys)*. Wir haben beim Knabenkraut bereits auf die Sonderstellung der Orchideen unter den Blütenpflanzen hingewiesen. Ihr Blütenbau unterscheidet sie grundlegend von den übrigen Pflanzen, vor allem was die Bestäubungseinrichtung angeht. Die Gattung der Ophrysarten täuscht mit den Blüten, die in einer lockeren Ähre stehen, verschiedene Insekten vor. Was damit bezweckt wird, ist nicht vollständig geklärt. Die in Mitteleuropa vorkommenden Arten lieben Kalkboden und sind nur mehr sehr selten auf unseren Steppenheiden zu finden. Am bekanntesten ist die **Fliegenorchis** *(Ophrys insectifera = muscifera)*. Ihre Namen – sie wird auch Mückenorchis, Fliegenragwurz und Fliegenblume genannt – sagen uns schon, daß die Blüte einer Fliege sehr ähnlich sieht. Die dunkelbraune, sehr lange und schmale Lippe gleicht dem Leib, ihre Seitenlappen erinnern deutlich an die Flügel. Andere Blütenblätter täuschen die Fühler vor. Bei der **Bienenorchis** *(Ophrys apifera)* ist die Unterlippe stark gewölbt und mit gelblichen Zeichnungen versehen. Außerdem kommen im Gebiet der Steppenheiden noch vor die **Hummelorchis** *(Ophrys fuciflora)* und die **Spinnenorchis** *(Ophrys sphegodes = aranifera)*.

Fliegenorchis *(Abb. S. 124)*

Alle Ophrys-Arten (= Ragwurz-Arten) verändern die Blütenform und Blütenfarbe häufig, die Spinnen- und die Fliegenragwurz bilden sehr schwer voneinander zu unterscheidende Bastarde. Dieser Formenreichtum hat die Gattung zu einer der interessantesten innerhalb der Familie der Orchideen werden lassen. Viele Arten kommen im Mittelmeerraum vor, von wo aus sie sich wohl bis nach Mitteleuropa verbreitet haben. Beobachtungen haben ergeben, daß die Blüten kaum von Insekten besucht werden und daher meist keine Samen bringen. Es scheint fast, als ob die Pflanze den Eindruck erwecken wollte, daß schon ein Bestäuber auf ihr säße. Jedenfalls scheint Blütenform und Blütenfarbe nicht anlockend, sondern eher abschreckend auf bestimmte Insekten zu wirken. Versuche haben das bewiesen. Wenn man z. B. an Blüten von anderen Pflanzen (Päonien, Beinwell, Zaunrübe) Ragwurzblüten befestigt, schwenken Hummeln und Bienen, die diese Blüten sonst besuchen, ab. Bei uns wurde beobachtet, daß lediglich eine Grabwespe und die Graue Fleischfliege sich auf der Blüte einer Fliegenragwurz niederließen. Ob dabei eine Bestäubung erfolgte, ist unbekannt. Beobachtungen im Mittelmeergebiet haben ergeben, daß dort wachsende Ragwurzarten offenbar durch Form und Duft die Männchen einer Dolch- und Grabwespenart anlocken. Die Männchen dieser Insekten erscheinen vor den Weibchen. Sie lassen sich auf der Blüte einer Ragwurz nieder und vollführen Bewegungen, die den bei der Begattung üblichen entsprechen. Dabei werden der Wespe die Staubkölbchen angeheftet. Es scheint also, als täuschten die Lippen dieser Ophrys-Art den Männchen ein weibliches Exemplar ihrer Art vor, das sie zu begatten versuchen. Für unsere mitteleuropäischen Ragwurzarten liegen solche Beobachtungen noch nicht vor. Die mangelnde Samenbildung läßt nur die Vermehrung durch Knollen zu, von denen jedes Jahr nur eine neu gebildet wird. Das erklärt auch die Seltenheit unserer Ragwurzarten. Sicher sind über die Blütenbiologie dieser Orchideen noch manche interessante Beobachtungen zu machen. *Ihr Schutz sollte jedem am Herzen liegen.*

Bedeutung der Blütenform

Im Oberrheingebiet, vor allem am Kaiserstuhl, wachsen zwei sehr seltene, die Trockensteppe liebende Orchideen, die **Riemenzunge** *(Himantoglossum hircinum)* und der violette **Dingel** *(Limodorum abortivum)*. Beide sind Kinder des Südens, wie die Ragwurzarten auch. Während aber die meisten Steppenheidepflanzen donauaufwärts in das mitteleuropäische Gebiet einwanderten – man nennt sie daher auch pontische (d. h. vom Schwarzen Meer = *Pontus Euxinus* kommende) Pflanzen, sind Riemenzunge und Dingel durch die Burgundische Pforte in nordöstlicher Richtung von Südfrankreich aus zu uns gelangt.

Felsennelke (Abb. S. 126)

Stark besonnte Felsbänder, die oft die Hänge der Steppenheiden durchziehen, sind die Standorte der **Pfingsnelke**, auch **Felsennelke** genannt *(Dianthus gratianopolitanus)*. Hinsichtlich ihres Standorts

Fliegenorchis, Einzelblüte (Text S. 123)

Fliegenorchis, Blütenstand

ist sie nicht wählerisch, sie kommt auf Kalkgestein ebenso vor wie auf Schiefer oder Basalt. Der hechtgrüne Stengel sowie die schmalen, lanzettlichen Blätter sind mit einer dünnen Wachsschicht überzogen, um übermäßige Verdunstung zu verhindern – eine Anpassung an den klimatisch extrem trockenen Standort. Die zart rosa gefärbten Blüten können nur von Tagfaltern bestäubt werden. Nur diese Insekten können mit ihrem langen Rüssel in die enge Kelchröhre gelangen, die den Zugang zum Nektar erschwert. Um Honigräubern vorzubeugen, sind in der Kelchröhre noch Schuppen angebracht, die als weiterer Schutz ungebetene Blütengäste fernhalten.

Tagfalterblume

Die Pfingstnelke ist durch ihren feinen Duft und ihre zartroten Blüten seit langem begehrt. Häufig wird sie von Steingartenliebhabern ausgegraben, obwohl sie *unter strengem Schutz* steht. Schon in den mittelalterlichen Burggärten wurde sie gezogen. Zahlreiche Züchtungen für die Gärten gehen auf die Wildform aus der Steppenheide zurück.

Pfingstnelke *(Text S. 124)*

Diptam

Diptam

Mit dem Auftreten der Steppenheiden fällt das Verbreitungsgebiet einer für Süd- und Mitteleuropa kennzeichnenden Pflanze zusammen. Es ist der **Diptam** *(Dictamnus albus)*. Nur auf sonnigen, trockenen Standorten über kalkhaltigem Boden finden wir die stattliche, 60 bis 120 cm hohe Pflanze. Wo sie wächst, da kommt sie meist gesellig vor, denn sie besitzt einen knotigen, stark verästelten Wurzelstock, aus dem sie mehrere Stengel treibt. Die Blätter des Halbstrauchs erinnern an Eschenblätter. Hält man sie gegen das Licht, so erscheinen sie punktiert. Das kommt daher, daß in ihnen viele kugelige Öldrüsen verteilt sind. Nicht nur die Blätter, die ganze Pflanze ist von Drüsen bedeckt, die ein zitronenartig duftendes, ätherisches Öl enthalten. An heißen Tagen verdunstet es und läßt sich entzünden. Deshalb hat der Diptam auch den Namen ›Brennender Busch‹ erhalten. Bei Windstille und Dunkelheit ist das aufflackernde bläuliche Flämmchen recht beeindruckend.

Auch die rosenroten, purpurn geaderten Blüten enthalten dieses ätherische Öl. Aus der Mitte der großen Blüten ragen die Staubfäden mit den orangefarbenen Staubbeuteln und der fadenförmige Griffel heraus. Letzterer ist erst nach der Reife der Staubgefäße

befruchtungsfähig. Aus den befruchteten Blüten entstehen Samenkapseln, die beim Austrocknen knisternd aufreißen und die glänzenden Samen bis zu 2 m weit fortschleudern.
Der Name *Dictamnus* leitet sich von dem Berg Dicte auf Kreta ab, das griechische Wort *thamnos* bedeutet Strauch, der Beiname *albus* = weiß deutet auf die weiße Wurzel hin. Diese wird in der Volksheilkunde noch heute in Form von Tee gegen Eingeweidewürmer und als harntreibendes Mittel verwendet. Gerade diese Eigenschaft, als *Heilpflanze* Verwendung zu finden, hat viel zur Gefährdung des Diptam beigetragen.
Es ist nicht verwunderlich, daß eine so auffallende Pflanze auch in der Sage Eingang gefunden hat. Über seine Entstehung erzählt man sich in Italien folgendes Märchen: Einige Menschenalter vor Äskulap lebte auf Kreta ein berühmter Arzt namens Diptam. Seine Zeitgenossen glaubten, er kenne ein Geheimmittel, mit dem er alle Krankheiten heilen könne. Vor seinem Tode baten ihn seine Freunde, ihnen doch dieses zu verraten. Diptam beteuerte, daß er kein Geheimmittel habe. Wenige Wochen nach seinem Tode wuchs aus seinem Grab eine bis dahin unbekannte Pflanze mit eschenartigen Blättern und würzigem Duft. Die Bewohner Kretas gaben ihr den Namen des berühmten Arztes und benützten sie fortan zur Heilung von zahlreichen Krankheiten.

Namengebung

In Deutschland wird sie seit dem 12. Jahrhundert als Heilpflanze verwendet und daher gerne in Bauerngärten kultiviert. Heute ist der *Diptam vollständig geschützt.* In der Pharmazie wird er nicht mehr verwendet, da seine Inhaltsstoffe: Dictamin, Dictamnolacton, Bitterstoffe und Saponine nicht beständig sind. Schon nach kurzer Zeit erleiden Dictamnus-Drogen beim Lagern starke Verluste ihrer wirksamen Stoffe. Lediglich in der Homöopathie bedient man sich noch des Diptam.

Steinrösl

Schon beim Gang durch den Vorfrühlingswald haben wir den streng geschützten Seidelbast kennengelernt. Eine andere Art treffen wir auf den Steppenheiden, das **Wohlriechende Steinrösl** *(Daphne cneorum)*. Es findet sich nur auf Kalkverwitterungsböden und ist daher in seiner Verbreitung begrenzt. So treffen wir dieses Zwergsträuchlein mit den lederartigen, winterharten Laubblättern vor allem in Süddeutschland an, wo es im Schwäbischen und im Fränkischen Jura und auf den ›Heiden‹ der schwäbisch-bayerischen Schotterebene, vorzugsweise im Gebiet der Isar und des Lech vorkommt. Im Gebirge steigt es bis 1300 m empor, doch ist dort eigentlich eine nahe verwandte Art zuhause, das **Gestreifte Steinrösl** *(Daphne striata)*. Beide Arten haben viele gemeinsame Merkmale. Wir können sie nur durch die Behaarung der Zweige bzw. durch das Fehlen derselben voneinander unterscheiden. Die Zweige des Wohlriechenden Steinrösls sind kahl. Das Gestreifte wächst nur in Höhen zwischen 1700 und 2200 m.

Das Wohlriechende Steinrösl blüht im Mai und Juni. Die rosafarbenen Blüten stehen in Büscheln an der Spitze der Zweiglein. Sie strömen einen starken, an Nelken erinnernden Duft aus. Dadurch werden die Bestäuber der nur 10 bis 40 cm hohen Pflanze angelockt. Es sind durchwegs Falter. Wie seine Verwandten gehört es zu den Falterblumen.

Tagfalterblume

Der lateinische Beiname *cneorum* kommt aus dem Griechischen. *Knao* heißt: ich kratze. Das deutet auf die *Giftigkeit* der Pflanze hin, die übrigens für alle Seidelbastarten kennzeichnend ist.

Giftig

Das Wohlriechende Steinrösl ist, wie alle Seidelbastarten, *streng geschützt.* Wegen seines Duftes und seiner Schönheit wird dem Sträuchlein vor allem von Wanderern und Wildblumenhändlern stark nachgestellt. Steingartenliebhaber versuchen immer wieder, es auszugraben und umzupflanzen, doch ist das ein aussichtsloses Unternehmen, da der Wohlriechende Seidelbast das nicht verträgt.

In den Hochsommermonaten liegt die Steppenheide sozusagen in einem Trockenschlaf. Braun und verdorrt sind die Gräser, die meisten Blütenpflanzen haben sich in ihre unterirdischen Speicherorgane zurückgezogen. Erst im Herbst beleben nochmals Farben den braunen Rasen.

Silberdistel

Zu den schönsten Herbstboten gehört die **Silberdistel** (*Carlina acaulis,* Wetterdistel, Stengellose Eberwurz). Gerne wächst sie auf kalkreichem Untergrund, doch gedeiht sie auch auf tiefgründig verwitterten Urgesteinsböden. Im mittleren und südlichen Deutschland ist sie am häufigsten anzutreffen. Der lateinische Name *acaulis* bedeutet stengellos. Der die Blüte tragende Stengel erhebt sich in der Regel nur wenige Zentimeter über den Boden. Doch gibt es eine Variation, Carlina caulescens, die einen bis 30 cm langen Stengel entwickelt. Am auffallendsten sind die weißen Hüllblätter, die bei oberflächlicher Betrachtung als Zungenblüten angesehen werden könnten. Sie umstehen in einem dichten Kranz das eigentliche Blütenkörbchen, in dem Hunderte von Röhrenblütchen auf einem dicht mit Spreuschuppen bedeckten Blütenboden sitzen. Der silbern schimmernde Glanz der Hüllblätter lockt die honigsuchenden Insekten an, die in großer Zahl kommen, um sich noch einmal satt zu trinken, ehe der erste Frost auch die spärlich gewordenen späten Blüten hinwegrafft. Sie haben aber auch noch eine andere Aufgabe, nämlich nachts und bei regnerischem Wetter die Röhrenblüten vor Feuchtigkeit zu schützen. Das Öffnen und Schließen der Blütenköpfe je nach Witterung kommt durch Spannungsunterschiede zustande, die durch Licht und Wärme zwischen den inneren und äußeren Gewebeschichten der Hüllblätter hervorgerufen werden. Die ›Wetterdistel‹ ist also ein gut funktionierender Hygrometer (= Feuchtigkeitsmesser). Auch nach dem Abpflücken behalten die Blüten der Silber-

Blütenkorb der Silberdistel

Hygroskopie

distel ihre hygrometrischen Eigenschaften, was mit ein Grund ist, warum sie an vielen Stellen bereits selten geworden sind. Touristen nehmen den schönen ›Barometer‹ gerne mit nach Hause.

Ein anderer Grund für das Sammeln von Eberwurzblüten sind die Blütenböden, die als Artischoken-Ersatz verwendet werden können. Angeblich schmecken sie, in Salzwasser gekocht, nach Haselnüssen oder Mandeln. Der Name ›Eberwurz‹ wird dahin gedeutet, daß die Wildschweine die stark verholzte Wurzel gerne fressen. Eine andere Deutung besagt, daß sie als Heilmittel bei Schweinekrankheiten geeignet ist.

Der lateinische Gattungsname *Carlina* geht wahrscheinlich auf eine Legende zurück. Im Heer Kaiser Karls des Großen (bzw. Karls V.) war die Pest ausgebrochen. Ein Engel zeigte nachts im Traum dem Kaiser den Gebrauch der Pflanze gegen die Krankheit. Es gibt auch eine andere Deutung des Gattungsnamens. Er soll vom Italienischen *cardina* kommen, was ›kleine Distel‹ bedeutet.

Mancherlei Aberglaube rankt sich um die auffallende Silberdistel, deren früher unverstandene Fähigkeit, sich bei steigender Feuchtigkeit zu schließen, sie zu einer geheimnisvollen Pflanze machte. So sollte die Wurzel das Vieh vor Hexenzauber, den Menschen vor dem bösen Blick bewahren. Sogar der seiner Zeit weit vorausdenkende Paracelsus glaubte, wer eine Eberwurz bei sich trage, könne anderen Menschen die Kraft entziehen und sie auf den Träger übertragen. Bei den Germanen galt die stachlige Pflanze als Verkörperung des zauberkräftigen Totengeistes Mar – daher wohl auch das Märchen vom ›Nachtmar‹, der als unholder Geist den Schlafenden beunruhigt.

Seit alters wird die Silberdistel als *Heilpflanze* verwendet. Schon bei Leonhard Fuchs (1543) finden wir sie als Mittel gegen Bandwürmer, bei Harn-, Nieren- und Magenleiden empfohlen. Die in Essig gesottene Wurzel wird als wirksam gegen Zahnweh und Hautkrankheiten angesehen. Auch gegen Leberleiden und Gallenkoliken findet die Silberdistel Verwendung. Die hohe Meinung, die man früher von der Silberdistel hatte, fand ihren Ausdruck auch in dem Brauch, sie zusammen mit anderen Heilpflanzen in den ›Kräuterbuschen‹ zu binden, der an Mariä Himmelfahrt (15. August) geweiht wurde und Haus und Stall vor Unheil schützen sollte. Die Eberwurz heißt daher noch heute auch Mariendistel.

All diese Aufmerksamkeit, die man der schönen Pflanze zuwendete, hat zu ihrem Rückgang beigetragen. Heute wird sie vor allem für Trockensträuße gesammelt. Um ihre Bestände zu erhalten, hat sie der Gesetzgeber unter die *teilweise geschützten Pflanzen* eingereiht. *Sie darf nicht ausgegraben werden.*

Noch viele andere Pflanzen der Steppenheidegesellschaft verdienen unser Interesse. Meist sind sie aber weniger gefährdet, da sie keine so auffallenden Blüten haben wie die oben aufgeführten. Als Herbstpflanze wäre noch zu nennen der **Gefranste Enzian** *(Gentiana ciliata)*. Er blüht im Gegensatz zu den meisten bekannten Enzianarten von August bis Oktober. Häufig ist er zusammen mit der Silberdistel anzutreffen. Nur auf Kalkboden kann er gedeihen. Genauere Angaben über die Enzianarten finden sich bei der Lebensgemeinschaft Gebirge. *Wie alle Enziane ist auch der Gefranste Enzian vollkommen geschützt.*

Gefranster Enzian

B. Geschützte Tiere der Steppenheiden

Für die Tierwelt dieser Lebensgemeinschaft sind, genau wie für die Pflanzenwelt, die Standortbedingungen ausschlaggebend. Vom kahlen, strauchlosen Hang über dornige Hecken bis zum lichten Hain gibt es viele Übergänge, die einer artenreichen Tierwelt Lebensmöglichkeiten geben.

Wo Gebüsch und lichter Wald die Steppenheide durchsetzen, stellen sich kleinere Säugetiere ein, wie Igel, Wiesel und Dachs. Letzterer lebt aber meist nur zeitweise in diesem Biotop. Das gilt auch für den Fuchs. Dagegen bietet das auf den trockenen Hängen wuchernde Strauchwerk zahlreichen Heckenvögeln Lebensmöglichkeit. Reptilien, z. B. Eidechsen und Schlangen fühlen sich in der warmen, sonnigen Steppenheide wohl, die vielen duftenden Blüten locken blütenbesuchende Insekten an, vor allem Schmetterlinge.

Neuntöter

1. Vögel

Zu den Heckenvögeln, die in den dornigen Hecken der sonnigen Hügel leben, gehören neben Hänfling, Distelfink, Stieglitz, Dorngrasmücke und verschiedenen Ammerarten auch die vier Würgearten, deren *Existenz durch die Zerstörung ihres Lebensraumes durch Kultivierungsmaßnahmen sehr bedroht ist.* Am ehesten können wir auf den Steppenheiden den **Neuntöter** (= Rotrückiger Würger, Dorndreher, *Lanius collurio)* beobachten. Der Name klingt recht unschön. Auch die Bedeutung der wissenschaftlichen Bezeichnung ist wenig sympatisch, denn *lanius* heißt Fleischer und *kollyrion* Raubvogel. Wie kommt es nun zu diesen blutrünstigen Bezeichnungen? Wir wollen den Neuntöter einmal genau beobachten: Er sitzt auf einem erhöhten Zweig eines Weißdornbusches oder einer Schlehenhecke und äugt aufmerksam umher. Manchmal streicht er auch in langsamen Flug, ab und zu rüttelnd, über sein Revier. Plötzlich stürzt er sich auf sein Opfer, das er erspäht hat. Er lebt nämlich ausschließlich von Fleisch. Alle Tiere, die der zu den Singvögeln zählende, etwas mehr als sperlingsgroße Neuntöter überwältigen kann, sind seine Beute. Jungmäuse, Eidechsen, kleine Frösche und Käfer greift er sich. Hat er im Augenblick keinen Hunger, legt er sich einen Vorrat an. Dazu spießt er die erbeuteten Tiere mit einem schnellen Schlag seines hakenartigen Schnabels auf Dornen auf. Deshalb wird er auch ›Dorndreher‹ genannt. Früher glaubte man, er würde erst neun seiner Opfer auf seine Schlachtbank bringen, bevor er zu fressen beginne. Doch das hat sich als unrichtig herausgestellt. Der Neuntöter kann auch wehrhafte Insekten, wie Bienen, Wespen und Hornissen überwältigen.

Neuntöter

Ernährung

Noch ehe sie stechen können, quetscht er den Chitinpanzer dieser Insekten geschickt zusammen, so daß der Stachel am Hinterleib herausragt. Mit einer raschen Bewegung streift er ihn an einer Unterlage ab. Der Rotrückenwürger weiß offenbar genau, welche Insekten sich wehren können. Diese Kenntnis ist ihm angeboren.

Kennzeichen

Der Neuntöter mit seinem kastanienbraunen Rückengefieder ist ein schöner Vogel. Am aschgrauen Kopf zieht ein schwarzer Streifen vom Schnabel über das Auge hinweg. In seinem Gesang imitiert er häufig andere Vogelarten. Das Nest baut ein Neuntöterpaar in den dichtesten Dornhecken, wo es praktisch unerreichbar ist. So kann das Weibchen seine 5–6 gelblichen, gefleckten Eier ungestört ausbrüten. Nach nur einer Brut ziehen die Neuntöter schon im August in ihr afrikanisches Winterquartier.

Außer dem Neuntöter leben bei uns noch der Raubwürger, der Schwarzstirnwürger und der Rotkopfwürger. In ihrer Lebensweise unterscheiden sie sich unwesentlich vom Neuntöter. *Alle sind sie streng geschützt.* Um sie erhalten zu können, ist nicht nur der Schutz der Steppenheiden, sondern auch das Vorhandensein ökologischer Zellen in der Kulturlandschaft notwendig, wo sie in Hecken nisten und auf Bäumen Beobachtungsposten finden können. In der sog. ›Kultursteppe‹, auf der weit und breit kein Baum und keine Hecke zu finden sind, kann sich die Familie der Würger nicht halten.

Uferschwalbe (Abb. S. 133)

Ähnliche Lebensbedingungen wie auf der Steppenheide herrschen im Brutgebiet der **Uferschwalbe** *(Riparia riparia)*. An steilen Lehmwänden, wie wir sie an Flußufern und an Kies- und Sandgruben finden, lebt sie in großen Kolonien zusammen. Im Körperbau und Verhalten ähnelt sie der Rauch- und Mehlschwalbe. Doch hat sie sich nie dem Menschen angeschlossen. Mit Schnäbeln und Füßen bauen die Uferschwalben ihre Nester in den Steilhang hinein. Ein 4–6 cm weites Loch führt in eine bis zu 100 cm tiefe Röhre, an deren Ende sich in einem Kessel das Nest befindet. Leider werden die Nistgelegenheiten immer seltener. Steilufer an Flüssen werden verbaut, Sand- und Kiesgruben nach ihrer Ausbeutung nicht selten mit Müll und Aushub zugeschüttet. Dadurch ist der Lebensraum dieses Vogels, der ab August in sein Winterquartier in Afrika zieht, eng geworden. Selten ist der Schutz des Biotops so eng mit der Erhaltung der Art verbunden wie bei der Uferschwalbe!

Unsere Felder und Wiesen, die wir als Kulturlandschaften bezeichnen, sind meist künstlich geschaffene, offene Landschaften, die durch die starke Sonneneinstrahlung steppenähnliche Lebensbedingungen aufweisen. Dort lebt noch vereinzelt ein Vogel, der

Wachtel

früher sehr häufig war, die **Wachtel** *(Coturnix coturnix)*. Sie gehört zur Ordnung der Hühnervögel und zwar zur Familie der Feld-

Uferschwalbe vor der Nesttröhre

hühner. Ihrem Biotop ist sie durch ihr sandfarbenes, mit dunklen Quer- und hellen Längsstreifen versehenes Gefieder vorzüglich angepaßt. Man bekommt Wachteln sehr selten zu Gesicht. Tagsüber verbergen sie sich im Gras. Erst gegen Sonnenuntergang werden sie munter und trippeln schnellen Schrittes umher, um ihre Nahrung: Insekten, Blattspitzen und Sämereien zu suchen. Größere Strecken legt sie in schnurrendem Flug zurück. Am Abend ertönt auch der Balzruf des Hahns, ein lautes ›bick-bibick‹, auch mit ›pickwerwick‹ verdeutlicht. Als typischer Bodenbrüter legt die Henne in einer mit Gras ausgepolsterten Bodenvertiefung 8–14 gelbgrundige Eier, die bräunlich marmoriert sind. Die Küken, die nach 18–21 Tagen ausschlüpfen, sind Nestflüchter, d. h. sie folgen der Mutter sofort.

Bodenbrüter

Die Wachtel war ursprünglich eine Bewohnerin der Steppen- und Heidelandschaften, hat sich aber als Kulturfolger schon lange an die Wiesen und Felder unserer landwirtschaftlich genutzten Flächen gewöhnt. Unter den Hühnervögeln ist sie der einzige Zugvogel. Im August beginnt sie ihre weite Reise nach Afrika. Sie zieht nachts und fliegt wegen ihrer kurzen, runden Flügel ziemlich tief. Deshalb ist es leicht, sie beim Zug durch die Mittelmeerländer in Netzen zu Tausenden zu fangen. Diese Massenvernichtung ist der Hauptgrund für den starken Rückgang des früher häufigen Vogels. Er zählt zum Federwild und wurde früher im Herbst, wenn er sich für den Zug gemästet hatte, gerne wegen seines wohlschmeckenden Fleisches gejagt. *Heute genießt die Wachtel ganzjährige Schonzeit.*

Braunkehlchen

Ein Bodenbrüter wie die Wachtel ist auch das **Braunkehlchen** *(Saxicola rubetra).* Auf Steppenheiden, Wiesen und Äckern baut es sein Nest aus Gras und Moos. 5–6 grünblaue, rotbraun gesprenkelte Eier legt das Weibchen hinein und brütet sie allein in 13 Tagen aus. Die Jungen sind schon nach 14 Tagen flügge. Während der Brutzeit wacht das Männchen, hoch auf einem Busch sitzend, wobei es sein aus schnalzenden und pfeifenden Tönen zusammengesetztes Lied ertönen läßt. Wie der Name schon sagt, ist bei beiden Geschlechtern das Brustgefieder rostbraun gefärbt. Über dem Auge verläuft ein auffallender weißer Streifen.
Das Braunkehlchen ist ein Insektenfresser, nimmt auch Spinnen, Würmer und Insektenlarven als Nahrung auf. Bei der Nahrungssuche sitzt es meist auf einem hohen Busch oder Pfahl, von wo aus es Ausschau nach Beute hält. Hat das Vögelchen ein Insekt entdeckt, flattert es plötzlich hoch oder stürzt sich auf den Boden hinab, um es zu fangen. Als Insektenfresser ist es ein Zugvogel, der im September seine weite Reise in die Steppen des tropischen Afrika beginnt. Zur Brut kehrt es im April zu uns zurück.
Das Braunkehlchen hat viele natürliche Feinde. Ratten, Mäuse und Wiesel gefährden die Jungen. Sein Lebensraum ist sehr eng geworden, seit die Hecken an den Rainen immer weniger werden. *Nur durch Errichten von Schutzzonen können wir es vor dem Aussterben bewahren.*

Großtrappe

Zum Schluß sei noch ein im mitteleuropäischen Raum fast ausgestorbener Steppenvogel genannt, die **Großtrappe** *(Otis tarda).* Sie ist ein Steppenvogel, der seit dem 12. Jahrhundert in die landwirtschaftlichen Kulturlandschaften Mitteleuropas eingewandert ist. Der Hahn ist nicht nur der größte Vogel Europas, sondern auch der schwerste flugfähige Vogel der Erde. Man hält es kaum für möglich, daß sich ein Tier mit 16 kg Gewicht in die Luft erheben kann. Die Hennen sind wesentlich kleiner und leichter, sie erreichen ein Gewicht von 5–6 kg. Noch im Jahr 1939 gab es in Deutschland und Österreich etwa 6000 Großtrappen. Heute sind es höchstens noch 1200. Sie leben in der DDR, in Niederösterreich und dem Burgenland sowie in Ungarn. Weite Wiesen und Felder dienen ihnen als Lebensraum. Dort finden sie, was sie als Nahrung brauchen, Knospen und Samen, Blätter und allerlei Insekten, z. B. Heuschrecken, Käfer und Fliegen. Die Großtrappe wurde früher gejagt. Heute genießt sie *das ganze Jahr über Schonzeit.*

2. Reptilien

Unsere Steppenheiden sind der ideale Lebensraum für die sonnenhungrigen Reptilien. Diese gehören ja zu den wechselwarmen Tieren, d. h. die Temperatur ihres Blutes paßt sich ihrer Umgebung an, steigt und fällt also je nach der herrschenden Witterung. Da sie weder Haare noch Federn besitzen, nimmt der nur von glatten Hornschuppen bedeckte Körper die Wärme rasch auf, gibt sie aber ebenso schnell wieder ab. Die wechselnde Körpertemperatur wirkt sich auch auf das Temperament der Reptilien aus. Bei warmem Wetter sind sie in ihren Bewegungen äußerst flink und gewandt. Ist es kühl, bewegen sie sich schwerfällig und langsam. *Die meisten Reptilien sind geschützt.*

Zauneidechse

Allgemein bekannt als Bewohnerin trockener, warmer Hänge, von Weg- und Feldrändern ist die **Zauneidechse** *(Lacerta agilis)*. Sie ist die häufigste der in Mitteleuropa vorkommenden Eidechsenarten. Ihre Fortbewegung unterscheidet sich von der der übrigen vierbeinigen Tiere. Da die Beine seitlich aus dem Rumpf hervortreten, können sie sich nur ganz wenig vom Boden abheben. Ihre sehr biegsame Wirbelsäule erlaubt ihnen eine schlängelnde Fortbewegung. Die Beine dienen mehr als Ruder, die den Körper vorwärts treiben. Die Färbung der Eidechsen variiert sehr stark; kaum eine gleicht der anderen. Allen gemeinsam aber ist ein dunkler Rückenstreifen. Beim Weibchen überwiegt an den Seiten eine graubraune Tönung, beim Männchen herrscht Grün vor. Es ist allgemein bekannt, daß der Schwanz der Eidechsen leicht abbricht. Das Abwerfen des Schwanzes ist oft eine das Leben des Tieres rettende

Zauneidechse

Reaktion. Wenn nämlich einer der natürlichen Feinde der Eidechse, etwa ein Raubvogel oder ein Marder, sie ergreift, so wirft sie den Schwanz durch Muskelzug an einer vorgebildeten Stelle ab. Die Bruchlinie geht mitten durch die Wirbel hindurch. Ohne ihr Körperende aber kann sie sich nicht mehr geschickt genug bewegen, da es als Steuerorgan sehr notwendig ist. Daher wächst der abgeworfene Schwanz wieder nach, aber ohne Wirbel, nur mit einer knorpeligen Stütze. Die vorherige Länge und Vollkommenheit erreicht dieser ›Ersatzschwanz‹ allerdings nicht. Manchmal bricht der ursprüngliche Schwanz nicht ganz ab. Dann bildet sich trotzdem ein Ersatz und so entstehen dann zweischwänzige Eidechsen.

Nahrungserwerb

Alles, was sich bewegt und was überwältigt werden kann, dient der Eidechse als Nahrung. Insekten aller Art, Maden, Spinnen und Würmer sind ihre Beute. Neben dem Gesichtssinn bedient sie sich bei der Nahrungssuche auch des Gehör- und des Geruchsinnes. Ohrmuscheln hat sie nicht, doch kann man am Hinterkopf beidseitig eine runde Vertiefung erkennen, die Trommelfelle. Mit Hilfe der gespaltenen Zunge nimmt das Tier Gerüche wahr. Die Geruchsstoffe haften an den beiden Zungenspitzen. Diese werden im Maul in eine Vertiefung des Gaumens geführt, die mit Geruchsnerven besetzt ist. Beutetiere, die sich nicht bewegen, bleiben unbeachtet. Erst wenn sie sich rühren, schnappt sie blitzschnell zu. Viele spitze Zähne am Rande des Mauls halten die sich wehrende Beute fest.

Die Paarungszeit der Zauneidechse beginnt Ende April oder Anfang Mai. Unter den Männchen werden dabei heftige Kämpfe mit Beißereien ausgefochten, bei denen es allerdings kaum Verletzungen gibt. Mitte Juni legt das Weibchen 5–17 schmutzigweiße Eier. Sie haben etwa die Größe eines Sperlingseis, besitzen aber keine harte Schale. Eine pergamentartige Hülle umschließt Embryo und Nahrungsdotter. Als wechselwarmes Tier brütet die Eidechse nicht. Da die Eier an sonnigen, warmen Stellen abgelegt werden, entwickeln sich die Jungen durch Einwirkung der natürlichen Wärmequellen. Im August schlüpfen sie dann aus, nur etwa 5 cm groß, aber sofort in der Lage, sich selbst zu versorgen. Vor Beginn der Winterruhe häuten sie sich, denn das starre Schuppenkleid wächst nicht mit wie die Haut der Warmblüter und wird daher von Zeit zu Zeit abgestreift. Schon im Oktober suchen sich die Eidechsen frostsichere Schlupfwinkel. Dort verfallen sie in eine Winterstarre, während der ihre Körpertemperatur bis nahe 0 Grad absinkt. Erst die Frühlingssonne weckt sie wieder auf.

Mauereidechse

Neben der Zauneidechse lebt in Mitteleuropa noch die aus den Mittelmeerländern stammende **Mauereidechse** *(Lacerta muralis)*. Wir finden sie vor allem in klimatisch bevorzugten Teilen Südwestdeutschlands und Österreichs. Hinsichtlich der Färbung und

Zeichnung des Körpers zeigt diese Art die größten Schwankungen. Im Großen und Ganzen herrscht eine rötlichbraune Färbung vor. In ihrer Lebensweise unterscheidet sie sich nicht von der Mauereidechse.

Smaragdeidechse

Die größte und schönste unserer mitteleuropäischen Eidechsen ist die **Smaragdeidechse** *(Lacerta viridis)*. Wie die Mauereidechse stammt sie aus den Ländern rund um das Mittelmeer. Während die übrigen Arten 15–20 cm lang werden, erreicht sie eine Gesamtkörperlänge von 50–60 cm, allerdings nur in ihrer mittelmeerischen Heimat. Bei uns wird sie 35–40 cm groß. Ihr Schwanz ist fast doppelt so lang wie der Körper. Nur an ausgesprochen trockenen und heißen Biotopen, an Rebhängen, auf felsigen Steppenheiden, in verlassenen Steinbrüchen findet sie die ihr zusagenden Lebensbedingungen in Mitteleuropa. Solche Wärmeinseln sind z. B. das Oberrheingebiet, die Rheinpfalz, das Mosel- und Nahetal, das Donautal und sogar entsprechende Gebiete des Oder- und Weichseltales. In den Südalpen treffen wir sie in allen heißen Tälern. Es ist schwer, die Farbenpracht der Smaragdeidechse zu beschreiben. Ihr Rücken leuchtet in einem prachtvollen Smaragdgrün, in das schwarze Punkte eingestreut sind. Kehle und Wangen schillern in einem wundervollen Türkisblau, vor allem während der Paarungszeit. Die Bauchseite ist einfarbig schwefelgelb bis gelbgrün. Auch die Weibchen zeigen eine ähnliche Färbung, nur nicht so leuchtend.

Hinsichtlich der Vermehrung unterscheidet sie sich nicht wesentlich von ihren Verwandten, aber als größte Echsenart Mitteleuropas gehören zu ihrer Nahrung neben Insekten auch größere Tiere, sogar Mäuse und junge Vögel. In ihrer Beweglichkeit ist sie allen anderen Eidechsenarten überlegen. Leider ist diese prächtige Echse *unmittelbar vom Aussterben bedroht.* Durch den Rückgang der von ihr bewohnten Biotope schwindet ihre Zahl von Jahr zu Jahr. *Ihr Überleben ist unwahrscheinlich, wenn nicht strenge Schutzzonen für dieses vollkommen geschützte Tier ausgewiesen werden.*

Schlangen

Unsere Steppenheiden sind auch bevorzugte Wohngebiete für die in Mitteleuropa beheimateten Schlangen. Wir müssen zwei Familien unterscheiden: die Nattern und die Ottern (= Vipern). Sie sind leicht voneinander zu unterscheiden. Bei den ungiftigen Nattern ist die Pupille des Auges kreisförmig, während die giftigen Ottern eine senkrechte, schlitzförmige Pupille haben. Außerdem ist ihr Körper kurz und dick, der Kopf ist deutlich vom Hals abgesetzt. Bei den Nattern ist das nicht der Fall. *Alle Nattern sind streng geschützt.*

Schlingnatter

Aus der Familie der Nattern treffen wir in den Steppenheiden die **Schlingnatter** (= Glattnatter, *Coronella austriaca)*. Als Wohngebiet bevorzugt sie das südliche Mitteleuropa, im Norden ist sie sehr selten. Im Hochgebirge steigt sie bis zur Höhe von 2000 m empor. Sie wird leider oft mit der Kreuzotter verwechselt, denn sie zeigt die gleiche braune oder graue Gundfarbe wie diese. Zudem laufen auf dem Rücken zwei Reihen dunkelbrauner Flecke entlang, die vor allem bei der in Bewegung befindlichen Schlange das Zickzackband der Kreuzotter vortäuschen können. Ein sicheres Kennzeichen, daß es sich um die harmlose Schlingnatter handelt, ist ein großer, dunkler Fleck am Hinterkopf. Die Kreuzotter hat auf dem Kopf eine X-förmige Zeichnung, die an ein Kreuz erinnert (Name!).

Die Schlingnatter, die durchschnittlich 70 cm lang wird, ist sehr geschickt im Klettern. An Bäumen mit rauher Rinde kann sie ohne Schwierigkeiten emporklettern. Ihren Namen hat sie von ihrer Gewohnheit, die Beute zu umschlingen. Vor allem Eidechsen, die im gleichen Biotop leben, sind ihre Nahrung, ferner Blindschleichen, nur selten eine Maus oder ein Vogel. Letztere sowie Frösche und Kröten, wie sie die Ringelnatter liebt, sind für die Schlingnatter zu große Bissen. Obwohl ihre Bewegungen relativ langsam sind, kann sie eine Eidechse blitzschnell erfassen und mehrfach umschlingen. Nur der Kopf schaut aus den Ringen hervor. Die Natter richtet das vordere Drittel ihres Körpers auf und versucht mit weit geöffnetem Maul die Beute zu erfassen. Mit dem Kopf voran wird diese ganz verschlungen.

Im Gegensatz zu anderen Schlangen ergreift die Schlingnatter,

Schlingnatter

wenn man sie zu fangen versucht, fast nie die Flucht, sondern setzt sich zur Wehr. Zischend richtet sie sich auf und beißt. Doch die kleinen Zähne dringen nur geringfügig in die Haut ein. Für den Menschen ist der Biß völlig ungefährlich.

Vermehrung

Von Oktober bis April hält die Schlingnatter Winterruhe. Im Mai findet die Paarung statt, Ende August legt das Weibchen 3–12 dünnhäutige Eier ab, aus denen sofort die 10–15 cm langen Jungen herauskriechen. Die Schlingnatter ist also lebendgebärend (= ovo-vivipar). Oft haben die jungen Schlänglein schon vor dem Austritt der Eier aus dem Körper der Mutter die Eihüllen gesprengt. Sie sind sofort selbständig und ernähren sich von den jungen Eidechsen, die zur gleichen Zeit aus ihren Eiern schlüpfen. *Die Schlingnatter ist vollkommen geschützt.*

Äskulapnatter

Der Vollständigkeit halber müssen wir noch die **Äskulapnatter** *(Coluber longissimus)* erwähnen, die an den warmen Südhängen der Alpen, vor allem in der Steiermark, lebt. In Deutschland treffen wir sie nur im Taunus, im südlichen Teil des Odenwaldes und bei Passau. Sie ist 1,8 bis 2 m lang und damit die größte Schlange Mitteleuropas. Wie die Schlingnatter, kann sie gut klettern. Ihre Hauptnahrung sind Mäuse. Wird sie angegriffen, beißt sie. Aber der Biß ist harmlos. Wie alle Schlangen, wird sie sehr stark verfolgt. Da sie nur 3–8 Eier legt und demnach nur wenig Nachkommenschaft hat, *steht sie unmittelbar vor dem Aussterben und ist vollkommen geschützt.*

Kreuzotter

Ein kurzes Wort sei auch noch zu der *nicht geschützten* **Kreuzotter** *(Vipera berus),* gesagt.

Die geradezu panische Angst der meisten Menschen vor Schlangen geht vor allem auf diese Otter zurück. Dabei füllt auch die Kreuzotter einen wichtigen Platz im Naturhaushalt aus, denn ihre Hauptnahrung besteht aus Mäusen. Sie ist also durchaus nützlich. Bisse kommen selten vor, Todesfälle sind nur wenige bekannt geworden. Außerdem steht heute ein wirksames Serum gegen Bisse der Kreuzotter zur Verfügung. Eine sinnlose Verfolgung dieser Giftschlange ist durchaus nicht angebracht. Auch eine Giftschlange beißt nur, wenn sie sich angegriffen fühlt. Richtiges Verhalten in der Natur, Vorsicht beim Durchstreifen von Gestrüpp und Dikkungen und feste Wanderstiefel lassen es in der Regel gar nicht dazu kommen, daß man eine Kreuzotter zum Biß reizt.

1. Hilfe

Sollte man aber trotzdem zu den wenigen gehören, die gebissen werden, so bindet man das gebissene Glied zwischen Wunde und Herz ab und trachtet so rasch als möglich einen Artz zu erreichen. Auch wenn die Kreuzotter nicht zu den geschützten Tieren zählt, hat sie ein Recht auf ihr Leben. Durch die immer noch anhaltende Verfolgung ist ihr Bestand in Mitteleuropa rückläufig. *Die Kreuzotter gehört daher zu den stark gefährdeten Arten.*

Lurche Lurche kommen in dem trockenen Lebensraum der Steppenheide nicht vor. Sie besitzen in ihrer Haut keinerlei Schutz gegen übermäßige Verdunstung und würden also in diesem Biotop sehr bald austrocknen.

3. Insekten

Dagegen finden wir dort noch zahlreiche Schmetterlinge, die leider in unserer Kulturlandschaft immer seltener werden. Die Ursache ist das Verschwinden der sog. ›Ödländereien‹, die man heute viel besser als ›ökologische Zellen‹ bezeichnet. Dort wachsen sehr oft die Futterpflanzen für die Schmetterlingsraupen. Die Bodenmeliorationen, deren Ziel es ist, mehr Gras für die Rinderzucht zu erzeugen, ist ebenfalls mit am Verschwinden der farbenbunten Falter schuld. Gewiß wird niemand die Notwendigkeit der Ertragssteigerung der Wirtschaftswiesen bezweifeln, aber es wäre keinesfalls notwendig, alle Raine, lebenden Zäune (= Hecken) und Feldgehölze zu vernichten, nur weil dann ein paar Gabeln Heu mehr geerntet werden können oder eine moderne Erntemaschine

Segelfalter (Text S. 141)

Der Apollofalter, das ›Edelweiß‹ unter den Tagfaltern (Text S. 142)

einmal weniger wenden muß. Es wäre eine dankbare Aufgabe der Flurbereinigungsämter, bei der bäuerlichen Bevölkerung das Verständnis für diese Kleinbiotope zu wecken und deren Bedeutung für die Wirtschaft herauszustellen. Dankbar muß anerkannt werden, daß viele Beamte der Flurbereinigung sich um dieses Ziel bemühen. Doch sollten die häufig vorkommenden Vergehen gegen die Erhaltung ökologischer Zellen strenger geahndet werden.

Segelfalter (Abb. S. 140)

Unter den seltenen und deshalb unter vollkommenen Schutz gestellten Schmetterlingen ist an sonnigen Hängen der Mittelgebirge der **Segelfalter** *(Papilio podalirius)* anzutreffen, der zur Familie der Tagfalter und zur Gattung der Schwanzfalter gehört. Er wird häufig mit dem Schwalbenschwanz *(Papilio machaon)* verwechselt. Doch unterscheiden sich die beiden Arten durch die Länge des pfriemenförmigen Fortsatzes an den Hinterflügeln. Beim *vollkommen geschützten Segelfalter* ist dieser Fortsatz viel länger als beim Schwalbenschwanz. Über den blütenreichen Hängen der Steppenheiden fliegt er von April bis Juni. Die Flügel sind strohgelb gefärbt, an den Vorderflügeln verlaufen von vorn nach hinten meist sechs keilförmige schwarze Binden. Besonders auffallend sind die Hinterflügel gezeichnet. Der Hinterrand ist sanft ausgebuchtet und trägt in jeder Bucht hinter einem schwarzen Saum einen wunderbar blau gefärbten Mondfleck. Am Innenrand der Hinterflügel ist ein matt rostgelb gefärbter Augenfleck. Die Weibchen legen ihre Eier an die Blätter von Schlehe, Weißdorn, Eberesche, Pflaume, Birn- und Apfelbaum. An den Obstbäumen kommen die Raupen leider selten zur Verpuppung, da die Spritzungen mit Insektiziden natürlich auch Eier und Raupen des Segelfalters vernichten. Die Raupe ist unbehaart, grün gefärbt und hat rotbraune Flecken und gelbe Seitenstreifen. Hinter dem Kopf besitzt sie einen fleischigen, gabelförmigen Anhang, eine sog. ›Nackengabel‹. Wenn die Raupe gereizt wird, stülpt sie diese aus. Die Bedeutung dieses Organs ist noch nicht restlos geklärt. Vermutlich stellt es ein Schreckmittel dar. Nach sechs Wochen verpuppt sich die Raupe. Die Puppe überwintert.

Apollofalter *(Abb. S. 141)*

Noch viel seltener als der Segelfalter ist der **Apollofalter** *(Parnassius apollo).* Wegen seiner zahlreichen Unterarten ist er von Sammlern sehr begehrt. Seine Ausrottung an vielen Orten ist einzig auf die Sammelleidenschaft der Liebhaberentomologen zurückzuführen. Sie streben, wie jeder Sammler, nach Vollständigkeit. Das hat dazu geführt, daß der Apollo in unglaublichen Mengen gesammelt und gehandelt wurde. *Heute ist der Apollo vollständig geschützt.*

Der auffallende Schmetterling hat eine Flügelspannweite von 7–9 cm und fliegt von Anfang Juni bis Mitte August. Seine weißen Vorderflügel haben schwarze Flecken. Besonders schön ist die Zeichnung der Hinterflügel. Sie tragen scharlachrote, schwarz umrandete Augenflecken. Bei manchen Unterarten ist der rote Augenfleck im Innern weiß. Das Weibchen des Apollofalters legt seine Eier an die Blätter der Fetthenne (Sedum album). Diese Futterpflanze kommt nur in gebirgigen Gegenden vor, z. B. im Jura, im Schwarzwald und in anderen Mittelgebirgen, natürlich auch in den Alpen. Die samtschwarze Raupe frißt nur zur heißesten Tageszeit. An den Seiten hat sie stahlblaue Flecken und eine rote Fleckenreihe. Auch sie besitzt eine ›Nackengabel‹, die orangerot gefärbt ist.

Puppenräuber

Unter den Käfern ist der **Puppenräuber** *(Calosoma sycophanta) vollständig geschützt.* Er gehört zu den schönsten und auffälligsten Käfern. Seine Flügeldecken schimmern grün und rotgolden und heben sich von seiner stahlblauen Grundfarbe prächtig ab. Er zählt zu den Laufkäfern. In der biologischen Schädlingsbekämpfung spielt er eine bedeutende Rolle. Vor allem Waldschädlinge wie Prozessionsspinner, Nonne und Kiefernspinner dezimieren er und seine Raupe beträchtlich. Beide erklettern in Jahren, in denen die genannten Waldschädlinge massiert auftreten, die Bäume und holen sich ihren Anteil. Je reichlicher ihnen der Tisch gedeckt ist, desto zahlreicher treten die auffallenden Puppenräuber auf. Leider fallen viele von ihnen der chemischen Schädlingsbekämpfung zum Opfer. – Im Winter verkriecht sich der sehr nützliche Käfer unter Laub und Moos. Die Fortpflanzungszeit fällt ins späte Frühjahr. Nachdem die Larven genügend Nahrungsreserven in ihrem Körper

gesammelt haben, verpuppen sie sich im Boden. Der Puppenräuber hat eine für ein Insekt sehr lange Lebenszeit. Er kann drei Jahre alt werden. Während dieser Zeit vertilgt er eine erstaunlich große Zahl von Insekten. Ein einziger Käfer benötigt zur Stillung seines Hungers im ersten Lebensjahr 200–300 Schädlingsraupen, nach der ersten Überwinterung 300–400. Die Larven brauchen, wie durch Versuche ermittelt wurde, bis zur Verpuppung entweder 40 ausgewachsene Schwammspinnerraupen oder 80–90 kleinere Raupen. Wegen der großen Mengen der forstschädlichen Raupen, die der Käfer vertilgt, ist er sehr nützlich und genießt vollkommenen Schutz. Wegen seines Nutzens haben ihn die Amerikaner zur biologischen Schädlingsbekämpfung in den USA eingeführt.
Viele Pflanzen und Tiere, die zu den Seltenheiten gehören, leben in den Steppenheiden. Diese sind daher keine Ödländereien, sondern wertvolle biologische Rückzugsgebiete.

Das Hochgebirge gliedert sich in verschiedene Höhenstufen, deren Lebewesen meist extreme Anpassungen an die dortigen Lebensbedingungen zeigen

IV. Das Hochgebirge

Das Hochgebirge zeigt von allen Lebensräumen die größte Mannigfaltigkeit an Lebensbedingungen. So finden wir alle bisher besprochenen Lebensräume auch im Gebirge wieder. Doch kommen in den Alpen noch weitere hinzu, in denen Pflanzen und Tiere leben, die den extremen Umwelteinflüssen des Hochgebirges besonders angepaßt sind. Denn das Alpengebiet zeigt hinsichtlich seiner geologischen und klimatischen Beschaffenheit außerordentlich große Unterschiede. Es ist also nicht möglich, für den Lebensraum Alpen einheitliche Gesichtspunkte herauszuarbeiten, wie wir das in den vorher behandelten Kapiteln tun konnten. Wir müssen vielmehr die vertikale Gliederung des Hochgebirges bei unseren Betrachtungen zugrunde legen. Mit einer Wanderung vom Tal zum Gipfel verändern sich die Lebensräume und die Lebensbedingungen entscheidend.

Höhenstufen

Jedem Besucher der Alpen sind die nach den vorherrschenden Pflanzenarten benannten *Höhenstufen* bekannt. In der **Waldstufe** (= montane Stufe) treffen wir Pflanzen und Tiere, die auch in den Wäldern des Voralpenlandes und in der Ebene heimisch sind. Sie reicht an den Nordabhängen bis in eine Höhe von 1750 m, an den Südhängen bis 1830 m. Im Wallis reicht die Waldregion sogar bis an die 2000 m-Linie heran. Die Zusammensetzung des Waldes ändert sich mit steigender Höhe. In den tieferen Lagen finden wir den Laubmischwald. Er findet seine Grenze bei 1200 m. Darüber dominieren Nadelbäume: Fichte, Tanne und Lärche. Dieser Nadelwaldgürtel wird als *subalpine Stufe* bezeichnet. Sie findet ihr Ende an der Baumgrenze, wo die äußersten Vorposten des Waldes als ›Wettertannen‹ dem Hochgebirgsklima Trotz bieten. Als der höchststeigende Baum geht nur die **Arve** (= Zirbelkiefer, *Pinus cembra*) noch etwas über die eigentliche Baumgrenze hinaus. Sie gehört zu den Kiefern. Von den übrigen in Mitteleuropa wachsenden Arten ist sie leicht zu unterscheiden, da in einem sog. Kurztrieb fünf Nadeln zusammenstehen. Bei den anderen Kiefern sind es nur zwei. Die Zirbelkiefer braucht zum Gedeihen hohe Luftfeuchtigkeit. Die oft heftigen Stürme an der Baumgrenze lassen sie nicht höher als 20 m werden. Sie wächst auch sehr langsam. Erst in einem Alter von 200 Jahren hat sie ihr Längenwachstum beendet. In manchen Gebieten der Alpen ist die Arve sehr selten geworden. Sie hat ein sehr schönes Holz, das gerne zu Schnitzarbeiten und zur Vertäfelung von Zimmern verwendet wird. So wurden mehr Zirbelkiefern geschlagen als nachwuchsen. Die Samen der Arve sind eßbar. Sie werden als Zirbelnüsse bezeichnet. Wegen des starken Rückgangs ist die Arve *in Österreich teilweise geschützt.*

Arve *(Abb. S. 147)*

Die geschützten Pflanzen und Tiere der gesamten Waldstufe sind im wesentlichen die gleichen wie in den Wäldern der Ebene und der Mittelgebirge. Wir brauchen sie daher an dieser Stelle nicht mehr zu erwähnen.
Über der Waldgrenze kommen wir in das Gebiet der typischen Alpenpflanzen und -tiere. Es ist die *alpine Stufe,* die sich wieder in verschiedene Zonen gliedert: in den Zwergstrauchgürtel, den Mattengürtel und den Gürtel der Geröll- und Felspflanzen. Letzterem kann man noch den Polsterpflanzengürtel angliedern. Die alpine Stufe reicht je nach Nord- oder Südlage bis in die Höhen von 2200–3100 m. Dort beginnt die Schneeregion, die auch als die *nivale Stufe* bezeichnet wird. Diese Höhenstufen sind bedingt durch das mit der Höhe allmählich wechselnde Klima, das durch starke Niederschläge mit Nebelbildung, hohe Intensität der Sonnenstrahlung und bedeutende Heftigkeit der Windströmungen gekennzeichnet ist. Zu den Wirkungen des Klimas gesellt sich noch die Verschiedenheit des Bodens. Kalk- und Urgesteinsböden zeigen eine ganz verschiedene Flora, gedüngte Böden haben eine ganz andere Pflanzenwelt als ungedüngte, auf nassen Böden gedeihen andere Pflanzen als auf trockenen. Die Tierwelt richtet sich nach den Pflanzengesellschaften, auf die sie direkt oder indirekt angewiesen ist. Im folgenden sollen die in der alpinen Stufe anzutreffenden Lebewesen, die gesetzlichen Schutz genießen, aufgeführt werden. Bereits bei anderen Lebensstätten genannte Pflanzen und Tiere werden nur mehr am Rande Erwähnung finden.

A1. Die Zwergstrauchstufe

Latsche

Sie ist in den Kalkalpen gekennzeichnet durch die **Latsche** (= Legföhre, Bergkiefer, *Pinus mugo*). Im Hochgebirge hat sie meist niederliegende und knieförmig aufsteigende Stämme, weshalb sie auch als Knieholz bezeichnet wird. Die Äste sind bogenförmig nach oben gekrümmt, die Rinde dunkel, die Knospen harzig. An den Hängen, an denen sie wächst, bildet sie fast undurchdringliche Dickichte. Sie bietet einen wirksamen Schutz gegen Lawinen und Steinschlag. Die Nadeln der Latsche enthalten ein ätherisches Öl, das in der Medizin sehr verbreitet Anwendung findet. Bei allen Erkrankungen der Luftwege kann Latschenkiefernöl als Inhalationsmittel mit guten Erfolgen verwendet werden. Gerne wird es auch in Form von Öl oder Salbe zum Einreiben von Brust, Rücken und Hals bei Erkältungskrankheiten der oberen Luftwege verordnet. Das angenehm duftende Latschenkiefernöl wird oft als Badesalz angeboten.
Die Bergkiefer steigt auch in die Hochmoore des Alpenvorlandes hinab. Dort hat sie meist einen kegelförmigen Wuchs.

Latsche oder Legföhre

Arve oder Zirbelkiefer (Text S. 145)

Außerhalb der Alpen finden wir die Latsche im Bayerischen Wald, im Jura, im Schwarzwald und in den Vogesen. So genügsam sie auch ist, kann sie nicht jeden Boden vertragen. Am liebsten wächst sie auf Kalk; auf Schiefer und Urgestein fehlt sie meist. Neuerdings wird sie gerne zur Befestigung der Sanddünen an den Küsten verwendet. Die reichverzweigten Wurzeln verhindern das ›Wandern‹ der Dünen. Die Bergkiefer wächst sehr langsam und kann 200–300 Jahre alt werden. Wie alle Nadelbäume hat sie getrenntgeschlechtige Blüten, die aber auf **einer** Pflanze zu finden sind, sie ist also einhäusig. Die Bestäubung der dunkelroten weiblichen Blüten erfolgt durch den Wind. Die Samen reifen am Ende des zweiten Jahres, aber erst im Frühjahr des dritten Jahres öffnen sich die holzigen Schuppen und lassen die Samen fliegen. Diese bleiben 2–3 Jahre keimfähig.

Die Latsche steht unter vollkommenem Schutz, was Ausgraben und Beschädigung der Pflanze betrifft. Das fachgerechte Abschneiden von Zweigen ist keine Beschädigung und demnach gestattet. Firmen, die größere Mengen von Latschenzweigen benötigen, um das begehrte Latschenkiefernöl daraus zu destillieren, brauchen von der zuständigen Naturschutzbehörde eine Erlaubnis.

Alpenrose

In Gesellschaft der Bergkiefer wächst fast immer die **Alpenrose**. Sie kommt in zwei Arten vor: auf Kalkgestein finden wir die

Alpenrosen

Behaarte Alpenrose (= Almrausch, *Rhododendron hirsutum*), auf Urgestein dagegen die **Rostrote Alpenrose** *(Rhododendron ferrugineum)*. Beide Arten blühen im Juni und Juli. Sie klettern an den Geröllhängen bis zu einer Höhe von 2800 m empor und überziehen sie mit einer unglaublichen Farbenpracht. Der Botaniker Christ beschreibt mit beredten Worten den Zauber der blühenden Alpenrosen folgendermaßen: ›Wo sie aus dem Schatten des Alpenwaldes hervorleuchten: flammender Purpur aus ambrosischer Nacht, da bieten sie wohl das schönste, was irgend eine Zone an Farbwirkung und Pracht des Kontrastes je hervorgebracht‹. Die Blüten der Behaarten Alpenrose sind hellrot, ihre Blätter am Rande mit langen Wimperhaaren besetzt. Die Rostrote Alpenrose dagegen besitzt dunkelpurpurrote Blüten. Ihre Blätter sind an der Unterseite dicht mit anfangs gelbgrünen, später rostbraunen *(= ferrugineum)* Drüsenschuppen besetzt. Beide Arten steigen auch in die subalpine Stufe des Fichten- und besonders des Lärche-Arvenwaldes hinunter, bilden aber auch über dem Knieholzgürtel Reinbestände. Die Rostrote Alpenrose findet auch als

Alpenveilchen (Text S. 150)

Heilpflanze Verwendung, vor allem bei Kreislaufstörungen, Rheumatismus und Neuralgien. *Beide Arten sind in Bayern vollkommen geschützt, in den übrigen Alpenländern teilweise.*

Ursprünglich waren die Alpenrosen Waldpflanzen. Wenn wir sie heute vielfach über der Waldgrenze antreffen, so müssen wir daraus schließen, daß in früheren Jahrhunderten die Wälder höher hinaufreichten als heute. Es ist sowohl durch klimatische Einflüsse als auch durch die Rodungstätigkeit des Menschen die Waldgrenze auf ihre derzeitige Höhe gesunken. Die über der Waldgrenze wachsenden Alpenrosen leiden in schneearmen Wintern unter der Kälte. Oft erfrieren größere Bestände. Neuere Beobachtungen deuten darauf hin, daß es weniger der Frost, als die Trockenheit ist, die Alpenrosengebüsche ›auswintern‹ läßt.

Für die Almbauern sind die Alpenrosen ein Weideunkraut. Früher wurden sie mit Axt und Feuer gerodet, um mehr Almwiesen für das Vieh zu gewinnen. In den letzten Jahren hat man da und dort sogar chemische Gifte eingesetzt, um sie zu roden. Man muß allerdings bezweifeln, ob das vernünftig ist. Denn der so mit Gift angereicherte Boden dürfte auch für einige Zeit kein gutes Weideland werden. Beide Alpenrosenarten verdienen unseren Schutz.

Alpenveilchen (Abb. S. 149)

In der gleichen Höhenstufe wie die Alpenrose finden wir auch das **Alpenveilchen** *(Cyclamen europaeum)*. Doch steigt es auch in die subalpine Stufe hinunter, wo es sowohl auf den milden Humusböden der Buchenwälder gedeiht, wie auch auf den sauren Böden der Fichtenforste. Vereinzelt finden wir es noch auf 2000 m Höhe. In den Kalkalpen wächst das Alpenveilchen stellenweise noch recht häufig. In Deutschland ist es auf die Umgebung von Bad Reichenhall und Berchtesgaden beschränkt. *Es gehört daher hier zu den vollkommen geschützten Pflanzen. In anderen Alpenländern,* wo es noch häufiger vorkommt, *genießt es teilweisen Schutz,* d. h. es darf nicht ausgegraben und nicht für den Handel freigegeben werden. Der Schutz dieser schönen Pflanze ist berechtigt. Denn die violett bis purpurroten Blüten, denen ein feiner Duft entströmt, sind sehr auffallend. Sie entspringen, wie auch die immergrünen, rundlich-herzförmigen Blätter, aus einer etwa 5 cm dicken Knolle. Sie hat der Pflanze den Namen ›Erdscheibe‹ eingebracht. Auch Schweins- oder Saubrot wird sie genannt. Die Wurzelknollen waren, wie Theophrast uns überliefert hat, im Altertum ein Bestandteil von Liebestränken. In der Volksmedizin fanden sie Verwendung bei Gicht und Kreuzschmerzen, worauf die Namen ›Gichtapfel‹ und ›Kreuzwehkugel‹ hinweisen. Noch heute spielen sie in der Homöopathie bei der Behandlung von Leberleiden eine Rolle. Auch abergläubische Vorstellungen waren mit der Form der Knollen verbunden. Römer und Griechen benützten sie als Schutz gegen Gifttränke. Leonhardt Fuchs schreibt um 1550 über die ›krafft und würckung‹ des Alpenveilchens: ›So einer vonn natern geheckt oder gebissen würt, der soll diese wurtzel überlegen / so genißt er.‹ Die Verwendung als *Heilmittel* ist bestimmt ein Grund für das in manchen Gegenden so seltene Auftreten des Alpenveilchens. – Die als Topfpflanze verwendete Art, die mit großem Erfolg in vielen Spielarten gezüchtet wird, ist in den östlichen Mittelmeerländern beheimatet. Dort findet man die Stammform als *Cyclamen persicum.* Unser Alpenveilchen blüht von Juni bis Oktober. Es enthält das Glykosid Cyclamin und ist daher ziemlich *giftig.*

Steinrösl

Von den zahlreichen botanisch interessanten Pflanzen, die in Gesellschaft von Latsche und Alpenrose wachsen, sei nur noch eine *vollkommen geschützte* Art erwähnt, das **Steinrösl** (= Gestreifter Seidelbast, *Daphne striata).* Es ist ein naher Verwandter des Wohlriechenden Seidelbasts, der ebenfalls als Steinrösl bezeichnet wird. Wir haben dieses Pflänzchen bereits als Bewohner der Steppenheiden kennengelernt. Der einzige Unterschied zwischen beiden Arten besteht darin, daß die Zweige des Gestreiften Steinrösls teilweise behaart sind. Seine Blüten haben keine Blütenstiele, die des Wohlriechenden Steinrösl sind wenigstens kurz gestielt. Letzteres blüht im Mai und Juni, ersteres im Juli und August.

Steinrösl

Christrose (Abb. S. 152)

Zu einer ganz ungewöhnlichen Jahreszeit, vom November bis März, erscheinen die Blüten der **Christrose** (= Schwarze Nieswurz, *Helleborus niger*). Sie gehört zu den *teilweise geschützten Pflanzen, darf also weder ausgegraben noch gehandelt werden.* Nicht nur die Zwergstrauchstufe ist ihr Revier, sie steigt auch in den Fichtenwald hinab, wo wir sie bis in Höhen von 800 m finden. In den nördlichen Kalkalpen ist ihr Vorkommen ausschließlich auf das Gebiet um Berchtesgaden und auf die Salzburger Alpen begrenzt. Auch in den übrigen Alpenländern ist sie nicht eben häufig. Ihre höchsten Standorte wurden in 1900 m Höhe beobachtet. Der Anblick der großen Blüten mit ihren weißen, schwach rosa überlaufenenen Blütenhüllblättern inmitten der winterlichen Bergwelt hinterläßt einen unvergeßlichen Eindruck. Die Schneerose, wie die Pflanze auch genannt wird, ist sehr honigreich. Der Nektar findet sich in fünf grünlichgelben Honigblättern im Innern der Blüte. Insekten, die an wärmeren Tagen fliegen, vermitteln die Befruchtung. Danach fallen zwar die Honigblätter ab, nicht aber die Blütenhüllblätter. Sie werden allmählich grün und übernehmen die Aufgabe der Laubblätter, die immergrün sind und den Winter überdauern.

Giftig

Nicht nur die auffallenden Blüten zu einer an blühenden Pflanzen armen Jahreszeit haben die Christrose zu einer gefährdeten Pflanze werden lassen. Vielleicht noch mehr haben dazu beigetragen die beiden im Wurzelstock enthaltenen Wirkstoffe: das Glykosid Hellebrin und das Saponin Helleborin. Ersteres ist ein Herzgift, das ähnliche Wirkungen hat wie das im Roten Fingerhut enthaltene. Letzteres reizt die Schleimhäute sehr stark, daher der Name Nieswurz. Der wissenschaftliche Name Helleborus wird von den grie-

Schwarze Nieswurz – Christrose oder Schneerose (Text S. 151)

chischen Worten *elleros* = schlecht und *bora* = Speise abgeleitet. Damit ist wohl angedeutet, daß die Pflanze *giftig* ist. Daher ist bei der Verwendung der Nieswurz als Arzneipflanze Vorsicht geboten. Nur auf ärztliche Anordnung und in pharmazeutischer Zubereitung darf sie verwendet werden. Zu starke Dosierung führt zum Tod.

Grüne Nieswurz

Den gleichen Schutz wie die Christrose genießt die **Grüne Nieswurz** *(Helleborus viridis)*. Ihre Blütenhüllblätter sind, wie der Name schon sagt, grün *(viridis* = grün). Auch sie enthält die gleichen Giftstoffe wie die Christrose und gehört zu den *Heilpflanzen*. Ihre Heimat ist das Gebiet der Südalpen. In Mitteleuropa wurde sie schon zur Zeit der Römer eingebürgert, weil sie in der damaligen Medizin vor allem als Abführmittel eine Rolle spielte.

Die beiden Nieswurzarten wurden schon früh in Gärten angepflanzt, um die begehrten Heilmittel in größeren Mengen gewinnen zu können. Dabei griff man auf die natürlichen Standorte zurück, grub sie aus und versetzte die Pflanzen in die Gärten. Auf diese Weise ist mancher frühere Standort erloschen. Um so notweniger ist es, die noch vorhandenen Bestände zu erhalten. Alle Alpenländer haben *die Nieswurzarten daher in die Liste der geschützten Pflanzen aufgenommen.*

Feuerlilie

A2. Die Mattenstufe

Besonders reich an auffallenden und daher gefährdeten Pflanzen ist die über der Zwergstrauchstufe gelegene Mattenstufe. Natürlich sind die beiden Pflanzengürtel nicht ganz streng voneinander zu trennen, sie gehen ineinander über. Wir dürfen uns die Mattenstufe auch nicht als hochgelegene Wiese vorstellen. Ihr Aussehen wird weitgehend vom geologischen Untergrund bestimmt. Es gibt natürlich dichtrasige Flächen, die meist vom Menschen als Almwiese genutzt werden. Sie haben tiefgründigen Boden und sind meist gut bewässert. An anderen Stellen aber ist es trocken und steinig.

Auf sonnigen Bergwiesen finden wir in allen Höhenlagen noch ab und zu die **Feuerlilie** *(Lilium bulbiferum)*. Vom Mai bis Ende Juni entfaltet diese leider *gefährdete* Pflanze ihre prachtvollen Blüten. Sie sind rot bis orange gefärbt und stehen einzeln oder in einem Wirtel von 2–5 Blüten an einem 40–60 cm hohen Stengel. Die Kronblätter werden 4–6 cm lang. Innen sind sie mit braunroten Warzen versehen. Aus der trichterförmigen Blüte ragen die roten *Feuerlilie*

Staubfäden heraus. Die leuchtendrote Farbe lockt Falter an. Bei der Suche nach Nektar übertragen sie den Blütenstaub auf die Narbe. Es sind Tagfalter, die bei der Feuerlilie ›einkehren‹. Sie fliegen nur auf freien Flächen. Die an den Falterbesuch angepaßten Blüten finden wir daher ebenfalls im offenen Gelände. Da die Tagfalter ›Augentiere‹ sind und rote Farbtöne offenbar besonders gut wahrnehmen, müssen wir die prächtige Feuerlilie als ausgesprochene Falterblume bezeichnen. In erster Linie sind es Große Perlmutterfalter *(Mesoacidalia charlotta = Argynnis aglaia)*, die wir auf der auffallenden Blüte antreffen.
Der Stengel der Feuerlilie ist dicht mit linealischen, etwa 10 cm langen Blättern besetzt. In ihren Achseln sitzen kleine, fleischige Brutknöllchen von brauner Farbe. Von diesen *bulbi* = Knöllchen leitet sich der botanische Name *bulbiferum* ab. Die Brutknöllchen sind ein Mittel der ungeschlechtlichen Vermehrung. Sie fallen ab und keimen, weshalb man die Feuerlilie meist truppweise antrifft. *Sie ist vollkommen geschützt.*

Enziangewächse

Die Familie der **Enziangewächse** gehört zu den bekanntesten Alpenpflanzen. Rund 35 Arten sind Alpenbewohner, ein Teil kommt auch im Hügelland vor. Es ist leider nicht möglich, alle Enzianarten hier zu besprechen. Am Beispiel von zwei allgemein bekannten Arten sollen die wichtigsten Kennzeichen dieser artenreichen Familie erklärt werden. Insgesamt gibt es etwa 800 Formen der Gentianaceen. Der Name Enzian ist aus der wissenschaftlichen Bezeichnung Gentiana entstanden. Diese wiederum geht auf eine historische Begebenheit zurück. Der illyrische König Gentius (um 500 v. Chr.) verwendete den schon im Altertum als Heilpflanze geschätzten Gelben Enzian *(Gentiana lutea)* gegen die Pest. Zur Erinnerung an diesen Illyrerkönig soll die ganze Pflanzenfamilie den Namen Gentiana bekommen haben. Diese Erklärung für den wissenschaftlichen Namen finden wir bei dem römischen Schriftsteller Plinius dem Älteren.

Gelber Enzian

Der **Gelbe Enzian** *(Gentiana lutea)*, den wir in diesem Zusammenhang gleich näher betrachten wollen, ist die stattlichste aller Enzianarten. Aus einem ausdauernden Wurzelstock erhebt sich ein kräftiger, 45–140 cm hoher Stengel. Die großen grundständigen Blätter, die bis 30 cm lang und 15 cm breit werden, gehen nach oben in sitzende, schalenförmige Tragblätter über, in deren Achseln in Scheinquirlen zahlreiche gelbe Blüten (daher *lutea* = gelb) stehen. Der Gelbe Enzian braucht lange Zeit, bis er herangewachsen ist. Erst nach 10–20 Jahren beginnt er zu blühen. Seine Wurzelstöcke erreichen ein Alter von 40–60 Jahren und werden armdick. Sie enthalten Bitterstoffe, vor allem Gentiopikrin und Gentiamarin. Seit dem Altertum werden diese Stoffe als Heilmittel bei Magen- und Darmerkrankungen verwendet. Auch der berühmte Enzianschnaps wird aus dem Wurzelstock des Gelben

Stengelloser Enzian

Pannonischer Enzian

Enzian hergestellt. Daher sind seine Bestände überall außerordentlich bedroht. Der jährliche Bedarf allein für pharmazeutische Zwecke wird mit 70 000 kg beziffert. Im Jahre 1928 wurde in der Schweiz aus 340 000 kg Wurzeln Enzianschnaps destilliert. Durch diesen Raubbau sind die Bestände des Gelben Enzian überall sehr stark zurückgegangen. Heute steht er in fast allen Alpenländern *unter strengem Schutz.* Nur wenige Wurzelgräber dürfen weiterhin tätig sein.

Enzianschnaps

Der Gelbe Enzian wächst gerne auf Kalkuntergrund und braucht tiefgründige Böden. Wir finden ihn außer in den Alpen auch im Jura, in den Vogesen und im Schwarzwald. Nahe mit ihm verwandt sind die übrigen hochstengeligen Enzianarten, der **Punktierte Enzian** *(Gentiana punctata),* der **Ungarische Enzian** *(Gentiana pannonica)* und der **Purpurenzian** *(Gentiana purpurea).* Sie kommen alle auf Almwiesen vor, die nicht ausgesprochen saueren Boden aufweisen und steigen von der Krummholzzone bis zu Höhen von 2500 m empor. Sie blühen im Juli und August. *Alle diese Arten genießen vollständigen Schutz,* denn auch ihre Wurzeln werden zur Gewinnung des Enzianschnapses ausgegraben und so sind ihre Bestände überall gefährdet.

Stengelloser Enzian

Wohl die bekannteste Enzianart ist der **Stengellose Enzian** *(Gentiana acaulis)*. Er ist neben dem Edelweiß und der Alpenrose zur ›Modeblume‹ der Alpen geworden und ziert alle erdenklichen Plakate und Erzeugnisse der Fremdenverkehrsindustrie. So häufig er dort zu finden ist, so selten ist er auf den Bergen geworden. Seine tiefblauen, fast sitzenden (daher *acaulis* = stengellos) Blütenglocken wurden und werden leider immer noch in großen Mengen gepflückt und stehen daher *unter vollkommenem Schutz*. Der auffallenden Form ihrer Blüte verdankt die Pflanze zahlreiche Volksnamen wie Almgloggn, Pfaffenhosen, Gottesschühlein, Fingerhut u. a. Der Stengellose Enzian kommt in zwei Unterarten vor. *Gentiana Clusii* bevorzugt Kalkboden. Wir finden ihn auf den Quellmooren des Alpenvorlandes ebenso wie auf Weiden, Felsbändern und Geröll bis zu einer Höhe von 2800 m. Er hat spitze, elliptisch-lanzettliche Blätter. Die andere Unterart, *Gentiana Kochiana*, wächst auf kalkfreien, saueren Böden und hat breitere Blätter. Auch diese Unterart ist vom Alpenvorland bis hinauf in die alpine Stufe zu finden. Die Blütezeit des Stengellosen Enzians reicht je nach Standort vom Mai bis zum August.

Lungen- und Schwalbenwurzenzian

Von der großen Familie der Enziangewächse müssen wir noch zwei Arten erwähnen, die nahe miteinander verwandt sind. Es ist der schmalblättrige **Lungenenzian** *(Gentiana pneumonanthe)* und der breitblättrige **Schwalbenwurzenzian** *(Gentiana asclepiadea)*. Beide lieben sie feuchten, tiefgründigen Boden; sie gedeihen auch auf Streuwiesen und Flachmooren des Vorlandes. Sie sind stattliche, etwa 60 cm hohe Pflanzen. Ihre Blüten erinnern an die des Stengellosen Enzians. Sie sind 4–5 cm lang und sitzen am oberen Teil des Stengels in den Blattachseln. Der Schwalbenwurzenzian trägt die Blüten ebenfalls in den Blattachseln, doch sind sie meist nach einer Seite gedreht. Auch im Iser- und Riesengebirge sowie im Lausitzer Bergland tritt er auf. Beide Arten blühen spät im Jahr, vom Juli bis weit in den September hinein.

Der Lungenenzian galt früher als Heilmittel gegen Lungenkrankheiten (daher die botanische Bezeichnung: das griechische *pneumon* bedeutet Lunge, *anthos* = Blüte). *Er ist in Deutschland vollkommen geschützt, in den übrigen Alpenländern teilweise.* Seine Bestände gehen vor allem durch die weit verbreitete Drainierung seiner feuchten Standorte zurück, doch wird er auch von Ausflüglern oft gepflückt.

Der Schwalbenwurzenzian, der in den Alpen bis über die Waldgrenze auf 2200 m hinaufsteigt, galt seit langem als Heilpflanze. Die Botaniker des 16. Jahrhunderts, vor allem C. Gesner, berichten, daß seine Wurzel gegen den Biß tollwütiger Hunde helfe, auch gegen Gallen- und Leberleiden fand sie Anwendung. Im Aberglauben spielt der Schwalbenwurzenzian ebenfalls eine bedeutende Rolle. In Ostdeutschland legte man die Wurzeln des ›Dorant‹, wie er dort genannt wird, neben das Butterfaß, um

Der Schwalbenwurzenzian blüht im Herbst

gegen Hexerei geschützt zu sein und noch Anfang des 19. Jahrhunderts glaubte man Kinder gegen das Behexen schützen zu können, wenn man die schon damals selten werdende Pflanze in die Wiege legte. Er ist, wie der Lungenenzian, *in Deutschland vollkommen, in den übrigen mitteleuropäischen Ländern teilweise geschützt.*

Alpenanemone *(Abb. S. 158)*

Waren die zuletzt besprochenen Enzianarten ausgesprochene Herbstblüher, so gehört die **Alpenanemone** (= Alpenwindröschen, *Pulsatilla alpina* = *Anemone alpina)* zu den ersten Frühlingsblumen. Der Name Anemone leitet sich ab vom griechischen *anemos* = Wind. Die auffallend große, weiße Blüte sondert keinen Nektar ab, doch bietet sie ihren Besuchern reichlich Blütenstaub. Bei Regenwetter schließt sie sich. Zur Zeit der Samenreifung wachsen die behaarten Griffel in die Länge. Sie bilden einen Haarschopf, der unter den Namen ›Teufelsbart‹ oder ›Wilde Männle‹ oder ›Grantiger Jager‹ gerne als Hutschmuck getragen wird. Wegen dieser eigenartigen Fruchtbildung wird das Alpenwindröschen neuerdings zu den Küchenschellenarten gezählt, was sich im Namen *Pulsatilla* zeigt. Die Alpenanemone wächst meist in größeren Trupps auf mageren Matten, ist aber auch in der Zwerg-

Alpenanemone
(Text S. 157)

strauchstufe zuhause. Durch die Sitte, die Fruchtstände als Hutschmuck zu verwenden, ist sie an den Rand des Aussterbens gekommen, da keine natürliche Aussaat mehr stattfand. *Sie gehört zu den vollkommen geschützten Pflanzen.* Dies gilt für alle Standorte in Mitteleuropa.

Von der Alpenanemone gibt es eine schwefelgelbe Unterart, die *Pulsatilla = Anemone sulphurea (sulphureus* = schwefelgelb). Sie blüht ausschließlich auf Granit- und Urgesteinsböden, während die weißblühende Art Kalkuntergrund bevorzugt. *Auch die Schwefelgelbe Anemone ist vollkommen geschützt.*

Narzissenblütige Anemone

Eng verwandt mit dem Alpenwindröschen ist die **Narzissenblütige Anemone** (= Berghähnlein, *Anemone narcissiflora).* Sie liebt die zwischen 1500 und 2500 m hoch gelegenen Alpenwiesen, kommt aber als Seltenheit auch in den Mittelgebirgen da und dort vor. Sie trägt auf dem 20–50 cm hohen Stiel drei bis acht große, weiße Blüten in einer Dolde, die von einem Kranz ungestielter, tiefgespaltener Blätter umgeben ist. Auf der Unterseite sind die Blütenblätter rot überlaufen, so daß sie an Apfelblüten erinnern.

Das Berghähnlein ist mit Sicherheit asiatischen Ursprungs. Ver-

Narzissen-blütige Anemone (Berghähnlein)

mutlich ist es in der Riß-Eiszeit über das osteuropäische Tiefland nach Mitteleuropa eingewandert. Nur so ist es zu erklären, daß es im Riesengebirge und in den Sudeten zu finden ist. Während der letzten Eiszeit dürfte es über die Mittelgebirge, den Jura und die Schwäbische Alb bis zu den Vogesen vorgedrungen sein. Mit dem Abschmelzen des Eises wanderte die Pflanze, den Gletschern folgend, nach Süden und gelangte so in die Alpen. Während der wärmeren Zwischeneiszeit ist die kälteliebende Pflanze im Tiefland ausgestorben. Nur im Jura und im Riesengebirge konnte sie sich bis heute halten. In Nordeuropa und in den Zentralalpen ist sie fast unbekannt.
Durch seine auffallenden Blütendolden wurde das Berghähnlein von ›Blumenfreunden‹ oft in großen Mengen gepflückt. So sind seine Bestände sehr zurückgegangen. Es wurde daher *in Deutschland in das Verzeichnis der vollständig geschützten Arten aufgenommen. In Österreich ist es nur teilweise geschützt.* Wie alle Hahnenfußgewächse ist auch die Narzissenblütige Anemone *giftig.*

Akelei (Abb. S. 161) Die Blüten der **Dunklen Akelei** *(Aquilegia atrata)* sind ein besonderer Schmuck der Bergwiesen. Bis in Höhen von 2150 m treffen wir sie an. Allerdings bevorzugt sie mehr schattige Standorte, vor allem Waldwiesen in der Almregion. Die Pflanze ist eine Staude. Auf einem etwa 70 cm hohen Stengel trägt sie 3–10 Blüten, die sich von Mai bis Juli entfalten. Sie zeigen einen eigenartigen Bau. Ein Kranz von fünf blumenblattartigen Kelchblättern umgibt die eigentliche Blüte. Besonders auffallend sind die füllhornähnlichen Honigblätter, die in einem hakig gekrümmten Sporn den Honig bergen. Aus ihnen ragt ein Büschel gelber Staubblätter heraus. Sie umschließen den Fruchtknoten. Nur langrüsselige Insekten können die Akelei bestäuben, vor allem Hummeln. Die Trichterform der Blüten hat zur Bildung des botanischen Namens geführt, der sich aus dem lateinischen *aqua* = Wasser und *legere* = sammeln zusammensetzt und nichts anderes als ›Wassersammlerin‹ bedeutet.

Eine nahe Verwandte der dunklen Akelei ist die **Gemeine Akelei** *(Aquilegia vulgaris)*, die sowohl im Gebirge als auch in lichten Laubwäldern, auf Wiesenhängen und in Hecken Süd- und Mitteldeutschlands auf Kalkboden gedeiht. Sie hat im Gegensatz zu der Gebirgsform dunkelblaue Blüten. Wegen ihrer formschönen Blüten sind die Akeleiarten schon früh in Kultur genommen worden. In Kloster- und Burggärten war sie zu finden und auch auf Gräbern und im Bauerngarten wurde sie gepflegt. Die gärtnerische Kunst hat eine Anzahl farbenprächtiger Züchtungen geschaffen. Alle diese als gelungen zu bezeichnenden Züchtungsversuche gehen aber auf die Wildform zurück und haben manchen natürlichen Standort zum Erlöschen gebracht. Deswegen sind alle in Mitteleuropa vorkommenden Arten der *Akelei vollständig geschützt,* mit Ausnahme der Zuchtformen. Wie sehr die Blüte der Akelei das Auge des Künstlers zu begeistern vermag, beweist die schöne Studie, die Albrecht Dürer von ihr gefertigt hat.

Blauer Eisenhut Um Almhütten finden wir oft in großen Mengen den **Blauen Eisenhut** *(Aconitum nappellus)*, dessen nahen Verwandten, den Gelben Eisenhut, wir schon im feuchten Schluchtwald kennengelernt haben. Es gibt selten eine Pflanze, die so viele Volksnamen hat wie der Blaue Eisenhut. Besonders charakteristisch sind die Bezeichnungen Mönchskappe, Nonnenhaube, Sturmhut und Marienschuh. Die 50–100 cm hohe Staude zählt zur sog. Lägerflora (= Pflanzen der Orte, wo das Vieh lagert). Dort ist der Boden besonders stark gedüngt und daher reich an Stickstoff. Das erklärt auch ihr Vorkommen in der Nähe von Ställen und Almhütten. Doch gedeiht der Blaue Eisenhut auch in den Mittelgebirgen. Die tief veilchenblauen Blüten stehen in Trauben am Stengel. Eines der Blütenblätter ist zu einem Helm umgestaltet, in dem zwei Honigblätter versteckt sind. Nur Hummeln können die Pflanze bestäu-

Gemeine Akelei
(Text S. 160)

Blauer Eisenhut

ben. Alle Volksnamen nehmen auf die auffallende Blütenform Bezug. Die Herkunft des wissenschaftlichen Namens *Aconitum* ist nicht geklärt, der Beiname *napellus* ist die Verkleinerungsform des lateinischen Wortes *napus* = Rübe. Der Eisenhut hat nämlich eine rübenartige Wurzel.

Sehr giftig

In der Heilkunde ist der Blaue Eisenhut seit langem bekannt. In seinen Wurzeln ist das Alkaloid Aconitin enthalten, das bei Neuralgien und grippösen fieberhaften Erkrankungen noch heute verwendet wird. Doch ist bei der Anwendung von Eisenhutpräparaten Vorsicht am Platze, denn die Pflanze zählt zu den *giftigsten unserer Heilpflanzen.* Sie dürfen nur durch den Arzt verordnet werden. Es darf uns nicht wundern, daß eine Pflanze mit starker Giftwirkung auch in Sagen und im Aberglauben verankert ist. So soll sie aus dem Geifer des Höllenhundes Cerberus entstanden sein, als dieser durch Herkules aus der Unterwelt heraufgeholt wurde. Nach Plinius dem Älteren soll sogar der Honig des Eisenhut giftig sein.

Wegen seines hohen Schmuckwertes wird der Eisenhut gerne ausgegraben und in Gärten verpflanzt, obwohl man gezüchtete Arten in Handelsgärtnereien kaufen kann. Daher wurde er unter die *teilweise geschützten Pflanzen aufgenommen.* Er darf nicht ausgegraben werden, doch ist es erlaubt, sich einen Handstrauß der blühenden Stengel zu pflücken. Der Blaue Eisenhut blüht von Juli bis September.

Kohlröschen

Auf kalkhaltigen, ungedüngten, sonnigen Alpenwiesen finden wir eine der schönsten und populärsten Alpenpflanzen, das **Schwarze Kohlröschen** *(Nigritella nigra).* Es gehört zur Familie der Orchideen. Seinen Namen verdankt es dem dunkelroten Blütenstand, auf den auch der botanische Name *niger* = schwarz hinweist. Das gleiche gilt für die Volksnamen wie Brändlein, Almrugerl und Blutröserl. Es kommt auch mit einer mehr rötlichen Blüte vor; diese Unterart heißt **Rotes Kohlröschen** *(Nigritella rubra).* Die beiden Arten unterscheiden sich nicht nur durch die Blütenfarbe, sondern auch durch die Form des Blütenstandes. Beim Schwarzen Kohlröschen ist er annähernd kugelig, beim roten mehr walzig. Die Blüten strömen einen starken Vanilleduft aus. Das ist mit ein Grund, weswegen das Kohlröschen viel gepflückt wird. Doch die Hauptursache für seinen starken Rückgang waren bis vor kurzem die abergläubischen Vorstellungen, die sich an die Knollen der Pflanze knüpften. Wie schon beim Knabenkraut erwähnt, bezeichnet der Volksmund die dunkle, vorjährige Knolle als Teufelshand, während die helle, mit frischen Nährstoffen gefüllte, Gotteshand heißt. Erstere wurde zu allerlei Hexenkünsten verwendet, unter anderem sollte sie, von Mädchen gegessen, unerwünschten Kindersegen verhüten. Die helle Knolle bringt Glück, soll Einfluß auf das Liebesleben haben usw. *Beide Kohlröschenarten sind vollkommen geschützt.*

Arnika

Auf sonnigen Wiesen und Matten, die eine entsprechende Humusschicht aufweisen, wächst *eine der bekanntesten Heilpflanzen Mitteleuropas, die* **Arnika** (= Bergwohlverleih, *Arnica montana).* Auf ungedüngten Weiden steigt sie bis in Höhen von 2500 m empor, ist aber auch auf nicht zu nassen Streuwiesen im Hügelland, ja sogar da und dort im Norddeutschen Flachland zu finden. Von Juni bis September entfalten sich die orangegelben Blütenköpfchen, von denen jeweils nur eines an einem 20–60 cm hohen Stengel steht. Die Randblüten hängen meist etwas abwärts, so daß die ganze Pflanze aussieht, als ob sie am verwelken wäre. Die mehr als 50 Scheibenblüten sind ›vormännlich‹, d. h. die Staubgefäße reifen vor den Narben, um eine Selbstbestäubung zu verhüten.
In den mittelalterlichen Kräuterbüchern erscheint die Arnika als Heilpflanze erst bei Mattiolus (1501–1577). Er nennt die Pflanze ›Engeltranck‹. Damals bereitete man aus der Wurzel eine Medizin gegen Leibschmerzen und Durchfälle. Davon ist man heute völlig abgekommen. Die innerliche Verwendung ist wegen mög-

Arnika oder Bergwohlverleih

licher Giftwirkung nur der ärztlichen Verordnung vorbehalten und erstreckt sich auf die Behandlung von Herzleistungsschwäche sowie koronare und zerebrale Durchblutungsstörungen. Wesentlich weiter verbreitet ist die Anwendung der Arnikatinktur, die in erster Linie aus den Blüten gewonnen wird. Sie enthalten ätherisches Öl, einen Bitterstoff, Arnicin, Gerbstoff, Arnidendiol und Flavonglykoside. Die Tinktur wird mit guten Erfolgen bei Quetschungen und Zerrungen angewendet, aber auch bei der Behandlung von Blutergüssen, die schneller resorbiert werden. Doch ist auch hier Vorsicht geboten. Unverdünnte Arnikatinktur kann Rötung und Blasenbildung auf der Haut hervorrufen.

Giftig

Der Name Arnika geht auf die starke drüsig-flaumige Behaarung der Pflanze zurück. *Aren,* ein griechisches Wort, bedeutet Lamm, Wollträger, *montana* = auf den Bergen wachsend. Der deutsche Name Wohlverleih geht auf die althochdeutschen Bezeichnungen ›Wolviszeisila‹ und ›Wolfesgelegena‹ zurück. Wahrscheinlich wurde damals die Wurzel zusammen mit der des Gelben Eisenhuts zum Vergiften der Köder benützt, mit denen man den Wolf bekämpfte.

Die Arnika ist eine teilweise geschützte Pflanze. Das Sammeln der

Blüten kann in Gegenden, wo die Pflanze sehr häufig vorkommt, auf Antrag durch die zuständige Naturschutzbehörde zeitweilig freigegeben werden.

Edelweiß

Aus dem Rasen der Alpenwiesen längst verschwunden ist eine eigentlich dorthin gehörige Pflanze, das **Edelweiß** *(Leontopodium alpinum)*. Heute finden wir es nur noch auf schwer erreichbaren Grasbändern und in Felsspalten. Es sind die letzten Standorte, wohin es sich geflüchtet hat vor den vielfältigen Nachstellungen, denen es seit dem Beginn des 19. Jahrhunderts ausgesetzt ist. Das Edelweiß gehört ja, wie Enzian und Alpenrose, zu den alpinen Modepflanzen und ist durch Raub *unmittelbar vom Aussterben bedroht.* Trotzdem es in allen Alpenländern seit dem Ende des vorigen Jahrhunderts unter Schutz steht, wird es nach wie vor gehandelt. Angeblich sind es Gartenedelweiß, aber wer kann schon genau nachprüfen, ob die in der Andenkenindustrie viel verwendeten Edelweißblüten wirklich gezogen oder ob sie nicht doch ›echte‹ Sterne sind!

Die so begehrte Pflanze lebt auf trockenen Grashalden ausschließlich in Höhen zwischen 1700 und 3000 m. Die höchsten Fundorte liegen noch höher, so im Wallis bei 3400 m. Sie gehört zu den Korbblütlern. Jeder Edelweißstern hat am Rande eine Anzahl dicker, weißfilzig behaarter Hochblätter. Die eigentlichen Blüten stehen eng zusammengedrängt in der Mitte und bestehen aus drei bis zehn Blütenköpfchen, die sich aus einer Vielzahl kleiner, röhrenförmiger Einzelblüten zusammensetzen. Das Edelweiß hat also eine Scheinblüte. Die zu einer Trugdolde gehäuften Blüten mit ihren wolligen Hochblättern ähneln einer Löwenpfote, daher die Bezeichnung Leontopodium, von griechisch *leon* = Löwe und *podion* = Füßchen. Die dichte filzige Behaarung der ganzen Pflanze dient zum Schutz gegen Verdunstung, aber auch gegen die in solchen Höhen beträchtlichen Temperaturschwankungen.

Der Volksname ›Bauchwehblüeml‹ beweist, daß das Edelweiß früher in der Volksmedizin eine Rolle spielte. Es wurde als Tee gegen Durchfall, Ruhr und Schwindsucht gebraucht, als Salbe gegen rheumatische Schmerzen. In der modernen Pharmazie wird es nicht mehr verwendet. Alle Alpenländer haben *die wohl bedrohteste aller Pflanzen unter vollständigen Schutz gestellt.*. Doch die Bestimmungen allein genügen nicht. Nur eine strenge Überwachung der gesetzlichen Vorschriften wird einen weiteren Rückgang der fremdartigen Pflanze verhindern können.

Das Edelweiß ist die gefährdetste Alpenpflanze

A3. Die Geröll- und Felspflanzen

Ist in dem Mattengürtel noch eine geschlossene Grasnarbe vorhanden, so tritt in der darüber liegenden Zone der Geröll- und Felspflanzen das nackte Gestein zwischen den einzelnen Pflanzenstöcken zutage. Stellenweise, z. B. in den Karen, greift dieser Gürtel bis tief in andere Bergregionen hinunter. Die Pflanzengesellschaft, die sich dort noch unter sehr schwierigen Bedingungen durchzusetzen versteht, wird treffend mit dem Namen ›Schuttflora‹ gekennzeichnet. Das als Schutt bezeichnete Trümmergestein kann grob- oder feinkörnig, die Gesteinstrümmer können abgerundet oder kantig sein. Jede dieser Schuttformen hat ihre eigene Flora. Je nachdem sich die einzelnen Pflanzen den eigenartigen Lebensbedingungen auf dem beweglichen Untergrund angepaßt haben, sprechen wir von Schuttwanderern, Schuttüberkriechern, Schuttstreckern, Schuttdeckern und Schuttstauern. So reizvoll es wäre, diesen interessanten Lebensformen genauer nachzugehen, müssen wir uns doch auf einige wenige, zu den geschützten Pflanzen zählende Arten beschränken.

Schuttwanderer

Die **Schuttwanderer** können vom beweglichen Geröll zugedeckt werden. Sie verlängern sich dann und dringen mit neuen Trieben wieder zum Licht durch. Wir finden diese Pflanzengesellschaft vor allem in Kalk- und Dolomitengebieten. Als *schutzbedürftige Pflanze* ist hier die **Steinraute** *(Achillea clavennae)* zu nennen, die

Schuttüberkriecher

Bitterstoffe enthält und daher bei den Sennen als Heilmittel für das Vieh gebraucht wird. Zusammen mit dem Gespornten Veilchen *(Viola calcarata)*, dem rundblättrigen Täschelkraut *(Thlaspi rotundifolium)*, der zierlichen Glockenblume *(Campanula pusilla)* und zahlreichen anderen Arten bildet die Steinraute im scheinbar sterilen Geröll lebendige Inseln.

Schuttüberkriecher

Die **Schuttüberkriecher** haben sehr streckungsfähige oberirdische Triebe, die sich über den Schutt ausdehnen und sich durch ihn hindurcharbeiten. Alpensonnenröschen *(Helianthemum alpestre)* und Alpenleinkraut *(Linaria alpina)* sind zwei der zahlreichen Vertreter dieser Pflanzenassoziation.

Schuttstrecker

Als **Schuttstrecker** bezeichnet man Pflanzen, die sich durch Streckung aufrechter Stengel durch den Schutt hindurcharbeiten. Die Gemswurz *(Doronicum)* gehört zu ihnen, auch der dunkle Mauerpfeffer *(Sedum stratum)*.

Schuttdecker

Zu den **Schuttdeckern,** die eine niedere Decke aus wurzelnden Zweigen über das lose Gestein breiten, gehört der **Rote** (= gegenblättrige) **Steinbrech** *(Sasifraga oppositifolia)*, der, wie alle Steinbrecharten, zu den *teilweise geschützten Pflanzen* gehört. Er ist während der Eiszeiten weiter als jede andere Pflanze nach Norden gewandert und gilt als besonders anpassungsfähig. Er steigt bis in die nivale (= Schnee-) Stufe hinauf und wird in den Ostalpen noch bei 3465 m, in den Westalpen bei 4200 m gefunden.

Steinbrech

Schutt-stauer

Die **Schuttstauer** sind wohl die für die Landschaft wichtigste Gruppe. Mit festen Horsten pflanzen sie sich auf den Schutt und binden ihn. Sie ermöglichen dadurch die Besiedlung von Karen durch anspruchsvollere Pflanzen. Gletscherhahnenfuß, Gemskresse, Alpenmohn und verschiedene der *teilweise geschützten Steinbrecharten,* die wir hier nicht im einzelnen behandeln können, gehören zu dieser Pflanzenformation.

Fels-pflanzen

Die **Felspflanzen** haben ihren normalen Standort im gewachsenen Fels und zeigen in ihrem Bau diese Abhänigkeit mehr oder weniger deutlich. Die Lebensbedingungen im Fels sind besonders extrem: Windwirkung, Trockenheit, Sonnenbestrahlung und Frost kennzeichnen dieses Biotop. Durch Polster- oder Rosettenbildung haben sich die Felspflanzen diesem Klima angepaßt. *Alle Polster- und Rosettenpflanzen sind teilweise geschützt,* dürfen also nicht von ihrem Standort entfernt werden.

Berg-hauswurz

Als Beispiel für die Felsflora kann die **Berghauswurz** *(Sempervivum montanum)* dienen. Auf sonnigen Felsplatten und in Felsspalten bildet sie halbkugelige Rosetten, aus denen sich im Juli und August der Stengel erhebt, der mehrere rosa Blüten trägt. Der botanische Name deutet auf ihre auffallendste Eigenschaft hin, sie ist immer grün *(semper* = immer, *vivere* = leben). Die Bezeichnung Hauswurz stammt aus dem Volksglauben. Auf dem Dach angepflanzt, soll sie das Haus vor Blitzschlag schützen. Sogar eine Verordnung Karls des Großen *(Capitulare de villis)* von 812 ist bekannt, in der er die Pächter der kaiserlichen Krongüter ver-

Berg-hauswurz

pflichtet, die Hauswurz als Blitzschutz auf allen Dächern anzupflanzen.
Auch in der Volksmedizin ist die Pflanze geschätzt. Der ausgepreßte Saft wurde gegen Warzen, Hühneraugen und Hautausschläge verwendet. Sogar Pfarrer Kneipp schätzte die Hauswurz bei Magengeschwüren, Blasen- und Steinleiden, Rheumatismus und Halsentzündung. Heute ist sie aus der Heilkunde verschwunden. *Alle Hauswurzarten* (Spinnwebhauswurz = *Sempervivum arachnoideum* und gelbe Hauswurz) *sind teilweise geschützt.*

Steinbrech

Zu den Rosetten tragenden Felspflanzen gehören auch zahlreiche **Steinbrecharten**. Rund 40 Saxifragen gibt es in den Alpen. Die meisten zeigen die gleichen Anpassungen an ihren exponierten Standort: die Blätter sind klein und dick und schließen sich zu festen, dicht geschlossenen Blattrosetten zusammen. Die unteren Blättchen fallen nach dem Verwelken nicht sofort ab, sondern vermodern langsam an Ort und Stelle. So bildet sich eine mehr oder minder starke Humusschicht, die der Pflanze nicht nur Nährstoffe gibt, sondern auch reichlich Feuchtigkeit sammelt. Diese kommt bei Trockenheit dem Pflänzchen wieder zugute. Die feuchten

Humuspolster sind auch wertvolle Wärmespender, da das Wasser den aufgenommenen Wärmevorrat nur langsam abgibt. Zu den häufigsten Steinbrecharten gehören der Blaugrüne Steinbrech *(Saxifraga caesia)* und der Traubensteinbrech *(Saxifraga aizoon)*. Der deutsche wie der botanische Name deuten an, daß die in Felsspalten eindringenden Wurzeln den Stein (= *saxum*) brechen (= *frangere*), also zur Verwitterung beitragen. In der Medizin des Mittelalters verwendete man den Steinbrech als Heilmittel gegen Steinleiden. So schreibt Leonhardt Fuchs im 16. Jahrhundert: ›Steinbrech mit seiner Wurtzel in wein gesotten und getruncken/ treibt den harn: zermalt und bricht den lenden vn blasen stein ... reyniget die brust von den groben zähen flüssen.‹ Die moderne Medizin hat keinerlei heilende Inhaltsstoffe im Steinbrech entdeckt. – Alle Steinbrecharten, die Rosetten tragen (es gibt auch andere), sind *teilweise geschützt.*

Stengelloses Leimkraut

Zu den **Polsterpflanzen** gehört das **Stengellose Leimkraut** *(Silene acaulis)*. Ganz ohne Stengel ist es zwar nicht, aber die roten Blüten haben so kurze Stiele, daß sie unmittelbar auf dem dichten grünen Rasen, den die Blätter bilden, aufsitzen (daher *acaulis* = stengellos). Manche Arten der Pflanzenfamilie sind am Blütenstiel klebrig. Deswegen werden sie Leimkräuter genannt. Eine andere Eigenschaft verhalf ihnen zum wissenschaftlichen Namen Silene. Als rotblühende Pflanzen sind einige von ihnen Falterblumen und zwar werden sie von Nachtfaltern besucht. Diese Arten öffnen ihre Blüten erst in der Dämmerung oder nachts. Daher kommt der Familienname Silene = Mond. Das Stengellose Leimkraut ist in den Alpen zuhause und hat sich nach der Eiszeit, den nordischen Gletschern aus dem eisfrei gebliebenen Gebiet folgend, bis in die gesamte Arktis ausgebreitet. Es ging also den umgekehrten Weg wie viele nordische Pflanzen, z. B. die Silberwurz *(Dryas octopetala)*. Die Polster gehen von einer starken Pfahlwurzel aus. Wir finden das Leimkraut auch nicht selten in der Zwergstrauchstufe. Zusammen mit diesem treffen wir oft verschiedene **Mannsschildarten** *(Androsace)* an. *Wie alle Polsterpflanzen, sind sie teilweise geschützt.*

Mannsschild

Aurikel (Abb. S. 171)

Die meisten Pflanzen der Geröll- und Felsflora sind klein und nur durch Steingartenliebhaber gefährdet. Eine Art ist ausgesprochen auffallend und attraktiv, die **Aurikel** *(Primula auricula)*. Ihren Namen verdankt sie den mehlig bestäubten Rosettenblättern, die man früher als *auricula ursi* = Bärenöhrchen bezeichnete. Im Gegensatz zu den Blättern unserer anderen Primelarten sind sie fleischig und knorpelig verdickt. Viele Volksnamen beweisen ihre Beliebtheit, so Gamsbleaml, Petergstamm, Gelber Speik, Sanikel, Platenigl. Der letztgenannte Name ist aus *betonica* entstanden. Mit dieser Bezeichnung wurden die Schlüsselblumen bis ins

16. Jahrhundert hinein belegt. Die schöne Pflanze wächst nur auf Kalk. Aus den Felsen tritt sie auch auf die Alpenrasen über und wurde durch die aus den Alpen kommenden Flüsse auch weit ins Vorland hinausgetragen. Leider sind diese Standorte längst erloschen. Nachschub gibt es nicht mehr, da die der Elektrizitätsgewinnung dienenden Stauseen die Samen abfangen. Als besondere Seltenheit ist ein Standort der Aurikel im Schwarzwald zu bezeichnen. Wahrscheinlich ist sie am Ende der Eiszeit aus dem eisfrei gebliebenen Mitteldeutschland dorthin gelangt. Aus der Blattrosette entspringt meist nur ein Blütenschaft, der etwa 15 cm hoch wird. Er trägt eine Dolde mit vier bis acht Einzelblüten. Wer je den Anblick der von einem Felsband herunternickenden, goldgelben Aurikelblüten erlebt hat, wird das nie vergessen. Die einen kräftigen Duft ausströmenden Blüten werden von der Gebirgsbevölkerung gern als Hutschmuck getragen. Es gilt als Zeichen bergsteigerischen Könnens, wenn man sie von ihren exponierten Standorten herunterholen kann. ›Auch als Zeichen alles überwindender Liebe‹ (Kohlhaupt) schenken die Burschen ihrer Liebsten ein Aurikelsträußchen. Freilich sind beim verbotenen Plateniglpflücken schon zahlreiche tödliche Abstürze vorgekommen.
Früher galt die Aurikel als Heilpflanze. Ein Tee aus den Blüten sollte gegen Epilepsie helfen, auch Husten und Lungengeschwüre wurden damit behandelt. Die Auflage der Pflanze auf Wunden war weithin üblich und sollte wunderbare Wirkung haben. Auch abergläubische Vorstellungen knüpften sich an die Aurikel. So glaubte man, sie mache den Jäger und die Gemsen schwindelfrei. *In den meisten Alpenländern ist sie vollkommen geschützt.*

B. Geschützte Tiere der Alpen

Die Tiere halten die Höhenstufen nur selten streng ein. Oft finden wir Schmetterlinge auf Gletschern, wohin sie durch den Wind verschleppt wurden, andererseits steigen Tiere der Hochregion, z. B. die Gemse, in besonders strengen Wintern bis zur Waldstufe hinunter. Andere dagegen sind streng an ihren Lebensraum gebunden.
Die meisten **Säugetiere** gehören zu den jagdbaren Arten und sind im Jagdgesetz aufgeführt. Viele wilde und imposante Gestalten des Hochgebirges sind längst ausgestorben, so der gewaltige Bär, der schlaue Luchs und der unersättliche Wolf. Doch es hat lange gedauert, bis die letzten Großraubtiere in den Alpen der Büchse
Bär des Jägers zum Opfer fielen. Der **Bär** war nach den Berichten des Züricher Naturforschers Gesner um 1550 ›ein gemein thier‹. Das Marktarchiv Garmisch bestätigt dies, denn von 1575–1715 wurden in der Gemeindegemarkung 80 Stück erlegt. Im Jahre 1835

Aurikel (Text S. 169)

wurde der letzte Bär bei Ruhpolding zur Strecke gebracht. Der **Luchs** muß in großer Zahl in den Bergwäldern vorgekommen sein. Der letzte wurde 1838 bei Hindelang erlegt. **Wölfe** gelangten immer wieder ins Gebirge, meist als Folge von Kriegsereignissen. Zuletzt wurde 1949 bei Eischoll ein zweijähriger männlicher Wolf abgeschossen. Soviel über die ausgestorbenen bzw. ausgerotteten Säugetiere der Alpen.

Gemse

Von den durch das Jagdgesetz betreuten typischen Alpentieren, die allgemein bekannt sind, soll nur kurz die Rede sein. Am bekanntesten ist wohl die **Gemse** *(Rupicapra rupicapra)*. Sie ist die einzige Antilope Europas. Bezeichnend für die männlichen und weiblichen Tiere sind die Hörner oder Krickeln. An der Spitze sind sie hakenförmig nach hinten und abwärts gebogen. Die Krickeln der weiblichen Tiere sind etwas schwächer entwickelt als beim Bock. Hinter jedem Horn liegen bei beiden Geschlechtern in einer muschelförmigen Vertiefung die ›Brunftfeigen‹. Sie sondern während der Brunftzeit (November bis Anfang Dezember) einen widerlich riechenden Stoff aus, besonders stark beim Bock. Sommer- und Winterhaar sind bei den Gemsen sehr verschieden. Ersteres ist rotbraun und nur 3 cm lang, letzteres dagegen braunschwarz und 10–12 cm lang. Die Rückenhaare erreichen sogar eine Länge von 20 cm. Sie sind eine begehrte Trophäe. Aus ihnen wird der als Hutschmuck begehrte Gamsbart hergestellt.

Gamsbart

Die Gemsen leben in Rudeln. Die Böcke sind allerdings außerhalb der Brunftzeit Alleingänger. Jedes Rudel wird von einer erfahrenen Geiß geführt und besteht aus Geißen, Kitzen und Jahrlingen, dem ›Geraffel‹, wie der Jäger sagt. Während des Sommers halten sich die Rudel mit Vorliebe in der Zone der Latschen auf, wo sie ihre Nahrung finden. Stets beobachten einige Wachtposten das Gelände. Nehmen sie etwas Verdächtiges wahr, stoßen sie einen gellenden Pfiff aus, worauf das ganze Rudel unter Führung des Leittiers in die Schrofen und Steilhänge flüchtet, wo die Tiere, besonders die Kitze, vor dem größten natürlichen Feind, dem Adler, möglichst sicher sind.

Gems-kugeln

In Dichtung und Sage spielt die Gemse eine bedeutende Rolle. Vor allem die ›Gemskugeln‹, auch ›Gemsbezoare‹ genannt, waren begehrt. Man verwendete sie in der Volksmedizin als Allheilmittel gegen jedwede Krankheit. Sie bilden sich im Labmagen aus unverdaulichen Nahrungsresten wie Harz, Haaren und Holzteilen.

Wenn auch die Gemse oder ›der Gams‹, wie sie von den Berglern genannt wird, in Körperbau und Lebensweise der Hochregion der Alpen hervorragend angepaßt ist, fallen doch alljährlich zahlreiche Tiere den Gefahren der Berge zum Opfer. Im Sommer ist es neben den Feinden aus der Tierwelt vor allem der Steinschlag, der Lücken in die Rudel reißt. Vor allem der strenge Hochgebirgswinter hält unerbittliche Auslese unter den Gemsen. Hunger, Kälte und Lawinen fordern ihre Opfer. Daher besteht für dieses schöne Tier *zwischen dem 16. Dezember und dem 31. Juli Schonzeit, d. h. die Jagd auf dieses Wild ruht.*

Steinbock

Während das Gamswild leicht zu beobachten ist, wenn man sich ruhig verhält, fällt es viel schwerer, sich an ein anderes Klettertier, dessen Lebensraum die Alpen sind, heranzupirschen, an den **Steinbock** *(Capra ibex)*. Er gehört zu den Ziegen, mit denen er nicht selten Bastarde zeugt. Dieses schönste und stolzeste Wild der Alpen war noch im 15. Jahrhundert überall häufig. Aber schon 1633 mußte es infolge des starken Rückgangs durch strenge Jagdverbote geschützt werden. Trotzdem war der Steinbock bis zur Mitte des 17. Jahrhunderts fast überall in den Alpen vollständig ausgerottet. Zum Teil mag übermäßige Jägerei mit der Grund gewesen sein, vor allem aber dürfte die zunehmende wirtschaftliche Erschließung der Berge durch die Almwirtschaft, durch die der Lebensraum des scheuen Steinwildes stark eingeengt wurde, den Steinbock in die unwirtlichsten und am schwersten zu begehenden Wände des Gebirges hinaufgetrieben haben. Dort sind sicher sehr viele Tiere den Gefahren der Hochregion zum Opfer gefallen.

Glücklicherweise blieb im Gebiet des Gran Paradiso eine Steinbockkolonie erhalten. Von dort aus hat man mit Erfolg versucht, dieses scheue Wild auch in anderen Berggruppen wieder einzubürgern. Besonders verdient gemacht hat sich bei diesen Versuchen die Schweiz, wo sich vor allem im Nationalpark im Engadin wieder Steinbockkolonien gebildet haben. In den Bayerischen Alpen leben im künftigen Nationalpark Berchtesgadener Land und auf der Südseite der Benediktenwand wieder kleine Steinbockrudel in freier Wildbahn.

Der Steinbock paßt sich mit seinem gelbbraunen Fell noch besser der Umgebung an als die Gemse, auch im Klettern ist er dieser überlegen. Sein Lebensraum erstreckt sich von den höchsten Legföhrenwäldern bis zur Schneegrenze. Während er im Sommer keinen Mangel an Nahrung hat, muß er sich im Winter mit Knospen, Latschennadeln, Moosen und Flechten begnügen, die er sich nicht selten aus dem Schnee herausscharrt. Im Winter liegt auch die Brunftzeit. Sie dauert von Dezember bis Januar. Nur in dieser Zeit gesellen sich die Böcke zu den Geißen. Beide Geschlechter haben mächtige Hörner, die auf der Vorderseite dicke Querwülste aufweisen. Das Gehörn der Geißen ist schwächer und wird nur etwa 30 cm lang, das der Böcke kann fast 1 m Länge erreichen bei einem Gewicht von 15 kg. Auch im Magen des Steinbocks finden sich sog. ›Bezoarkugeln‹, die neben dem Gehörn und dem Blut als wundertätige Heilmittel sehr begehrt waren. *Um den Steinbock in den Alpen wieder heimisch zu machen, wurden überall strenge Schutzmaßnahmen erlassen.* Auch Einbürgerungsversuche werden häufig durchgeführt. Trotzdem kann es noch lange dauern, bis die einst häufige Wildziege in den Hochregionen der Alpen wieder häufiger zu beobachten sein wird.

Murmeltier (Abb. S. 174)

Neben der Gemse ist das **Murmeltier** *(Marmota marmota)* das bekannteste Alpentier. Es ist ein Verwandter des Eichhörnchens, ist aber größer und schwerer und wesentlich gedrungener gebaut. Wohl jeder Bergwanderer hat schon den schrillen Pfiff gehört, mit dem sich die Murmeltiere warnen, wenn sie sich in Gefahr glauben. Bietet das Gelände, in dem sie ihre Sommerbaue haben, wenig Deckung, stellen sie sogar Wachen aus, damit die übrigen Tiere ungestört weiden können. Denn in dem nur wenige Monate währenden Alpensommer müssen sie sich ein dickes Fettpolster anmästen, von dem sie während des Bergwinters, der ja fast zwei Drittel des Jahres dauert, zehren können. Um ihn überstehen zu können, legen sich die Murmeltiere in tieferen Lagen, meist in der Nähe der Baumgrenze, einen Winterbau an. Er liegt bis zu 3 m unter der Erde. Die Zugangsröhre wird auf 1–2 m Länge mit Steinen, Erde und Heu abgedichtet. Der Kessel, in dem bis zu 15 Murmeltiere ihren Winterschlaf halten, ist mit Heu ausgepolstert. Schon im August beginnen die ›Mankeis‹, trockenes Gras

Murmeltier beim ›Heuen‹ (Text S. 173)

abzubeißen und in den Winterbau zu schleppen. Im Oktober, wenn der erste Schnee die Gipfel der Berge überzuckert, ziehen sie sich dann zum Winterschlaf zurück, der ungefähr sechs Monate dauert. Alle drei bis vier Wochen erwachen sie und entleeren den Harn in einen abseits des Schlafkessels gelegenen Seitengang. Gleich nach dem Erwachen im Frühjahr erfolgt die Paarung. Der Nachwuchs besteht nur aus 2–3 Jungen, die erst nach drei oder vier Jahren geschlechtsreif werden. Den Sommer verbringen die Murmeltiere, auch ›Mankei‹ geheißen, in höheren Lagen. Mit Felsbrocken übersätes, voll der Sonne ausgesetztes Gelände lieben sie. Dort graben sie eine Vielzahl flacher Gänge, in denen sie bei Gefahr blitzschnell verschwinden. Raubvögel, vor allem der Steinadler und der Fuchs sind die natürlichen Feinde der Murmeltiere. Auch der Mensch stellt ihm nach. *Das Fett wird als Heilmittel,* der Pelz zum ausfüttern von Hausschuhen verwendet. Das Fleisch ist als Braten geschätzt. Das Murmeltier gehört zu den jagdbaren Tieren und darf vom 1.-30. September gejagt werden. Bis dahin sind die Jungen herangewachsen. *Die vorhandenen Bestände an Murmeltieren verdienen Schutz.*

Noch einem dritten Säugetier begegnen wir oberhalb der Baumgrenze, das dem Jagdrecht unterliegt. Es ist der **Schneehase** *(Lepus varronis)*. Während der Eiszeit war er im eisfrei gebliebenen Mitteleuropa weit verbreitet. Heute lebt er als seltenes ›Eiszeitrelikt‹ nur mehr in den Alpen in Höhen zwischen 1700 und 2600 m. Besonders kennzeichnend für ihn ist seine winterliche Umfärbung. Er ist während der kalten Jahreszeit rein weiß, nur die Spitzen der Ohren bleiben schwarz. Im Sommer hat er ein dunkelbraunes Fell, ähnlich wie sein Vetter, der Feldhase. Im Winter ist bei ihm Schmalhans Küchenmeister.. Er steigt dann in den oberen Waldgürtel herunter, wo er trockenes Gras und Rinde findet. Gelegentlich tut er sich am Heuvorrat der Sennhütten gütlich. *Vom 16. Oktober bis 15. Januar darf er gejagt werden.*

Schneehase

Eine besondere Anpassung des Schneehasen an den schweren Hochwinter müssen wir noch erwähnen. Er hat stark behaarte Hinterläufe, mit deren Hilfe er wie auf Schneereifen über die Schneedecke laufen kann, ohne stark einzusinken. Außerdem kann er sich bei sehr schlechten Witterungsverhältnissen einschneien lassen. Er gräbt sich dann unter der Schneedecke eine Höhle, in der er Wurzeln und Blätter der verschneiten Pflanzen benagt. Die Anpassung des Schneehasen an die extremen Verhältnisse des Alpenwinters müssen noch besser sein als die des Murmeltiers, das die schlimmste Zeit durch den Winterschlaf übersteht.

Eine Reihe von Säugetieren, die durch das Naturschutzgesetz geschützt sind, und die auch in den Alpen leben, haben wir schon an anderer Stelle kennengelernt, z.B. den Igel, die Spitzmaus und den Siebenschläfer. Von den Vögeln sind typische alpine Arten die Alpenbraunelle, der Berglaubsänger, die Alpenringdrossel, der Schneefink und der Mauerläufer. Das geltende Naturschutzgesetz stellt sie wie *alle nichtjagdbaren wildlebenden Vögel unter vollkommenen Schutz*. Die jagdbaren Arten, nämlich die ganzjährige Schonzeit genießenden Rauhfußhühner, haben wir bereits kennengelernt. Von einem anderen Hühnervogel, dem **Schneehuhn** *(Lagopus alpinus)*, das ausschließlich die Hochlagen der Alpen bewohnt, soll hier noch die Rede sein. Es bewohnt die Regionen oberhalb der Almen, wo es sich von Knospen und Blättern, im Sommer auch von Insekten ernährt. Es ist neben dem Schneehasen wohl das kältehärteste Tier. Selbst im tiefsten Winter bleibt das Schneehuhn droben auf den freien Hängen. Bei Schneetreiben läßt es sich einschneien. Im Winter ist sein Gefieder rein weiß, im Sommer braungesprenkelt. Diese ausgezeichnete Schutzfärbung zu allen Jahreszeiten ist seine beste Waffe gegen Fuchs, Kolkrabe und Steinadler, die das Schneehuhn als Beute zu schätzen wissen. Das Schneehuhn ist der einzige Vogel, der im Winter einen Farbwechsel vornimmt. Eine weitere Anpassung an seinen Lebensraum sind die während des Winters befiederten Füße, gleichzeitig Kälteschutz und Schnee-

Schneehuhn

reifen, so daß die Schneehühner über den Schnee laufen können ohne einzusinken. *Die Schneehühner gehören zum Federwild, genießen aber das ganze Jahr über Schonzeit.*

Steinadler
(Abb. S. 177)

Alle die bisher genannten Vögel des alpinen Raumes sind in ihrer Existenz nicht direkt bedroht. Selbst durch Erschließungsmaßnahmen wie Bergbahnbauten kann ihr Lebensraum nicht entscheidend geschmählert werden. Ganz anders verhält es sich mit dem stolzesten Vogel der Alpen, mit dem **Steinadler** *(Aquila chrysaetos). Er ist unmittelbar vom Aussterben bedroht.* Früher war er in ganz Mitteleuropa verbreitet, wurde aber rücksichtslos verfolgt. Schon im 19. Jahrhundert war er überall, außer im Alpenraum, ausgerottet. Dort hat er sich bis heute halten können, obwohl nach wie vor alle möglichen Märchen erzählt werden, die ihn zu einem gefährlichen und schädlichen Vogel stempeln wollen. Seine Nahrung besteht im wesentlichen aus kranken und schwächlichen Kleintieren, z. B. Murmeltieren, Schneehasen und Schneehühnern. Ab und zu fällt ihm auch ein Gemskitz oder ein Fuchs zum Opfer. Doch den größten Teil seines Futterbedarfes deckt er aus Aas. Täglich geht in den Bergen genug Kleinvieh und Wild zugrunde. Ihre Kadaver bilden die Hauptnahrung des Adlers. Er ist also als Gesundheitspolizei des Gebirges anzusprechen und füllt seinen Platz in der Natur wohl aus.

Der Adler baut seinen Horst an unzugänglichen, steilen Felswänden in der oberen Waldregion aus groben Prügeln und polstert ihn mit Reisig aus. Schon im März legt das Weibchen, das größer als das Männchen ist, 1–2 Eier. Es dauert etwa 44 Tage, bis die Jungen ausgebrütet sind. Im weißen Flaumkleid sitzen sie die ersten Wochen im Nest. Das Wachstum geht langsam vonstatten. Anfangs erhalten die Kleinen Atzung, die die Mutter bereits im Kropf vorverdaut hat. Nach einigen Wochen ist das nicht mehr nötig, aber noch können sie die von den Alten herbeigeschleppte Beute nicht selbst zerlegen. In dieser Zeit hält sich das Weibchen viel am Horst auf. Wenn dann das Daunenkleid allmählich von den Federn verdrängt wird, müssen die Jungadler lernen, die von den Eltern in Massen herbeigetragene Nahrung selbst zu zerlegen. Jetzt fangen sie auch an, täglich stundenlang mit den Flügeln zu schlagen, um sich für den ersten Ausflug vorzubereiten. Erst nach 80 Tagen ist der Steinadler flügge. Ungefähr 6 Jahre führt er ein unstetes Leben, dann sucht er sich eine Gefährtin und baut einen Horst. Adlerpaare bleiben das ganze Leben zusammen. Da der Horst nach der Brut durch faulende Nahrungsreste kaum mehr benutzbar ist, haben die Steinadler meist zwei oder drei Horste in ihrem Revier, die sie abwechselnd benutzen. Wie alle Greifvögel genießt auch *der Steinadler das ganze Jahr über Schonzeit.*

Steinadler (Text S. 176)

Noch im vorigen Jahrhundert hauste als echtes Hochgebirgstier unter den Greifvögeln in den Alpen der **Lämmergeier**. Er und der Weißkopfgeier sind in Mitteleuropa verschollen. Wie der Adler ernährt sich der Lämmergeier hauptsächlich von Aas und kleineren Tieren. Heute horstet er noch in den südosteuropäischen Gebirgen.

Lämmergeier

Obwohl Reptilien bekanntlich sehr wärmeliebende Tiere sind, treffen wir auch über der Waldgrenze einige ihrer Vertreter. Oft sind sie schwärzlich gefärbt und gelten als Spielarten der normalerweise in tieferen Lagen lebenden Artgenossen. Einer der bekanntesten ›Schwärzlinge‹ ist die Höllennatter, eine Unterart der Kreuzotter. Als echtes Gebirgstier unter den Reptilien müssen wir die **Bergeidechse** *(Lacerta vivipara)* bezeichnen. Die kleinste der mitteleuropäischen Eidechsen bewohnt sonnige Matten über der Waldgrenze bis zu Höhen von 2000 m, steigt aber auch tiefer hinab und ist manchmal in den Mittelgebirgen anzutreffen, aber nie unter 500 m. Von ihren Verwandten unterscheidet sie sich durch den kurzen, dicken Schwanz und die weniger lebhafte Färbung. Ihr

Bergeidechse

Rücken ist braun und weist dunklere Längsstreifen auf. Auch eine schwarze Abart gibt es. In ihren Bewegungen ist die Bergeidechse nicht so gewandt wie etwa die Zauneidechse. Sie muß sich daher mit langsameren Beutetieren zufrieden geben wie Regenwürmern, Tausendfüßlern und Insektenlarven. Von allen ihren Verwandten erscheint sie im Frühjahr am zeitigsten, auch zieht sie sich im Herbst verhältnismäßig spät zur Winterruhe zurück. Trotzdem muß sie im alpinen Klima den größten Teil des Jahres in der Winterstarre verbringen.

Fortpflanzung

Besonders durch die Tatasche, daß sie lebendige Junge zur Welt bringt, nimmt die Bergeidechse in ihrer Familie eine Sonderstellung ein. Das ist eine Anpassung an den kurzen Alpensommer. Das Muttertier kann jede Möglichkeit ausnützen, um sich in die lebenspendende Sonne zu legen. Dadurch wird die Reifung der Eier in ihrem Leibe gefördert und die Jungen sind bei der Geburt schon völlig entwickelt. In der Regel sind sie noch von der pergamentartigen Eihülle umschlossen, wenn sie den Körper der Mutter verlassen. Oft aber sind die Eikapseln schon gesprengt, wenn sie aus der Kloake austreten. Die Jungen, es sind 3–9, haben eine Länge von 1,5 cm. Nach der Geburt verkriechen sie sich zunächst in Ritzen und Spalten des Bodens. Dort verbringen sie die ersten Tage ihres Lebens schlafend. Erst nach etwa einer Woche gehen sie auf Jagd und wachsen verhältnismäßig schnell heran. *Die Bergeidechse gehört zu den vollkommen geschützten Tieren.*

Alpensalamander

Unter den Lurchen ist der **Alpensalamander** *(Salamandra atra)* dem Leben im Hochgebirge besonders gut angepaßt. Er ist einfarbig schwarz, kleiner als der Feuersalamander und auch etwas schlanker. Er liebt feuchtwarme Regentage. Vor der Sonne verkriecht er sich zwischen Moos oder in dem immer feuchten Wurzelwerk der Latschen. Denn es fehlen ihm, wie allen Lurchen, Schutzstoffe, die seine zarte Haut vor dem Austrocknen bewahren. Oberhalb der 800 m-Linie beginnt sein Lebensbereich. Er steigt so hoch hinauf, wie es ihm das Vorkommen seiner Beutetiere erlaubt. Erst nahe der 3000 m-Linie findet er keine Regenwürmer und Nacktschnecken mehr. Auch Spinnen und Raupen verschmäht er nicht.

Die Anpassung an seinen Lebensraum, der durch kurze Sommer und lange Winter gekennzeichnet ist, beweist seine Fortpflanzung. Ähnlich wie die Bergeidechse bringt der Alpensalamander lebendige Junge zur Welt. Seine Nachkommen haben nicht die Zeit, in einem kalten Bergbach ein monatelanges Kaulquappenstadium zu durchlaufen. Das Larvenstadium ist also in den Körper der Mutter verlegt. Es können sich aber nur 2 Junge entwickeln. Daher ist die Nachkommenschaft gering. Im Körper der Mutter ernähren sie sich vom Dotter der übrigen Eier. Die Entwicklung der beiden Jungen dauert infolge des langen Winters zwei bis drei Jahre. Nach der Geburt sind sie sofort selbständig. Man sagt dem Alpensalaman-

Alpensalamander oder Bergmanndl

der, der von den Bergsteigern und Bergbauern auch Bergmanndl genannt wird, nach, er zeige an, daß das Wetter schlecht wird, wenn er bergab geht, daß es aber schön wird, wenn er bergauf steigt. Diese Prophetengabe hat er aber nicht. Er kommt nur bei Regenwetter aus seinem feuchten Versteck, ob er dann auf- oder abwärts geht, ist dem Zufall überlassen. *Der Alpensalamander gehört zu den vollkommen geschützten Tieren.*

Bergmolch

Von den Molchen kommen im Gebirge die gleichen Arten vor wie in der Ebene und im Hügelland. Wir haben sie bei den Feuchtbiotopen kennengelernt. Nur der **Bergmolch** (= Alpenmolch, *Triturus alpestris*) steigt in den Bergen höher hinauf als seine Verwandten. Im Gegensatz zu diesen verläßt er das Wasser bald nach der Laichzeit. An Land lebt er ähnlich wie der Alpensalamander. Doch behält er auch auf dem Trockenen seinen seitlich zusammengedrückten Ruderschwanz. Am schönsten ist der Alpenmolch während der Laichzeit. Das Männchen hat dann einen ganzrandigen Rückensaum, sein Rücken leuchtet bläulich marmoriert, an den Seiten läuft ein blaues Band entlang, Kehle und Bauch sind leuchtend orangerot. Das Weibchen ist einfacher gefärbt. An Land verblassen diese Farben und machen einem sehr dunklen Grau, das fast schwarz wirkt, Platz. *Der Alpenmolch ist vollkommen geschützt.*

Auch viele Insekten haben sich das Hochgebirge als dauernde Heimat gewählt. Besonders fällt die große Zahl der **Schmetterlinge** auf, die über den Bergwiesen ihr Spiel treiben. Vor dem rauhen Alpenklima sind sie durch Behaarung oder dunkle Färbung geschützt. Die dunkle Farbe nimmt die für einen Schmetterling unbedingt notwendige Wärme wirksamer auf als eine helle das tun würde. Daß wir in den Regionen über der Waldgrenze mehr Schmetterlinge finden als in den Tälern, hat noch einen anderen Grund. Die Farben der Alpenblumen sind meist rot, violett und blau. Auf diese Farbtöne sprechen die Falter (und auch die Hummeln) besonders gut an. Im Tiefland sind durch die für den Graswuchs wichtige Stickstoffdüngung Blütenpflanzen weitgehend verschwunden und mit ihnen die Schmetterlinge. In der alpinen Region, wo kaum je gedüngt wird, finden die Falter und ihre Raupen die benötigten Futterpflanzen und sind daher häufiger als im Tiefland. Alpenbläuling, Alpenperlmutterfalter, Gletscherfalter und Eisschwärzling sind die häufigsten Schmetterlinge, die wir über der Waldgrenze antreffen. Aber nur eine einzige Art gehört zu den geschützten Kerbtieren, der **Alpenapollo** *(Parnassius phoebus)*. Er ist nahe verwandt mit den übrigen Arten des Apollofalters, die wir auf den Steppenheiden angetroffen haben. Von ihnen unterscheidet er sich durch die gelbweiße Färbung der Flügel, am Hinterrand des Vorderflügels fehlt beim Männchen der schwarze Fleck, während das Weibchen an dieser Stelle einen roten Fleck hat. Die Fühler sind schwarzweiß geringelt. Die schöne Raupe, schwarz mit zitronengelben Flecken, lebt am Fetthennensteinbrech *(Saxifraga aizoides)*. Sie überwintert. Der Alpenapollo ist der seltenste unter den alpinen Schmetterlingen. Er bedeutet für den Schmetterlingssammler das gleiche wie das Edelweiß für den Botaniker. *Er ist vollkommen geschützt.*

Unter den zahlreichen im Gebirge vorkommenden Käferarten ist wohl der **Alpenbock** *(Rosalia alpina)* der schönste und auffallendste. Er fliegt von Juni bis August. Wir können ihn am Stamm alter Buchen finden. Seine Larve haust in Buchenstümpfen. Die Flügeldecken sind blaßblau behaart und mit drei samtschwarzen Querbinden geziert. Die erste und letzte Binde ist in der Mitte unterbrochen und auf jeder Flügeldecke zu einem Fleck reduziert. Die langen Fühler sind hellblau gestreift. Der Alpenbock ist sehr selten. Seine Heimat liegt vermutlich in den Beskiden, von dort wurde er wahrscheinlich mit Buchenholz bei uns eingeschleppt. Von Insektensammlern ist er ähnlich begehrt wie der Alpenapollo. *Er ist vollkommen geschützt.*

Es mag vielleicht merkwürdig erscheinen, daß nicht mehr von den nichtjagdbaren wildlebenden Tieren geschützt sind. Aber die allgemeine Schutzvorschrift (Art. 15 NatEG) ist so gefaßt, daß Tiere, deren Existenz als bedroht anzusehen ist, jederzeit in die Schutzvorschrift aufgenommen werden können. Ferner ist es nach Art. 1 NatEG verboten, wildlebende Tiere ohne vernünftigen Zweck in größerer Anzahl zu fangen oder zu töten. Dadurch soll die Bevölkerung ganz allgemein zu einem schonungsvollen Umgang mit der Tierwelt angehalten werden.

V. Der Meeresstrand

Die Lebewelt der Küsten muß mit Lebensbedingungen fertig werden, die wir im Binnenland nicht finden. Zwar haben wir Lebensräume kennengelernt, die einige der Faktoren des Biotops ›Küste‹ ebenfalls besitzen, so die regelmäßig und oft sehr stark wehenden Winde und die starke Sonneneinstrahlung. Im Hochgebirge und z. T. auf den Steppenheiden finden wir ähnliche Lebensbedingungen. Am Strand aber kommt ein neuer, sonst nirgends zu findender Faktor hinzu: das Meerwasser. Es ist uns allen bekannt, daß es salzhaltig ist. Der Salzgehalt schwankt von Meer zu Meer, in der Nordseeküste beträgt er rund 35 g Salz pro Liter, in der Ostsee, die ja ein Binnenmeer ist, sind es nur mehr 8 g pro Liter. Außerdem ist das Küstengebiet, das uns allein interessiert, in der Regel durch die Flüsse, die hier münden, etwas ausgesüßt, so daß wir auch Brackwasserzonen vorfinden. Wenn wir unsere Betrachtungen aber nur auf die geschützten Pflanzen und Tiere beschränken, können wir von solchen feinen Unterscheidungen absehen. Den Salzgehalt des Meerwassers aber dürfen wir keinesfalls vernachlässigen.

A. Die geschützten Pflanzen des Meeresstrandes

In der Nachbarschaft des Meeres können nur Pflanzen gedeihen, die das salzhaltige Wasser vertragen. Man nennt sie ›Salzpflanzen‹ (= Halophyten). Um zu verhindern, daß sich zuviel Salz in ihrem Gewebe anreichert, müssen sie versuchen, mit einem Minimum an Wasser auszukommen. Das mutet in unmittelbarer Nähe des weiten Ozeans paradox an. Aber wenn wir bedenken, daß ein zu hoher Salzgehalt auf das Plasma der Zellen tödlich wirken würde, können wir verstehen, daß die Halophyten gleichzeitig Xerophyten sein müssen, also Pflanzen, die sich mit ganz wenig Wasser zufrieden geben können. Einrichtungen, die den Wasserbedarf einer Pflanze herabsetzen, haben wir bereits bei den Steppenheiden und beim Hochgebirge genannt. Die Blätter sind sehr stark zurückgebildet, sie sind also klein und schmal oder stark zerteilt, um dem Wind und der Sonne wenig Angriffsfläche zu bieten und die Verdunstungsfläche herabzusetzen. Andere Pflanzen lernen Wasser zu speichern, sie werden zu ›Sukkulenten‹, d. h. durch das Verdicken und Fleischigwerden der Blätter wird die Verdunstung herabgesetzt und das lebenspendende Wasser gespeichert. Auch starke Behaarung oder Wachsüberzug hilft Wasser sparen. Dort, wo sich die weiten Hügel der Dünen erstrecken, finden wir eine ähnliche Flora wie in den Steppenheiden. Soweit wir diese Pflanzen schon erwähnt haben, werden wir sie an dieser Stelle nur mehr kurz anführen.

Sehen wir uns zunächst am Sandstrand um. Strandweizen und Strandhafer sind die Charakterpflanzen des Sandes und der Dünen. Für die Befestigung der Dünen spielen diese Gräser eine große Rolle, da sie mit ihren bis 6 m langen Ausläufern den Sand durchwurzeln und festigen. In solcher Umgebung finden wir die von Juni bis August blühende **Stranddistel** *(Eryngium maritimum)*. Die steifen Blätter mit ihren dornigen, stechenden Blattzähnen geben ihr das Aussehen einer Distel. Sie ist aber, botanisch gesehen, ein Doldenblütler. An ihrem Standort ist die Stranddistel ständigen Winden ausgesetzt. Sie muß sich deshalb vor zu starker Verdunstung schützen. Das gelingt ihr, indem sie ihre Blätter mit einer hauchdünnen Wachsschicht überzieht, wodurch die ganze Pflanze graugrün und blau überlaufen aussieht. Ihre stahlblauen Blütenköpfchen sind von großen, dornigen Hochblättern umgeben. Da sie sich durch dieses Aussehen sehr attraktiv ausnimmt, wird sie gerne zu Trockensträußen gesammelt. Dadurch ist sie leider sehr stark zurückgegangen. *Sie wurde daher in die Liste der vollkommen geschützten Pflanzen aufgenommen.* Für die Festigung der Dünen hat die Stranddistel große Bedeutung. Ihre Wurzeln reichen tief in den Grund hinab. Dadurch hat sie auf dem lockeren Sandboden einen festen Halt und ist als Sandfänger von unschätzbarem Wert, zumal sie als mächtiger Busch den ganzen Winter hindurch stehenbleibt.

Stranddistel

Die Wurzel der Stranddistel wird ab und zu noch als Heilmittel bei Husten verwendet. Sie ist häufig Bestandteil von Hustentee und Hustensirup. Auch volkskundlich ist die Pflanze interessant. Angeblich wurde sie bei der Dornenkrone Christi mit verwendet und heißt daher mancherorts Morddistel.

Der griechische Name *Eryngium* findet sich schon bei Theophrast und ist von *eryngos* = Ziegenbart abgeleitet. Die zahlreichen dichten Wurzelfasern geben Anlaß zu diesem Vergleich. Durch die Bezeichnung *maritimum* = am Meer wachsend wird der Standort der Pflanze näher bezeichnet.

Tausendgüldenkraut

Auf strandnahen Wiesen und in grasbewachsenen Dünentälern treffen wir ab und zu das **Tausendgüldenkraut** *(Centaurium = Erythraea)*. Die bekannteste Art ist das Echte Tausendgüldenkraut mit fleischroten Blüten, in Küstennähe kommt auch die gelbblühende *Centaurea maritima* vor. Nicht nur in Meeresnähe sind die Tausendgüldenkräuter zu finden, auch auf Waldblößen und sonnigen Triften gedeihen sie. Der botanische Name *Centaurium* geht auf den in der Heilkunde wohl bewanderten Zentauren Chiron zurück (Centauren sind Fabelwesen der griechischen Sage, halb

Mensch, halb Pferd). Später wurde das Wort zu Centum aurium umgebildet, das heißt Hundertgulden. Daraus wurde schließlich Tausendgüldenkraut. Seit dem Altertum ist die Pflanze als Mittel gegen Fieber bekannt. Auch heute noch ist das Tausendgüldenkraut eine in der Pharmazie verwendete *Heilpflanze.* In der Wirkung gleicht es dem Enzian (es gehört zur Familie der Enziangewächse). Die Droge fördert die Speichel- und Magensaftsekretion, ist in Magentees und Magenbitter enthalten. Ein alter Spruch sagt: ›Was bitter dem Mund, ist dem Magen gesund.‹ Als Heilpflanze wird das Tausendgüldenkraut viel gesammelt. Es wurde daher in die Liste der *teilweise geschützten Pflanzen* eingereiht.

Sanddorn

Auch die Latschen vertragen das stürmische Seeklima gut. Wie schon erwähnt, werden sie zur Befestigung der Dünen, ähnlich wie der Strandhafer, angepflanzt. Aber als eigentliche Pflanze des Meeresstrandes dürfen wir die aus dem Hochgebirge stammende Legföhre nicht betrachten. Dagegen ist der **Sanddorn** *(Hippophae rhamnoides)* eine echte Küstenpflanze, die wir an Flußufern und auf trockenen Sand- und Kiesböden auch im Binnenland bisweilen antreffen. Er hat weidenähnliche Blätter, die unscheinbaren, getrenntgeschlechtigen Blüten sitzen an getrennten Pflanzen. Der sperrige Strauch ist also zweihäusig. Wegen seiner zahlreichen, orangeroten Beeren wird er auch gerne als Zierstrauch angepflanzt. Die Beeren schmecken herb-säuerlich und weisen einen hohen Vitamin-C-Gehalt auf. Sie werden gerne zur Herstellung von Milch-Mix-Getränken verwendet. Beim Sammeln der Beeren werden die Sträucher leider oft schwer beschädigt. Daher wurde der Sanddorn unter die *vollständig geschützten Pflanzen* eingereiht, doch ist das Sammeln seiner Beeren erlaubt. Erst neuerdings rechnet man den Sanddorn zu den *Heilpflanzen.* Saftkonzentrate werden im Winter als Vorbeugungsmittel gegen Grippe empfohlen.
Der botanische Name *Hippophae* geht auf das griechische *hippos* = Pferd und auf *phaos* = Licht zurück. Man nimmt an, daß man den Sanddorn im Altertum als Heilmittel für die Augen der Pferde gebraucht hat. Die Artbezeichnung *rhamnoides* bedeutet kreuzdornähnlich. Die Pflanze hat Dornen, die denen des Kreuzdorns ähnlich sind.

Die Dünen beherbergen mehr Pflanzenarten als man annehmen möchte. So finden wir neben der Grasnelke und dem Salzkraut (beide nicht geschützt) sogar eine Orchidee, die **Sumpfwurz** (= Stendelwurz, *Epipactis palustris*). Sie duftet deutlich nach Vanille, weshalb sie an den Küsten auch Strandvanille genannt wird. Sie gedeiht auch im Binnenland. Als alte Bekannte treffen wir an moorigen Stellen den Rundblättrigen Sonnentau und den Lungenenzian.

B. Geschützte Tiere des Meeresstrandes

1. Säugetiere

Robben

Die einzigen Säugetiere, die schutzbedürftig sind, werden im Jagdgesetz aufgezählt. Es handelt sich um die **Robben** *(Phocidae)*. An den Küsten Mitteleuropas leben drei Arten: der Seehund *(Phoca vitulina)*, die Ringelrobbe *(Phoca hispida)* und die Kegelrobbe *(Halichoerus grypus)*. Alle drei Arten sind dem Wasserleben ausgezeichnet angepaßt, obwohl sie sicher in früheren Jahrtausenden Landraubtiere waren. Die Beine sind verkürzt. Die größte Veränderung haben die Hinterbeine erfahren. Sie sind ganz nach hinten gedreht, ihre Zehen stark verlängert und durch eine Schwimmhaut verbunden. Beim Schwimmen dienen sie als Ruder, das den Körper wie eine Schiffsschraube vorwärts treibt. Die Vorderbeine werden lediglich als Steuer benutzt, helfen den Tieren auch an Land bei der Fortbewegung. Fehlen der Ohrmuscheln, verschließbare Ohren- und Nasenöffnungen sowie die torpedoförmige Körpergestalt sind weitere Anpassungen an das Wasserleben. Den notwendigen Schutz gegen Wärmeverlust bietet eine dicke Speckschicht, die den ganzen Körper ringsherum einhüllt. Dadurch können die Robben auf einen Wollpelz verzichten und sich mit einem aus kurzen, straffen Haaren bestehenden Fell begnügen. Als Nahrung dienen allen Robben in erster Linie Fische. Sie erbeuten diese mit Hilfe eines scharfzähnigen Raubtiergebisses.

Tagsüber halten sie sich gerne auf Sandbänken auf, wo sie faul in der Sonne liegen und schlafen. Ihr ausgezeichnetes Gehör warnt sie frühzeitig vor nahender Gefahr. Mit überraschender Schnelligkeit verschwinden die Tiere dann im Wasser. Dieses ist ihr eigentliches Lebenselement. Sie schwimmen und tauchen meisterhaft und können bis zu 8 Minuten unter Wasser bleiben. Doch kommen sie in der Regel öfter zum Atemholen an die Oberfläche empor. Im allgemeinen entfernen sich die Robben nicht weiter als 30 Seemeilen (= 5,5 km) vom Land. Sie können auch im Wasser schlafen, wobei sie nahe der Oberfläche liegen bleiben und in regelmäßigen Abständen mittels einiger Flossenschläge zum Atemschöpfen auftauchen, ohne daß der Schlaf unterbrochen wird. Offenbar geschieht dies durch automatische Reflexe.

Pelzhandel

Die Robben sind als Lieferanten eines vom Rauchwarenhandel sehr begehrten Pelzes stark gefährdet. Vergeblich haben internationale Organisationen wie der WWF bisher versucht, das ›Robbenschlagen‹, diese tierquälerische Art der Jagd, zu unterbinden. Die seltenen Arten Ringel- und Kegelrobbe, sollten vollständig geschützt werden. *Vom 1. Januar bis zum 15. Juli genießen die Robben nach dem Jagdgesetz Schonzeit.* Hetzjagden, wie sie teilweise von Badegästen veranstaltet wurden, sind verboten.

2. Vögel

Von den **Vögeln** finden wir im Dünengelände zahlreiche Arten, die auch im Binnenland vorkommen, vor allem solche, die dort im Gelände von Steppenheiden leben. Beide Lebensgemeinsachaften, Steppenheiden und Dünen, haben manches gemeinsam. Auch die Vogelwelt feuchter Wiesen und Moore in Strandnähe weisen keine Verschiedenheit gegenüber ähnlichen Biotopen im Binnenland auf. Ein überwältigender Reichtum der verschiedensten Vogelarten bietet sich dem Vogelfreund direkt an der Küste dar. Dort findet sich, besonders an den Sandstränden, für unsere gefiederten Freunde eine Menge Nahrung im sog. ›Angespül‹, das von jeder Welle an Land geworfen wird. An den Küsten haben sich daher, sogar in unmittelbarer Umgebung vielbesuchter Badeorte, *Seevögel-Kolonien* gebildet, ›z. B. in Heiligenhafen an der Ostsee (vor allem Sturmmöven), in Norddorf auf Amrum (u. a. Seeschwalben, Eiderenten), auf Wangeroog (Seeschwalben, Rotschenkel, Kampfläufer usw.), auf Langeoog (vor allem Silbermöven, Brandenten)‹. ›Den größten Eindruck jedoch gewinnt man von einer sog. *Vogelinsel, die ganz den Vögeln überlassen ist und nur mit besonderer Erlaubnis betreten werden darf.* Dazu gehören u. a. Hallig Norderoog an der Westküste Schleswig-Holsteins, von Hallig Hooge aus zu erreichen (vor allem Brandseeschwalben, Austernfischer), und die Inseln Trischen, vor der Küste Dithmarschens, von Friedrichskoog aus (Seeschwalben usw.), Scharnhörn bei Neuwerk (Seeschwalben u. a.), Mellum zwischen Weser- und Jademündung (Silbermöven, Seeschwalben, Austernfischer usw.).‹

Vogelinseln

Die Reichhaltigkeit und Zahl der an den Küsten lebenden Vögel fällt besonders zu den Zugzeiten auf. Zur Brutzeit (Ende April bis Anfang Juli) ist es möglich, die brütenden Seevögel zu beobachten. Daß man dabei mit der unbedingt notwendigen Behutsamkeit vorgehen muß, um die Tiere nicht zu beunruhigen, ist wohl selbstverständlich. Ein zweiter Höhepunkt im Jahr, in dem die Vielfalt der Vogelarten an den Stränden besonders auffällt, ist die Wegzugzeit (Ende Juli bis September). ›Zur Wegzugzeit können wir eine fast unvorstellbare Zusammenballung von Vögeln (Möven, Watvögel, Enten) am Strand und vor allem im Watt erleben. Da gibt es Strandläufer-›Wolken‹, die aus Tausenden von Einzelvögeln bestehen, unzählbare Mövenmengen und sogar Massenansammlungen der bunten Brandente von 10000 und mehr, besonders in den weiten Watten vor der Weser- und Elbemündung‹ (Alle Zitate aus ›Der Strandwanderer‹, J.F. Lehmann-Verlag München). Zu den genannten Zeiten können auch viele Durchzieher beobachtet werden, die nur kurz Rast machen und dann zu ihren eigentlichen Brutgebieten bzw. Winterquartieren weiterreisen.

Im folgenden werden nur die besonders gefährdeten Vogelarten kurz beschrieben. Die übrigen sind – glücklicherweise – noch so häufig, daß man nicht von einer Bedrohung sprechen kann.

Alpenstrandläufer

Der Alpenstrandläufer *(Calidris alpina)* ist *einer der seltensten Vögel an der Küste.* Er gehört zu den Watvögeln und nährt sich ausschließlich von Insekten, Regenwürmern, kleinen Meeresweichtieren und Kleinkrebsen. Der Schnabel ist schwach nach abwärts gebogen, der Rücken graubraun bis kastanienbraun mit schwarzen Streifen. Als Durchzügler kommt er oft ins Binnenland, wo er auf Sandbänken von Flüssen und Seen und auf den Schlammflächen abgelassener Teiche zu beobachten ist.

Seeschwalben

Brachvogel und **Seeschwalbe** haben wir bereits kennengelernt. Letztere kommt in verschiedenen Arten vor, von denen *die Brandseeschwalbe sehr gefährdet ist,* Raub- und Rosenseeschwalbe sind an den Küsten Mitteleuropas bereits verschwunden. Die **Raubseeschwalbe** kennen wir nur noch als Durchzügler. Dabei brüteten auf Sylt noch 1819 300 Paare. An ihrem Verschwinden sowie an dem gefährlichen Rückgang der **Brandseeschwalbe** ist nicht zuletzt die Überzahl der Möven schuld, die sich als Nesträuber betätigen. Die letzten Brutkolonien der Brandseeschwalbe – sie heißt wegen ihres schwarzen Kopfes so – liegen in Mitteleuropa in den Niederlanden (30 000–40 000 Paare), an der Nordseeküste (4000 Paare) und an der Ostsee (400 Paare). Diese leider in ständigem Rückgang befindlichen Brutplätze konnten nur erhalten werden, indem man die Eier der Möven aufsammelte und diese damit am Brüten hinderte.

Kampfläufer

Einer der interessantesten Vögel der an die Küste grenzenden Moore und der feuchten Marschen ist der **Kampfläufer** *(Philomachus pugnax).* Die Männchen liefern sich in der Brutzeit gefährlich aussehende, in Wirklichkeit aber völlig harmlose Scheinkämpfe, bei denen sie mit aufgerichteter Halskrause wie rasend aufeinander losgehen. Interessant ist es, daß sogar in der Brutzeit die Männchen in kleinen Gruppen zusammenleben. Nach den auf den ›Turnierplätzen‹ ausgetragenen Kämpfen kommen die Weibchen und suchen sich ihren Partner aus. Die Paare gehen keine dauernde Bindung ein. Die Männchen kümmern sich weder um das Brutgeschäft noch um die Aufzucht der Jungen, die als Nestflüchter keiner besonderen Betreuung bedürfen.

Rotschenkel

Sehr gefährdet ist auch der Bestand des **Rotschenkels** *(Tringa totanus).* Früher war er in den großen Mooren Norddeutschlands zahlreich vertreten. Die Zerstörung seines Lebensraumes durch Entwässerung der Sümpfe hat seine Zahl sehr zurückgehen lassen. Heute treffen wir ihn nur noch an der Küste und auf den ihr vorgelagerten Inseln. Den größten Bestand weisen – wie bei der Brandseeschwalbe – die Niederlande mit 30 000 Brutpaaren auf. Der gesellige Vogel gehört zu den Watvögeln. Der Strand bietet ihm mit Würmern und Krebsen reichliche Nahrung.

Kormoran

Der **Kormoran** *(Phalacrocorax carbo)* war früher in seenreichen Gebieten Mitteleuropas weit verbreitet. Da er sich ausschließlich von Fischen ernährt und täglich mehr als sein eigenes Körpergewicht frißt (2–2,5 kg), wurde er durch die Fischereiberechtigten gnadenlos verfolgt. Einige Brutkolonien haben sich an der Donau und vor allem in den Niederlanden erhalten. Beim Fischfang taucht er unter das Wasser, wo er sehr rasch und geschickt ›mit kräftigen Stößen seiner mit Schwimmhäuten versehenen Füße‹ schwimmt. Merkwürdigerweise wird sein Gefieder naß. Er muß sich nach jedem Tauchen trocknen, wobei er mit gespreizten Flügeln auf einem Ast, einer Boje oder einem Pfahl sitzt. An dieser Haltung kann man ihn genau erkennen.

Fisch- und Schreiadler

Fischadler *(Pandion haliaetus)* und **Schreiadler** *(Aquila pomarina)* sind als Brutvögel *im mitteleuropäischen Raum schon lange ausgestorben.* Als reiner Fischfresser wurde der erstere erbarmungslos ausgerottet. Der viel kleinere Schreiadler, der sich mehr von Fröschen, Ringelnattern und anderen Sumpf- und Wasserbewohnern ernährt, teilte das Schicksal des Fischadlers, da man seine Lebens- und Freßgewohnheiten zu wenig beachtete. Als Brutvögel kommen sie nur noch in geringer Zahl in Mecklenburg, Brandenburg, Pommern und dem ehemaligen Ostpreußen vor.

Seeadler

Das gleiche Brutgebiet gilt für den **Seeadler** *(Haliaeetus albicilla).* Etwa 100 Paare sind dort bekannt, in Ostholstein zählt man noch 46. Die Horste werden wegen der Eierräuber geheimgehalten. Durch *strenge Schutzmaßnahmen* hofft man, wenigstens die derzeitige Zahl erhalten zu können. Auch er wurde wegen des angeblichen Schadens, den er unter den Fischbeständen anrichtet, unbarmherzig verfolgt. Dabei ernährt er sich in der Hauptsache von Wasservögeln und Aas. Wenn er Fische erbeutet, handelt es sich meist um kranke oder sonstwie geschädigte Tiere. Wie der Steinadler im Gebirge ist er als Gesundheitspolizei der Küsten zu betrachten und *verdient unbedingt Schutz.*

Die Vogelwelt der Küsten ist ganz allgemein durch die unglaubliche Zunahme der Meeresverschmutzung durch Abfälle unseres technischen Zeitalters gefährdet. Chemische Fabriken leiten ihre Abwässer ungeklärt direkt ins Meer oder lassen sie durch besondere Schiffe auf die See hinausbringen, wo sie dann über Bord gepumpt werden. Den größten Schaden, auch für die als Erholungsgelände so sehr benötigten Sandstrände, verursacht die

Unsitte, den sich in den Treibstoffbehältern der Dieselmotorschiffe ansammelnden Masut von Zeit zu Zeit direkt ins Meer zu entleeren. Das ist zwar verboten, aber da keine geeigneten Überwachungsmöglichkeiten bestehen, wird es in unverantwortlicher Weise immer wieder praktiziert. Der zähflüssige Masut (= Destillationsrückstand des Dieselöls) schwimmt auf dem Wasser und bildet ausgedehnte Fladen. Kommen Seevögel in solche Flächen hinein, sind sie unrettbar verloren. Das Gefieder verklebt und kann vom Vogel selbst nicht wieder gereinigt werden. Beim Versuch, das zu tun, gelangt das Öl in den Darmkanal, wo es Entzündungen und Geschwüre verursacht, die verschmutzten Federn hindern das Fliegen und da auch die Daunen verklebt sind, entfällt der Wärmeschutz. Hunger, Kälte und Darmentzündungen sind also die Ursachen für den Tod von Tausenden von Seevögeln. Und sie sterben qualvoll und langsam. Wenn das immer noch reiche Vogelleben an unseren Küsten erhalten bleiben soll, muß versucht werden, durch internationale Abmachungen und strenge Strafen, aber auch durch Aufklärung der Seeleute, die Gefahr der Ölverschmutzung auf ein Mindestmaß zu reduzieren. Im Zuge der angelaufenen Recycling-Campagne könnten bestimmt Anreize geboten werden, die Ölrückstände der chemischen Industrie zuzuführen, die sie wieder verwerten kann.

Ölpest

Reptilien und Lurche finden wir direkt an der Küste nicht. Im Hinterland sind es die gleichen, die in den verschiedenen Lebensgemeinschaften des Binnenlandes vorkommen. Auch die Insektenwelt ist am Strand nur mit wenigen Individuen vertreten, denn der meist ständig wehende Wind behindert sie in ihren Lebensgewohnheiten außerordentlich. Die im Wasser lebende Pflanzen- und Tierwelt müssen wir aus unseren Betrachtungen weglassen, denn sie unterliegt den bestehenden Artenschutzvorschriften nicht. Mit den auf internationaler Ebene getroffenen Vereinbarungen über den Schutz der äußerst bedrohten und in einigen Teilen der Meere schon ausgerotteten Waale sowie mit den die Fischerei betreffenden Absprachen über Fangquoten der für die Ernährung der Menschheit so wichtigen Fische können wir uns an dieser Stelle nicht befassen. Es würde den Rahmen dieses Buches sprengen. Nur soviel soll gesagt werden, daß die Pflanzen- und Tierwelt der Meere durch die zunehmende Verschmutzung bedroht ist. Damit ist aber auch das menschliche Leben gefährdet, denn die weiten Ozeane sind nicht nur eine wertvolle, nicht zu entbehrende Nahrungsquelle, sondern auch zur Ergänzung des Sauerstoffvorrats der Luft lebensnotwendig.

Naturschutz heute ist Lebensschutz schlechthin!

Blütezeiten und Schutz

	Blütezeiten (Monat)											Schutz			
Name	I	II	III	IV	V	VI	VII	VIII	IX	X	XI XII	D	I	A	CH
Akelei *(Aquilegia)* alle einheim. Arten					X	X	X					v	G	t	G
Alpenanemone *(Pulsatilla alpina)*					X	X	X					v	G	v	G
Alpenveilchen *(Cyclamen purpurascens)*								X	X	X		v	–	t	G
Alpenrose *(Rhododendron)* alle einheim. Arten						X	X	X				v	–	t	–
Aurikel *(Primula auricula)*					X	X	X					v	G	v	G
Arnika *(Arnica montana)*					X	X	X					t	–	t	–
Bärlapp *(Lycopodium)* alle einheim. Arten												t	–	t	–
Diptam *(Dictamnus albus)*					X	X						v	–	v	–
Edelraute *(Artemisia laxa)* alle Arten							X	X	X			v	G	v	G
Edelweiß *(Leontopodium alpinum)*							X	X	X			v	G	v	G
Eibe *(Taxus baccata)*			X	X								v	–	t	–
Eisenhut *(Aconitum)* alle Arten						X	X	X	X			t	–	t	–
Enzian *(Gentiana)* alle einheim. Arten					X	X	X	X	X			v	G	v	G
Federgras *(Stipa pennata u. capillata)*							X	X	X			v	–	t	–
Feuerlilie *(Lilium bulbiferum)*								X	X			v	G	v	G
Fingerhut, gelber *(Digitalis) grandiflora* u. *lutea)*							X	X	X	X		v	–	t	–
Frühlings-Adonisröschen *(Adonis vernalis)*				X	X							v	–	v	–
Großes Windröschen *(Anemone sylvestris)*				X	X	X						v	–	t	–
Hauswurz *(Sempervivum)* alle Arten								X	X	X		t	–	t	G
Hirschzunge *(Phyllitis scolopendrium)*												v	–	v	–

Name	Blütezeiten (Monat)											Schutz			
	I	II	III	IV	V	VI	VII	VIII	IX	X	XI XII	D	I	A	CH
Kaiser-Karl-Szepter *(Pedicularis sceptrum carolinum)*							X	X	X			v	–	–	–
Küchenschelle *(Pulsatilla)* alle einheim. Arten			X	X	X							v	G	v	–
Latsche (Bergkiefer) *(Pinus mugo)*					X	X						v	–	t	–
Leberblümchen *(Anemone hepatica)*			X	X								t	–	–	–
Leimkraut (Alpen-L.) *(Silene acaulis)*							X	X	X			t	–	t	–
Maiglöckchen *(Convallaria majalis)*				X	X	X						t	–	t	–
Mehlprimel *(Primula farinosa)* u. alle rotblühenden Primelarten					X	X	X					v	–	t	–
Meerzwiebel, Blaustern *(Scilla bifolia)*			X	X	X							t	–	t	–
Narzissenanemone, Berghähnlein *(Anemone narcissiflora)*							X	X				v	–	v	–
Pfingstnelke (Felsen-N.) *(Dianthus gratianopolitanus)*					X	X	X					v	–	t	G
Orchideen *(Orchidaceae)* alle einheim. Arten					X	X	X	X				v	v	v	G
Sanddorn *(Hippophae rhamnoides)*			X	X	X							v	–	t	–
Schachblume *(Fritillaria meleagris)*					X	X						v	v	v	–
Schlüsselblume *(Primula)* alle noch nicht genannten Arten			X	X	X							t	–	t	–
Schneeglöckchen *(Galanthus nivalis* u. *Leucojum vernum)*		X	X									t	G	t	G
Schneerose *(Helleborus niger)* alle Arten	X	X	X	X								t	G	t	–
Schweizer Mannsschild *(Abdrosace helvetica)* alle Arten							X	X				t	–	t	–
Schwertlilie, blaue *(Iris sibirica)*					X	X						v	G	t	G
Seerose, weiße *(Nymphaea albe)* alle Arten						X	X	X	X			v	–	v	G

	Blütezeiten (Monat)											Schutz			
Name	I	II	III	IV	V	VI	VII	VIII	IX	X	XI XII	D	I	A	CH
Seidelbast *(Daphne)* alle einheim. Arten		X	X	X	X							v	–	v	G
Siegwurz, Sumpfgladiole *(Gladiolus paluster)*					X	X						v	–	v	G
Silberdistel, Wetter-D. *(Carlina acaulis)*							X	X	X	X		t	–	t	–
Sonnentau *(Drosera)* alle einheim. Arten						X	X	X	X			t	–	t	–
Stechpalme *(Ilex aquifolium)*				X	X							v	–	t	–
Steinröserl *(Daphne striata)*					X	X	X	X				v	G	v	G
Straußfarn *(Struthiopteris germanica)*												v	–	–	–
Steinbrech *(Saxifraga)* alle Arten						X	X	X				t	–	t	–
Tausendgüldenkraut *(Centaurium)* alle Arten						X	X	X	X			t	–	t	–
Teichrose, gelbe *(Nuphar luteum)*						X	X	X				v	v	v	G
Trollblume *(Trollius europaeus)*					X	X	X					t	–	t	–
Traubenhyazinthe *(Muscari racemosum)*			X	X	X							t	–	t	–
Türkenbund *(Lilium martagon)*						X	X					v	G	v	–
Wacholder *(Juniperus communis)*					X	X						v	–	t	–
Waldgeißbart *(Aruncus silvester)*						X	X	X				t	–	t	–
Wasserschwertlilie *(Iris pseudacorus)*						X	X					t	–	t	–
Wintergrün *(Chimophila umbellata)*						X	X					t	–	–	–
Zwergröserl *(Rhodothamnus chamaecistus)*					X	X	X	X				v	G	t	–

Erläuterungen der Abkürzungen:

v = vollkommen geschützt

t = teilweise geschützt (Ausgraben, Handel)

G = allgemeiner Schutz, d. h. in verschiedenen Ländern darf eine gewisse Zahl von Pflanzen, meist 3–5, gepflückt werden.

D = Bundesrepublik Deutschland

I = Italien – Südtirol

A = Österreich

CH = Schweiz

Neben den aufgeführten geschützten Pflanzen sind folgende attraktive Pflanzen in den Staaten Österreich, Schweiz und Italien/Südtirol geschützt:

Österreich:
Alpengrasnelke (*Armeria alpina*)
Alpenmannstreu (*Eryngium alpinum*)
Echter Speik (*Valeriana celtica*)
Hundszahnlilie (*Erythronium dens canis*)
Königsfarn (*Osmunda regalis*)
Narzisse (*Narcissus poeticus*)
Rippenfarn (*Blechnum spicant*)
Wulfenie (*Wulfenia carinthiaca*)

Schweiz:
Alpenmannstreu (*Eryngium alpinum*)
Alpenmohn (*Papaver alpinum*)
Alpenrebe (*Clematis alpina*)
Alpenrittersporn (*Delphinium elatum*)
Löffelkraut (*Cochlearia offincinalis*)
Traubige Graslilie (*Anthericum liliago*)

Südtirol:
Alpenrebe (*Clematis alpina*)
Großblütige Waldnelke (*Silene elisabethae*)
Hundszahnlilie (*Erythronium dens canis*)
Ivakraut (*Achillea moscata*)
Narzisse (*Narcissus poeticus*)
Pfingstrose (*Paeonia officinalis*)
Prächtige Schlüsselblume (*Primula spectabilis*)
Schopfige Teufelskralle (*Phyteuma comosum*)

In den verschiedenen Kantonen der Schweiz sowie in den einzelnen Bundesländern Österreichs gelten ganz verschiedene Schutzbestimmungen, die sich z. T. erheblich voneinander unterscheiden. Die Schutzangaben für diese Staaten können daher keinen Anspruch auf Vollständigkeit erheben. In der Tabelle sind in erster Linie die attraktiven Pflanzenarten erwähnt, die infolge des steigenden Touristenverkehrs sowie des Rückgangs der für sie lebenswichtigen Biotope ganz allgemein stark gefährdet, z. T. unmittelbar vom Aussterben bedroht sind.
Im europäischen Raum läuft derzeit eine Initiative zugunsten bedrohter Pflanzenarten, die auf den ›Ausschuß für gefährdete Pflanzenarten‹ der Internationalen Union zur Erhaltung der Natur und der natürlichen Hilfsquellen (IUCN) zurückgeht. Es wird dabei eine umfassende Liste aller existenzbedrohten Arten aufgestellt, weiter werden die besten Methoden zum Schutz ausgearbeitet und außerdem ist eine Öffentlichkeits-Kampagne in Vorbereitung. Bis zum September 1976 soll auch das ›Rote Buch der gefährdeten Pflanzenarten‹ der IUCN fertiggestellt sein, das alle bedrohten Arten Europas mit Ausnahme der Gebiete der UdSSR einschließen soll.
Für die geschützten bzw. bedrohten Tiere Mitteleuropas kann derzeit keine Tabelle erstellt werden, da in den meisten Ländern neue Schutzlisten im Zusammenhang mit dem ›Washingtoner Artenschutz-Übereinkommen‹ erarbeitet werden. Doch kann allgemein auf die im abgedruckten Naturschutzergänzungsgesetz (Seite 195 ff.) aufgezählten geschützten Tierarten verwiesen werden. Sie sind vor allem wegen der ständig fortschreitenden Zerstörung ihrer Lebensstätten in starkem Rückgang begriffen. Von den ca. 490 in Mitteleuropa heimischen Wirbeltierarten sind 27 (= 5,5%) ausgestorben, 243 (= 49,6%) sind gefährdet. Von letzteren genießt eine Reihe von Arten, vor allem Säugetiere und Vögel, den Schutz der Jagdgesetze. Sie haben das ganze Jahr über Schonzeit. Kleinsäuger, nichtjagdbare Vögel, Reptilien, Lurche und Insekten sind in den Naturschutzverordnungen der einzelnen Staaten aufgeführt, die sich im wesentlichen mit den deutschen decken. Es wird angestrebt, das ganze Problem des Artenschutzes auf internationaler Basis zu lösen. Daher wurde das

Washingtoner Artenschutz-Übereinkommen

beschlossen, das von zahlreichen Staaten bereits unterzeichnet und damit rechtskräftig geworden ist. Für die Bundesrepublik Deutschland ist es am 21. Juni 1976 in Kraft getreten. Ziel des Abkommens ist der Schutz gefährdeter Tier- und Pflanzenarten durch eine gemein-

same Verpflichtung der Teilnehmerstaaten zur Handelsbeschränkung und zur Errichtung eines Handelskontrollsystems.
Die gefährdeten Arten sind entsprechend dem Grad ihrer Gefährdung in zwei Listen aufgeführt. Der Handel der von der Ausrottung bedrohten 374 Tierarten und 45 Pflanzengattungen darf nur in Ausnahmefällen zugelassen werden; zu kommerziellen Zwecken ist er praktisch ausgeschlossen. Für den Handel mit den in der zweiten Liste aufgeführten 239 Tier- und 29 Pflanzenarten ist ein etwas größerer Spielraum zugelassen. Außerdem kann jede Vertragspartei Arten benennen, die innerhalb ihres eigenen Hoheitsgebietes gefährdet sind und daher auch im internationalen Handel gewissen Beschränkungen unterliegen sollen.
Die wichtigsten geschützten Arten sind die meisten Großkatzen wie Leopard, Gepard, Jaguar, Tiger und Luchs sowie Orang-Utan, Gorilla, Silberbär, Polarbär und Pandabär. Unter den Vögeln sind viele Hühner-, Kranich- und Greifvögel, unter den Repitilien mehrere Arten von Krokodilen, Schildkröten und Schlangen geschützt, ferner mehrere Wal- und Fischarten und unter den Pflanzen alle Orchideenarten. Von den in Deutschland vorkommenden Arten sind der Wanderfalke (Liste I), der Schwarzstorch, Löffler, Steinadler, alle Falkenarten, die Großtrappe, der Dünnschnabelbrachvogel, der Baltische Stör, der Apollofalter sowie aller Orchideen- und Cyclamenarten (Liste II) geschützt.

Literaturverzeichnis

Bardorff W., Blick ins Buch der Natur. Safari-Verlag, Berlin 1961
Bundesanstalt für Naturschutz und Landschaftspflege: Taschenbuch der geschützten Pflanzen. Brühlscher Verlag, Gießen
Engelhardt W., Umweltschutz. Bayer. Schulbuchverlag, München, 1974
Friedlein/Weidinger, Bayerisches Naturschutzgesetz. Gemeinde-Verlag München 1973
Graf J., Pflanzenbestimmungsbuch, J. F. Lehmanns Verlag, München 1957
Graf J., Tierbestimmungsbuch, J. F. Lehmanns Verlag, München
Hegi-Merxmüller, Alpenflora. Karl Hanser Verlag, München 1963
Kohlhaupt P., Alpenblumen. Chr. Belser Verlag, Stuttgart 1963
König K., Europäische Vögel, Chr. Belser Verlag, Stuttgart 1966
Niethammer/Koenig, Buch der Vogelwelt Mitteleuropas. Verlag Das Beste, Stuttgarrt 1973
Polunin O., Die Pflanzen Mitteleuropas. BLV-Verlag, München 1970
Ramner W., Pflanzenwelt der deutschen Landschaft. Bibliographisches Institut Leipzig 1935
Ramner W., Tierwelt der deutschen Landschaft. Bibliographisches Institut Leipzig, 1933
Winters naturwissenschaftliche Taschenbücher. Carl Winter, Universitätsverlag Heidelberg

Die rechtlichen Grundlagen des Naturschutzes

Durch die rasch fortschreitende Entwicklung der Technik in den letzten Jahrzehnten und die damit verbundene Ausdehnung der industriellen und städtischen Siedlungen ist die mitteleuropäische Landschaft mit ihrer reichen Tier- und Pflanzenwelt vielfach gefährdet worden. Der Aufbau großer, standortgebundener Industrien, der damit verbundene Landschwund, die Verschmutzung von Luft, Wasser und Boden sind die Hauptkennzeichen unserer Industriegesellschaft. Mit Hilfe der Technik kann die Umwelt heute in großem Maße verändert werden. Häufig treten dabei die Werte der Natur in den Hintergrund gegenüber oft nur scheinbar Gewinn und Erfolg versprechenden Maßnahmen (Begradigung von Bächen und Flüssen, Entwässerung von Streuwiesen und Mooren, die als natürliche Wasserspeicher dienen, Rodung von Wäldern u. ä.). Schon seit Beginn des 20. Jahrhunderts bemüht sich daher der Staat, die schönsten Teile der Landschaft in ihrer Ursprünglichkeit zu erhalten. Auch versucht er, durch Verordnungen und Auflagen sicherzustellen, daß bei notwendigen Eingriffen in die Natur deren Werte nicht geschädigt oder vernichtet werden. So entstanden in allen mitteleuropäischen Ländern die gesetzlichen Grundlagen des Naturschutzes, die nicht nur in Naturschutzgesetzen, sondern auch in zahlreichen anderen Gesetzeswerken verankert sind (z. B. Waldgesetz, Bauordnungsrecht, Wasserrecht, Wegerecht, Jagdrecht usw.). Nur mit Hilfe dieser gesetzlichen Grundlagen kann die Natur vor willkürlichen, sehr oft zerstörerischen Eingriffen geschützt werden. Für einen auch strafrechtlich zu erfassenden Schutz der Natur können mehrere Gesichtspunkte maßgebend sein: die Sicherung und biologische Gesunderhaltung des Lebensraumes, wissenschaftliche, geschichtliche und volkskundliche Gründe. Nicht zuletzt verlangt die ständig wachsende Siedlungsdichte die Bereitstellung von Erholungsräumen für die Bevölkerung, so daß sozialpolitische Gründe in den letzten Jahren immer mehr in den Vordergrund rücken. Schon 1961 wurde in der ›*Grünen Charta von der Mainau*‹ im Hinblick auf die immer naturferner und naturwidriger lebende Bevölkerung der Städte festgestellt: »Die Würde des Menschen ist dort bedroht, wo seine natürliche Umwelt beeinträchtigt ist. Zu den unverletzlichen und unveräußerlichen Menschenrechten gehört auch das Recht auf ein gesundes und menschenwürdiges Leben in Stadt und Land.«

Rechtliche Handhaben zum Schutze der Natur wurden in ganz Mitteleuropa zu Beginn unseres Jahrhunderts geschaffen. Die ersten privaten Naturschutzorganisationen, der Bund Naturschutz in Bayern, der Österreichische Naturschutzbund, der Schweizerische Bund für Naturschutz entstanden um die gleiche Zeit. Durch den Einsatz dieser privaten Organisationen entstanden die ersten Artenschutzverordnungen. Durch sie sind alle gefährdeten Pflanzen und Tiere, gleichgültig wo sie vorkommen, geschützt. So beherbergt z. B. auch der durch den Forstmann gepflegte Wald, von öden Monokulturen abgesehen, zahlreiche geschützte Arten von Pflanzen und Tieren. Das gleiche gilt für sog. einmahdige Wiesen (d. h. Wiesen, die nur einmal im Jahr gemäht werden), für Streuwiesen u. ä. Die dort lebenden geschützten Pflanzen und Tiere würden sehr bald ausgerottet sein, bestünden nicht die Artenschutzverordnungen. Trotzdem können die schutzbedürftigen Arten nur in Vollnaturschutzgebieten dauernd erhalten werden, denn nur dort haben sie das Biotop, das allen ihren Ansprüchen gerecht wird.

Die Naturschutzgesetzgebung in der Bundesrepublik wird durch ein Bundesnaturschutzgesetz geregelt werden. Es wird bestimmte allgemein gültige Maßnahmen festlegen. Die einzelnen Länder können dazu eigene Gesetze erlassen, die auf die Gegebenheiten in diesen Ländern besonders Bezug nehmen. Das Bayerische Naturschutzgesetz vom 27. Juli 1973 gilt als das derzeit beste, da es auf die Situation unserer Zeit besonders Rücksicht nimmt. Wir bringen daraus die für den Schutz von Pflanzen und Tieren bedeutsamen Artikel im Wortlaut.

Im neuen Bayerischen Naturschutzgesetz ist im Abschnitt IV der Schutz von Pflanzen und Tieren durch allgemein gültige Vorschriften geregelt, doch sind die zu schützenden Arten nicht einzeln aufgeführt. Aus diesem Grund gilt das ›Gesetz zum Schutze der wildwachsenden Pflanzen und der nichtjagdbaren wildlebenden Tiere (Naturschutzergänzungsgesetz – NatEG‹ vom 29. Juni 1962) nach wie vor. Eine neue Artenschutzverordnung wird wahrscheinlich in einigen Jahren neu herauskommen, dürfte sich aber grundsätzlich von der jetzigen Regelung kaum unterscheiden.

Gesetz zum Schutz der wildwachsenden Pflanzen und der nichtjagdbaren wildlebenden Tiere (Naturschutz-Ergänzungsgesetz – NatEG)

Der Landtag des Freistaates Bayern hat das folgende Gesetz beschlossen, das nach Anhörung des Senats hiermit bekanntgemacht wird:

Inhaltsübersicht

(Nur die wichtigsten Artikel sind im Wortlaut aufgeführt)

Erster Teil
Allgemeine Schutzvorschriften

Art. 1
Mißbräuchliche Nutzung und Verwüstung, Massenfang und -tötung

(1) Es ist verboten,
1. wildwachsende Pflanzen mißbräuchlich zu nutzen, insbesondere Blumen oder Farnkräuter in Mengen, die über einen Handstrauß hinausgehen, zu entnehmen,
2. ihre Bestände zu verwüsten, insbesondere sie ohne vernünftigen, berechtigten Zweck niederzuschlagen,

auch wenn dabei im einzelnen Fall kein wirtschaftlicher Schaden entsteht. Das Sammeln wildwachsender Waldfrüchte (Beeren und Pilze) in ortsüblichem Umfang bleibt gestattet.

(2) Es ist ferner verboten, nichtjagdbare wildlebende Tiere ohne vernünftigen, berechtigten Zweck in größerer Anzahl zu fangen oder in größerer Anzahl zu töten.

(3) Die Abs. 1 und 2 stehen der ordnungsmäßigen Nutzung oder Verbesserung des Bodens und der Bekämpfung von Schädlingen und von Ungeziefer nicht entgegen.

Art. 2
Schutz der Nist-, Brut- und Zufluchtsstätten

(1) Es ist verboten, in der freien Natur
1. Hecken, lebende Zäune, Feldgehölze oder -gebüsche zu roden, abzuschneiden, abzubrennen oder auf sonstige Weise zu beseitigen,
2. lebende Zäune in der Zeit vom 1. März bis 31. August zuzuschneiden,
3. die Bodendecke auf Wiesen, Feldrainen, ungenutztem Gelände, an Hecken oder Hängen abzubrennen,
4. Rohr- und Schilfbestände in der Zeit vom 15. März bis zum 30. September zu beseitigen.

(2) Das Verbot des Abs. 1 gilt nicht für die ordnungsgemäße Nutzung, die den Bestand erhält. An Feldgehölzen ist die Holznutzung nur plenterweise (Entfernung einzelner Stämme unter Erhaltung des Gehölzes) gestattet. Das Verbot des Abs. 1 Nr. 4 gilt ferner nicht für geschlossene Gewässer im Sinne des Fischereigesetzes mit den der Bewässerung und Entwässerung dienenden Gräben.

(3) Die untere Naturschutzbehörde kann nach Anhörung des Beauftragten für Naturschutz, im Flurbereinigungsverfahren ferner im Benehmen mit dem Flurbereinigungsamt, weitere Ausnahmen von Abs. 1 und Ausnahmen von Abs. 2 Satz 2 zulassen, wenn ein überwiegender Grund das rechtfertigt.

Zweiter Teil
Besondere Schutzvorschriften für wildwachsende Pflanzen

Art. 5
Vollkommen geschützte Pflanzenarten

(1) Unbeschadet von Maßnahmen nach Art. 1 Abs. 3 ist es verboten, wildwachsende Pflanzen der folgenden Arten zu pflücken, auszureißen, auszugraben oder zu beschädigen:
1. Straußfarn (Trichterfarn), *Struthiopteris germanica Willd.*,

2. *Hirschzunge, Phyllitis scolopendrium (L.) Newm.,*
3. Federgras, *Stipa pennata L.* und *Stipa capillata L.,*
4. Türkenbund, *Lilium Martagon L.,*
5. Feuerlilie, *Lilium bulbiferum L.,*
6. Schachblume, *Fritillaria meleagris L.,*
7. Siegwurz (Schwertel), *Gladiolus palustris Gaudin,*
8. Blaue Schwertlilie, *Iris sibrica L.,*
9. Orchideen, *Orchidaceae,* alle einheimischen Arten, z. B. alle Knabenkräuter, Frauenschuh, Rotes und Weißes Waldvögelein, Kohlröserl (Brändlein, Brunelle), Ragwurzarten (Fliegen-, Bienen-, Hummel- und Spinnenblume), Riemenzunge,
10. Pfingstnelke (Felsennelke), *Dianthus grationopolitanus Vill.,*
11. Weiße und Gelbe Seerose, *Nymphaea* und *Nuphar,* alle einheimischen Arten,
12. Akelei, *Aquilegia,* alle einheimischen Arten,
13. Küchenschelle (Kuhschelle, Osterblume), *Pulsatilla,* alle einheimischen Arten einschließlich der Alpen-Anemone (Teufelsbart, Petersbart), *Pulsatilla alpina L.,* mit der gelben Abart *Pulsatilla sulphurea (L.) Arcang.,*
14. Narzissen-Anemone (Berghähnlein), *Anemone narcissiflora L.,*
15. Großes Windröschen, *Anemone silvestris L.,*
16. Frühlings-Adonisröschen (Frühlings-Teufelsauge), *Adonis vernalis L.,*
17. Diptam, *Dictamnus albus L.,*
18. Seidelbast und Steinrösl, *Daphne,* alle einheimischen Arten,
19. Alpenrose, *Rhododendron,* alle einheimischen Arten,
20. Zwergrösl *Rhodothamnus chamaecistus (L.,) Rchb.,*
21. Aurikel (Gamsbleaml), *Primula auricula L.,* und alle rotblühenden Arten der Gattung *Primula,*
22. Alpenveilchen, *Cyclamen europaeum L.,*
23. Enzian, *Gentiana,* alle einheimischen Arten,
24. Gelber Fingerhut, *Digitalis grandiflora Mill.* und *D. lutea L.,*
25. Edelweiß, *Leontopodium alpinum Cass.,*
26. Edelraute, *Artemisia laxa L.,*
27. Kaiser-Karl-Szepter, *Pedicularis sceptrum carolinum L.,*

(2) Unbeschadet von Maßnahmen nach Art. 1 Abs. 3 ist es ferner verboten, wildwachsende Pflanzen (Bäume und Sträucher) der folgenden Arten auszugraben oder zu beschädigen:

1. Eibe, *Taxus baccata L.,*
2. Bergkiefer (Latsche), *Pinus mugo Turra,*
3. Wacholder, *Juniperus communis L.,* und *Juniperus nana L.,*
4. Sanddorn, *Hippophae rhamnoides L.,*
5. Stechpalme (Hülse), *Ilex aquifolium L.,*

(3) Die oberste Naturschutzbehörde kann durch Rechtsverordnung weitere seltene oder in ihrem Bestand bedrohte wildwachsende Pflanzenarten dem Schutze des Abs. 1 oder 2 unterstellen, wenn das zu deren Erhaltung notwendig ist. Sie kann in der Rechtsverordnung bestimmen, daß Art. 7 Abs. 2 Satz 3 auch für diese Pflanzenarten gilt.

Art. 6
Teilweise geschützte Pflanzenarten

(1) Unbeschadet von Maßnahmen nach Art. 1 Abs. 3 ist es verboten, die Wurzeln, Wurzelstöcke, Zwiebeln oder Rosetten wildwachsender Pflanzen der folgenden Arten zu entnehmen oder zu beschädigen:

1. Traubenhyazinthe (Träubel), *Muscari,* alle einheimischen Arten,
2. Maiglöckchen, *Convallaria majalis L.,*
3. Grüne und schwarze Nieswurz oder Christrose (*Schneerose*), *Helleborus viridis L.* und *Helleborus niger L.,*
4. Trollblume, *Trollius europaeus L.,*
5. Eisenhut (Sturmhut), *Aconitum,* alle einheimischen Arten,
6. Sonnentau, *Drosera,* alle einheimischen Arten,
7. Schlüsselblume (Himmelschlüssel, Primel), alle in Art. 5 nicht genannten Arten,
8. Tausendgüldenkraut, *Centaurium* (Erythräa), alle Arten,
9. Arnika (Wohlverleih), *Arnica montana L.,*
10. Bärlapp (Schlangenmoos), *Lycopodium,* alle einheimischen Arten,
11. Wilde Tulpe, *Tulipa silvestris L.,*
12. Meerzwiebel (Blaustern), *Scilla,* alle einheimischen Arten,
13. Gemeines Schneeglöckchen, *Galanthus nivalis L.,*
14. Großes Schneeglöckchen (Märzenbecher, Frühlingsknotenblume), *Leucoium vernum L.,*

15. Schwertlilie, *Iris*, alle in Art. 5 nicht genannten Arten,
16. Leberblümchen, *Anemone hepatica L.*,
17. Alle rosetten- und polsterbildenden Arten der Gattungen:
    Hauswurz, *Sempervivum*,
    Steinbrech, *Saxifraga*,
    Leimkraut, *Silene*.
18. Schweizer Mannsschild, *Androsace helvetica (L.) Gaud.*,
19. Geißbart, *Aruncus silvester Kostel*,
20. Eichenblättriges Wintergrün (Dolden-Wintergrün), *Chimaphila unbellata (L.) Barton*,
21. Silberdistel (Wetterdistel, Stengellose Eberwurz), *Carlina acaulis L.*

(2) Die oberste Naturschutzbehörde kann durch Rechtsverordnung weitere seltene oder in ihrem Bestand bedrohte wildwachsende Pflanzenarten dem Schutz des Abs. 1 unterstellen, wenn das zu deren Erhaltung notwendig ist. Sie kann in der Rechtsverordnung bestimmen, daß Art. 7 Abs. 2 Satz 3 auch für diese Pflanzenarten gilt.

Art. 7
Sammeln von Pflanzen für den Handel und gewerbliche Zwecke

(1) Wer wildwachsende Pflanzen oder Teile davon für den Handel oder für gewerbliche Zwecke sammeln will, bedarf der Erlaubnis der unteren Naturschutzbehörde. Die Erlaubnis kann zum Schutz der wildwachsenden Pflanzen insbesondere vor einer die Art gefährdenden Verminderung oder Ausrottung mit Auflagen verbunden werden; sie ist zu versagen, wenn Auflagen nicht ausreichen.

(2) In dem Erlaubnisschein ist anzugeben, welche Pflanzenarten, welche Teile, welche Mengen und an welchen Orten sie gesammelt werden dürfen. Die in den Art 5 und 6 genannten Arten dürfen zum Sammeln nicht freigegeben werden. Die untere Naturschutzbehörde kann jedoch erlauben, daß die in Art. 5 Abs. 2 Nrn. 2 bis 5 genannten Arten und die nicht geschützten Teile der in Art. 6 Abs. 1 Nrn. 1 bis 9 und 14 genannten Arten in Gegenden, wo sie häufig vorkommen, gesammelt werden.

(3) Der Erlaubnisschein wird für ein Kalenderjahr ausgestellt.

(4) Vor der Erteilung einer Erlaubnis ist der Beauftragte für Naturschutz zu hören.

(5) Kinder unter 14 Jahren dürfen beim Sammeln nach Abs. 1 nur mitwirken, wenn sie von jemandem beaufsichtigt werden, der einen Erlaubnisschein besitzt.

(6) Der Erlaubnisscheininhaber hat den Erlaubnisschein beim Sammeln mit sich zu führen und ihn der Polizei oder dem Beauftragten für Naturschutz auf Verlangen zur Prüfung auszuhändigen.

Dritter Teil
Besondere Schutzvorschriften für nichtjagdbare wildlebende Tiere

Abschnitt A: Vögel

Art. 8
Allgemeiner Schutz

(1) Es ist verboten,
1. Vögel zu blenden oder sonst absichtlich zu verletzen,
2. Vögel ohne vernünftigen, berechtigten Zweck zu beunruhigen
3. Vogelleim, Leimruten, Schlingen zum Vogelfang oder andere Fanggeräte, die den Vogel weder unversehrt fangen noch sofort töten, herzustellen, aufzubewahren, feilzuhalten, anderen zu überlassen, zu erwerben oder bei solchen Handlungen mitzuwirken.
4. Fischreusen zum Trocknen aufzustellen oder aufzuhängen, ohne sie mit einer Vorrichtung zu versehen, die den Vögeln, die sich darin verfangen, das Entweichen gestattet.

Art. 9
Vollkommen geschützte Vögel

Es ist verboten,
1. einheimischen nichtjagdbaren wildlebenden Vögeln aller Arten mit Ausnahme der in Art. 10 genannten Arten nachzustellen, sie zu fangen oder zu töten.
2. Eier oder besetzte Brutstätten dieser Vögel wegzunehmen oder zu beschädigen.

Art. 10
Eingeschränkter Schutz für bestimmte Arten

(1) Der Schutz des Art. 9 gilt nicht für die folgenden Arten:
1. Raben- und Nebelkrähe, *Corvus corone L.*,
2. Saatkrähe, *Corvus frugilegus L.*,
3. Elster, *Pica pica (L.)*,
4. Eichelhäher, *Garrulus glandarius (L.)*,
5. Haussperling, *Passer domesticus (L.)*,
6. Feldsperling, *Passer montanus (L.)*,
7. Haustaube, *Columba livia domestica L.*, in verwildertem Zustand.

(2) Es ist jedoch verboten, diesen Vögeln nachzustellen:
1. In der Zeit zwischen einer Stunde nach

Sonnenuntergang und einer Stunde vor Sonnenaufgang.
2. mit Leim, Schlingen, Tellereisen, Pfahleisen, Druckluftgewehren, Selbstschüssen oder mit Vorrichtungen, die den Vogel weder unversehrt fangen noch sofort töten,
3. mit geblendeten Lockvögeln,
4. mit künstlichem Licht oder
5. mit Gift, unbeschadet jagdrechtlicher Vorschriften.

(3) Kinder unter 14 Jahren dürfen an der Tötung oder am Fang von Vögeln oder an der Beseitigung besetzter Brutstätten nicht mitwirken.

(4) Die oberste Naturschutzbehörde kann durch Rechtsverordnung die in Art. 1 genannten Vogelarten dem vollen Schutz des Art. 9 unterstellen, wenn das zu deren Erhaltung notwendig ist.

Abschnitt B:
Die anderen nichtjagdbaren, wildlebenden Tiere

Art. 15
Geschützte Arten; Umfang des Schutzes

(1) Es ist verboten, Tiere der nachstehend genannten Arten zu fangen oder zu töten oder Eier, Larven oder Puppen, Nester oder andere Brutstätten solcher Tiere zu beschädigen oder an sich zu nehmen:

I. Säugetiere (Mammalia)

1. Fledermäuse, *Chiroptera,* alle einheimischen Arten,
2. Igel, *Erinaceus europaeus L.,*
3. Gartenschläfer, *Eliomys quercinus (L.),*
4. Baumschläfer, *Dryomys nitedula (Pallas),*
5. Haselmaus, *Muscardinus avellanarius (L.),*

II. Kriechtiere (Reptilien)

6. Sumpfschildkröte, *Emys orbicularis (L.),* soweit nicht fischbar,
7. Eidechsen, alle einheimischen Arten einschließlich der Blindschleiche, *Anguis fragilis L.,*
8. Schlangen, alle einheimischen Arten mit Ausnahme der Kreuzotter, *Vipera berus (L.),*

III. Lurche (Amphibien)

9. Molche, alle einheimischen Arten,
10. Feuersalamander, *Salamandra salamandra (L.),*
11. Alpensalamander, *Salamandra atra Laur.,*
12. Kröten und Unken, alle einheimischen Arten,
13. Laubfrosch, *Hyla arborea L.,* und alle anderen einheimischen Froscharten mit Ausnahme des Wasser- oder Teichfrosches, *Rana esculenta L.,* und des Gras- oder Taufrosches, *Rana temporaria L.,*

IV. Kerbtiere (Insekten)

14. Segelfalter, *Papilio podalirius L.,*
15. Apollofalter, alle Arten der Gattung *Parnassius Latr.,*
16. Hirschkäfer, *Lucanus cervus L.,*
17. Rote Waldameise, *Formica rufa L.,*
18. Alpenbock, *Rosalia alpina L.,*
19. Puppenräuber, *Calosoma sycophanta L.*

(2) Die oberste Naturschutzbehörde kann durch Rechtsverordnung weitere seltene oder in ihrem Bestand bedrohte nichtjagdbare wildlebende Tierarten dem Schutz des Abs. 1 unterstellen, wenn das zu ihrer Erhaltung notwendig ist.

(3) Die höhere Naturschutzbehörde kann im Einzelfall erlauben, Kröten für medizinische Zwecke zu fangen. Die Erlaubnis ist zu befristen; sie ist jederzeit widerruflich.

(4) Die untere Naturschutzbehörde kann zum Halten von Tieren der nach Abs. 1 oder nach Abs. 2 geschützten Arten Ausnahmen von den Verboten des Abs. 1 zulassen, wenn die vorhandenen Bestände das rechtfertigen.

(5) Es ist gestattet, einzelne Blindschleichen, Zauneidechsen, Bergeidechsen, Ringelnattern, Molche, Feuersalamander, Alpensalamander, Kröten, Unken und Laubfrösche zur eigenen Haltung zu fangen.

(6) Es ist ferner gestattet, Teile von Kolonien der Roten Waldameise aufzunehmen, um sie zum Zwecke des forstlichen Pflanzenschutzes an anderen Orten anzusiedeln.

Vierter Teil
Besitz und Verkehrsverbote;
Herkunftsnachweis;
Aufnahme- und Auslieferungsbuch der Händler

Art. 18
Besitz- und Verkehrsverbote

(1) Soweit nach diesem Gesetz nicht Ausnahmen bestehen oder bewilligt werden oder es sich nicht um Pflanzen handelt, die aus dem Ausland eingeführt oder im Inland durch Anbau gewonnen sind, oder um Tiere, die aus dem Ausland eingeführt oder im Inland gezüchtet sind, ist es verboten,

1. frische oder getrocknete Pflanzen oder Pflanzenteile der nach Art. 5 geschützten Arten oder Wurzeln, Wurzelstöcke, Zwiebeln oder Rosetten der nach Art. 6 geschützten Arten oder
2. lebende Tiere der nach Art. 9 oder nach Art. 15 geschützten Arten oder deren Bälge, Eier, Larven, Puppen oder Nester mitzuführen, feilzuhalten, anderen zu überlassen, zu erwerben, gewerblich zu be- oder verarbeiten, in Gewahrsam zu nehmen oder an solchen Handlungen mitzuwirken,
3. tote Tiere der in Nr. 2 genannten Arten feilzuhalten, anderen zu überlassen, zu erwerben, gewerblich zu be- oder verarbeiten oder an solchen Handlungen mitzuwirken.

(2) Tot aufgefundene Tiere der nach Art. 9 und nach Art. 15 geschützten Arten dürfen für Lehrzwecke an wissenschaftlichen Instituten, in Museen und im Schulunterricht verwendet werden.

Art. 19
Herkunftsnachweis

Wer
1. frische oder getrocknete Pflanzen oder Pflanzenteile der nach Art. 5 geschützten Arten oder Wurzeln, Wurzelstöcke, Zwiebeln oder Rosetten der nach Art. 6 geschützten Arten oder
2. lebende oder tote Tiere der nach Art. 9 oder
nach Art. 15 geschützten Arten oder deren Bälge, Eier, Larven, Puppen oder Nester in Besitz oder Gewahrsam hat,

hat der Polizei oder dem Beauftragten für Naturschutz auf Verlangen ihre Herkunft nachzuweisen.

Art. 20
Aufnahme- und Auslieferungsbuch der Händler

(1) Wer
1. mit frischen oder getrockneten Pflanzen oder Pflanzenteilen der nach Art. 5 oder nach Art. 6 geschützten Arten oder
2. mit lebenden oder toten Tieren der nach Art. 9 oder nach Art. 15 geschützten Arten oder deren Bälgen, Eiern, Larven, Puppen oder Nestern Handel treibt oder sie gewerbsmäßig be- oder verarbeitet,

hat über den Zu- und Abgang Buch zu führen und das Buch der Polizei oder dem Beauftragten für Naturschutz auf Verlangen zur Prüfung auszuhändigen.

(2) Abs. 1 gilt auch für Pflanzen und Tiere und deren Bälge, Eier, Larven, Puppen und Nester, die aus dem Ausland eingeführt, ferner für Pflanzen, die im Ausland durch Anbau gewonnen, und für Tiere, die gezüchtet worden sind.

(3) Der gleichen Pflicht unterliegt, wer Stubenvögel auf Grund einer Fangerlaubnis fängt und sie veräußert.

(4) Die oberste Naturschutzbehörde kann durch Rechtsverordnung nähere Bestimmungen über die Buchführung erlassen.

Sechster Teil
Bußgeld und Strafvorschriften; Einziehung

Art. 22
Ordnungswidrigkeiten

(1) Mit Geldbuße bis zu 1000 Deutschen Mark kann belegt werden, wer vorsätzlich
1. a) den Vorschriften der Art. 1, 2, 5 Abs. 1 oder 2, Art. 6 Abs. 1, Art. 8 Abs. 1, Art. 9, 10, Abs. 2, Art. 11 Abs. 4 oder 5, Art. 14, 15, Abs. 1, Art. 16 oder 18 Abs. 1 oder
b) den Vorschriften einer auf Grund der Art. 5 Abs. 3, Art. 6 Abs. 2, Art. 10 Abs. 4, Art. 15 Abs. 2 oder Art. 20 Abs. 4 erlassenen Rechtsverordnung oder
c) einer Anordnung nach Art. 12 oder einer auf Grund dieses Gesetzes oder einer hierauf gestützten Rechtsverordnung erteilten Auflage zuwiderhandelt oder
2. in den Fällen der Art. 3, 4, 7, 8 Abs. 2 oder Art. 11 Abs. 1 oder 3 ohne die erforderliche Erlaubnis handelt oder
3. entgegen den Vorschriften des Art. 20 Abs. 1 bis 3 es unterläßt, Buch zu führen oder die geführten Bücher einem Polizeibeamten oder einem Beauftragten für Naturschutz auf Verlangen zur Prüfung auszuhändigen.

(2) Wird in den Fällen des Abs. 1 die Tat fahrlässig begangen, so kann auf eine Geldbuße bis zu 500 Deutschen Mark erkannt werden.

(3)Mit Geldbuße bis zu 500 Deutschen Mark kann belegt werden, wer vorsätzlich oder fahrlässig
1. es unterläßt, Kinder oder Jugendliche unter 18 Jahren, die seiner Aufsicht unterstehen, von einer Zuwiderhandlung gegen Vorschriften dieses Gesetzes oder einer auf Grund dieses Gesetzes erlassenen Rechtsverordnung abzuhalten oder
2. entgegen der Vorschrift des Art. 7 Abs. 6 oder des Art. 11 Abs. 7 den Erlaubnisschein nicht mit sich führt oder einem Polizeibeamten oder einem Beauftragten

für Naturschutz auf Verlangen nicht zur Prüfung aushändigt oder
3. entgegen der Vorschrift des Art. 19 die Herkunft der dort genannten Sachen einem Polizeibeamten oder einem Beauftragten für Naturschutz nicht nachweist.

Art. 23
Straftaten

(1) Mit Gefängnis bis zu einem Jahr und mit Geldstrafe oder mit einer dieser Strafen wird bestraft, wer vorsätzlich
1. a) den Vorschriften der Art. 1, 2, 5 Abs. 1 oder 2, Art. 6 Abs. 1, Art. 8 Abs. 1, Art. 9, 10 Abs. 2, Art. 15 Abs. 1 oder Art. 18 Abs. 1 oder
   b) den Vorschriften einer auf Grund der Art. 5 Abs. 3, Art. 6 Abs. 2, Art. 10 Abs. 4 oder Art. 15 Abs. 2 erlassenen Rechtsverordnung zuwiderhandelt oder
2. in den Fällen des Art. 7 oder des Art. 11 Abs. 1 ohne die erforderliche Erlaubnis handelt

und die Tat gewerbsmäßig begeht.

(2) Abs. 1 ist nicht anzuwenden, wenn die Tat nach anderen Vorschriften mit schwerer Strafe bedroht ist.

Art. 24
Einziehung

Neben der wegen einer vorsätzlichen Straftat verhängten Strafe oder der wegen einer vorsätzlich begangenen Ordnungswidrigkeit verhängten Geldbuße ist die Einziehung der in § 18 des Gesetzes über Ordnungswidrigkeiten bezeichneten Gegenstände zulässig.

Gesetz über den Schutz der Natur, die Pflege der Landschaft und die Erholung in der freien Natur (Bayerisches Naturschutzgesetz – BayNatSchG) Vom 27. Juli 1973

I. Abschnitt
Grundsätze

Art. 1
Ziele und Aufgaben

(1) Natur und Landschaft sind als Lebensgrundlage, Umwelt und Erholungsbereich des Menschen zu schützen, zu pflegen und zu gestalten. Pflanzen- und Tierarten, Landschaftsteile und Einzelschöpfungen der Natur sind auch aus wissenschaftlichen und heimatpflegerischen Gründen zu schützen. Neben den Agrarbereichen einschließlich des Waldes sind auch die Wohn-, Gewerbe- und Verkehrsbereiche und Erholungsbereiche zu pflegen und zu gestalten.

(2) Natur und Landschaft sind in ihrem Leistungsvermögen zu erhalten. Sie sind insbesondere vor Eingriffen zu bewahren, die sie ohne wichtigen Grund in ihrem Wirkungsgefüge, ihrer Eigenart und ihrer Schönheit beeinträchtigen oder gefährden können. Eingetretene Schäden sind zu beseitigen oder auszugleichen. Für eine biologisch möglichst vielfältige Landschaft ist zu sorgen.

Art. 2
Allgemeine Verpflichtung zum Schutz der Natur

(1) Naturschutz ist verpflichtende Aufgabe für Staat und Gesellschaft sowie für jeden einzelnen Bürger.

(2) Alle natürlichen und juristischen Personen haben durch ihr Verhalten dazu beizutragen, daß die natürlichen Hilfsquellen und die Lebensgrundlagen für die freilebende Tier- und Pflanzenwelt soweit wie möglich erhalten und gegebenenfalls wiederhergestellt werden.

(3) Die staatlichen und kommunalen Behörden und die Körperschaften, Anstalten und Stiftungen des öffentlichen Rechts haben im Rahmen ihrer Zuständigkeit die in Art. 1 genannten Ziele und Aufgaben zu beachten und zu verwirklichen.

...

III. Abschnitt
Schutz von Flächen und einzelnen Bestandteilen der Natur

Art. 7
Naturschutzgebiet

(1) Als Naturschutzgebiete können unter Beachtung der Erfordernisse der Raumordnung und Landesplanung Landschaftsräume oder Teile von diesen geschützt werden, in denen ein besonderer Schutz der Natur in ihrer Ganzheit oder in einzelnen ihrer Teile aus ökologischen, wissenschaftlichen, geschichtlichen, volks- oder heimatkundlichen Gründen, wegen der hervorragenden Schönheit oder Eigenart des Landschaftsbildes, wegen des Reichtums oder wegen der Seltenheit der Tier- und Pflanzenwelt im öffentlichen Interesse liegt. Naturschutzgebiete sind allgemein zugänglich, soweit es der Schutzzweck erlaubt.

(2) Naturschutzgebiete werden durch Rechtsverordnung festgelegt.

(3) Soweit nicht in der Rechtsverordnung Ausnahmebestimmungen, insbesondere zum Schutz und zur Pflege enthalten sind, ist im Naturschutzgebiet jede Veränderung verboten.

Art. 8
Nationalparke

(1) Landschaftsräume, die wegen ihres ausgeglichenen Naturhaushaltes, ihrer Bodengestaltung, ihrer Vielfalt oder ihrer Schönheit überragende Bedeutung besitzen, die eine Mindestfläche von 10 000 ha haben sollen und die im übrigen die Voraussetzungen des Art. 7 Abs. 1 Satz 1 erfüllen, können durch Rechtsverordnung mit Zustimmung des Landtags zu Nationalparken erklärt werden. Im Fall eines grenzüberschreitenden Nationalparks kann die jenseits der Grenze liegende Fläche in die Mindestfläche eingerechnet werden, wenn sie nach den dort geltenden Vorschriften zum Nationalpark erklärt wird.

(2) Nationalparke dienen vornehmlich der Erhaltung und wissenschaftlichen Beobachtung natürlicher und naturnaher Lebensgemeinschaften sowie eines möglichst artenreichen heimischen Tier- und Pflanzenbestandes. Sie bezwecken keine wirtschaftsbestimmte Nutzung.

(3) Nationalparke sind der Bevölkerung zu Bildungs- und Erholungszwecken zu erschließen, soweit es der Schutzzweck erlaubt.

(4) Durch Rechtsverordnung werden neben den zu Schutz und Pflege sowie zur Verwirklichung der Absätze 2 und 3 erforderlichen Vorschriften Bestimmungen über die Verwaltung des Nationalparks und über die erforderlichen Lenkungsmaßnahmen einschließlich der Regelung des Wildbestandes getroffen.

Art. 9
Naturdenkmäler

(1) Als Naturdenkmäler können Einzelschöpfungen der Natur oder Flächen bis zu 5 ha geschützt werden, deren Erhaltung wegen ihrer hervorragenden Schönheit oder Eigenart oder ihrer ökologischen, wissenschaftlichen, geschichtlichen, volks- oder heimatkundlichen Bedeutung im öffentlichen Interesse liegt. Dazu gehören insbesondere charakteristische Bodenformen, Felsenbildungen, erdgeschichtliche Aufschlüsse, Wanderblöcke, Gletscherspuren, Quellen, Wasserläufe, Wasserfälle, alte oder seltene Bäume und besondere Pflanzenvorkommen.

(2) Soweit es zur Sicherung einer Einzelschöpfung der Natur erforderlich ist, kann auch ihre Umgebung geschützt werden.

(3) Naturdenkmäler werden durch Rechtsverordnung unter Schutz gestellt.

(4) Vorbehaltlich einer anderweitigen Regelung in der Rechtsverordnung ist es verboten, ein Naturdenkmal ohne Genehmigung der unteren Naturschutzbehörde zu entfernen, zu zerstören oder zu verändern.

(5) Auch ohne Erlaß einer Rechtsverordnung kann durch Einzelanordnung verboten werden, Gegenstände, die die Voraussetzungen der Absätze 1 und 2 erfüllen, zu entfernen, zu zerstören oder zu verändern.

Art. 10
Landschaftsschutzgebiete

(1) Landschaftsschutzgebiete sind Landschaftsräume, in denen ein besonderer Schutz oder besondere Pflegemaßnahmen im öffentlichen Interesse erforderlich sind, um

a) die Leistungsfähigkeit des Naturhaushalts zu gewährleisten, insbesondere schwere Landschaftsschäden zu verhindern oder zu beheben,

b) die Schönheit, Vielfalt oder Eigenart des Landschaftsbildes zu bewahren oder

c) ihren besonderen Erholungswert für die Allgemeinheit zu erhalten oder zu verbessern.

(2) Landschaftsschutzgebiete werden in Plänen nach Art. 17 oder als einzelne Ziele nach Art. 26 des Bayerischen Landesplanungsgesetzes ausgewiesen.

(3) Die zur Erreichung des Schutzzweckes erforderlichen Gebote und Verbote werden in einer Rechtsverordnung festgelegt, soweit sie nicht in den in Absatz 2 genannten Plänen und einzelnen Zielen enthalten sind.

Art. 11
Naturparke

(1) Naturparke sind großräumige, der naturräumlichen Gliederung entsprechende, nach einem Plan zu entwickelnde und zu pflegende Gebiete mit einer Mindestfläche von in der Regel 20 000 ha, die überwiegend die Voraussetzungen des Art. 10 Abs. 1 erfüllen und sich wegen ihrer Naturausstattung besonders für die Erholung eignen.
(2) Naturparke werden in Plänen nach Art. 17 oder als einzelne Ziele nach Art. 26 des Bayerischen Landesplanungsgesetzes ausgewiesen. Art. 10 Abs. 3 gilt entsprechend.

Art. 12
Landschaftsbestandteile und Grünbestände

(1) Durch Rechtsverordnung können Landschaftsbestandteile geschützt werden, die die Voraussetzungen des Art. 9 nicht erfüllen, aber zur Belebung des Landschaftsbildes beitragen oder im Interesse des Naturhaushalts, insbesondere der Tier- und Pflanzenwelt, Erhaltung verdienen. Dazu gehören insbesondere Bäume, Baum- und Gebüschgruppen, Raine, Alleen, Hecken, Feldgehölze, Schutzpflanzungen, Schilf- und Rohrbestände, Moore, Streuwiesen, Parke und kleinere Wasserflächen.
(2) In gleicher Weise kann auch der Bestand an Bäumen und Sträuchern innerhalb der im Zusammenhang bebauten Ortsteile ganz oder teilweise geschützt werden. In der Verordnung können die Grundeigentümer oder sonstigen Berechtigten zu Ersatzpflanzungen oder zweckgebundenen Ausgleichszahlungen an die Gemeinde für den Fall der Bestandsminderung verpflichtet werden.
(3) Art. 9 Abs. 4 und 5 ist entsprechend anzuwenden.

. . .

IV. Abschnitt
Schutz von Pflanzen und Tieren

Art. 14
Geltungsbereich

(1) Die Vorschriften dieses Abschnitts dienen, soweit nichts anderes bestimmt ist, dem Schutz wildwachsender Pflanzen und wildlebender Tiere. Das Bayerische Jagdgesetz und das Fischereigesetz für Bayern in der jeweils geltenden Fassung sowie die aufgrund dieser Gesetze erlassenen Rechtsvorschriften bleiben unberührt.
(2) Um dem Aussterben geschützter Tiere und Pflanzen entgegenzuwirken, sind auch die ihnen als Nahrungsquellen, Brut- und Nistgelegenheiten dienenden Lebensbereiche (Biotope) wie Tümpel, Sumpfgebiete, Riede, Hecken und Feldgehölze nach Möglichkeit zu erhalten. Im besonderen ist die Verwendung von Mineraldünger und Pflanzenschutzmitteln einzuschränken.

Art. 15
Mißbräuchliche Nutzung

(1) Es ist verboten, wildwachsende Pflanzen mißbräuchlich zu entnehmen, ihre Bestände zu verwüsten oder ohne vernünftigen Grund niederzuschlagen.
(2) Das Verbot des Absatzes 1 steht der ordnungsmäßigen Nutzung oder Verbesserung des Bodens und der Unkrautbekämpfung nicht entgegen, soweit diese ohne Störung des Naturhaushalts durchgeführt werden.

Art. 16
Allgemeiner Schutz

(1) Tiere dürfen nicht unnötig gefangen oder getötet werden.
(2) Tiere dürfen nicht mutwillig beunruhigt oder belästigt werden.

Art. 18
Besonderer Schutz von Pflanzen und Tieren

(1) Die oberste Naturschutzbehörde kann durch Rechtsverordnung
1. zur Erhaltung der Nist-, Brut- und Zufluchtsstätten Vorschriften über den Schutz von Hecken, lebenden Zäunen, Feldgehölzen, Gebüschen, einzelnen Bäumen, Rohr- und Schilfbeständen sowie der Bodendecke erlassen;
2. Handlungen verbieten oder einschränken, die geeignet sind, die Ausrottung der Bestände wildwachsender Pflanzen oder wildlebender Tiere zu fördern;
3. das Abbrennen der Bodendecke und des Pflanzenwuchses in der freien Natur verbieten oder einschränken;
4. zum Schutz und zur Reinerhaltung der einheimischen Pflanzen- und Tierwelt Vorschriften über das Aussäen oder das Anpflanzen standortfremder Gewächse und das Aussetzen oder Ansiedeln gebietsfremder Tiere in der freien Natur erlassen;
5. vorschreiben, daß
a) wildwachsende Pflanzen bestimmter Arten nicht ausgegraben, ausgerissen, ge-

pflückt, abgesägt, abgehackt oder sonst beschädigt werden dürfen,
b) die Wurzeln, Wurzelstöcke, Zwiebeln oder Rosetten bestimmter Arten wildwachsender Pflanzen nicht entnommen oder beschädigt werden dürfen;
6. zur Erhaltung bestimmter Arten Vorschriften über das Sammeln wildwachsender Pflanzen oder Teile davon für gewerbliche Zwecke erlassen;
7. ganz oder teilweise verbieten,
a) wildlebende Tiere bestimmter Arten zu fangen, zu töten, zu verletzen, ihnen nachzustellen und Eier, Larven, Puppen, Nester oder Brutstätten dieser Tierarten zu beschädigen oder wegzunehmen oder die Brutstätten zu zerstören.
b) bestimmte Fanggeräte oder Vorrichtungen für Vögel herzustellen, aufzubewahren, feilzuhalten, anderen zu überlassen, zu erwerben oder bei solchen Handlungen mitzuwirken,
c) Fischreusen zum Trocknen aufzustellen oder aufzuhängen;
8. ganz oder teilweise verbieten, daß
a) frische oder getrocknete Pflanzen oder Pflanzenteile bestimmter Arten oder deren Wurzeln, Wurzelstöcke, Zwiebeln oder Rosetten,
b) tote oder lebende Tiere bestimmter Arten oder deren Fleisch, Fell, Gefieder, Eier, Larven, Puppen oder Nester mitgeführt, feilgehalten, anderen überlassen, erworben, be- oder verarbeitet, in Gewahrsam genommen werden oder daß an solchen Handlungen mitgewirkt wird;
9. vorschreiben, daß
a) Besitzer und Gewahrsamsinhaber der in Nummer 8 genannten Gegenstände auf Verlangen deren Herkunft nachzuweisen haben,
b) Personen, die mit den in Nummer 8 genannten Gegenständen Handel treiben oder sie gewerbsmäßig be- oder verarbeiten, über den Zu- und Abgang in bestimmter Form Buch zu führen und das Buch der zuständigen Behörde auf Verlangen zur Prüfung auszuhändigen haben.
(2) Rechtsverordnungen nach Absatz 1 Nrn. 1, 4 und 5 ergehen im Einvernehmen mit dem Staatsministerium des Innern, Rechtsverordnungen nach Nr. 4 auch im Einvernehmen mit dem Staatsministerium für Ernährung, Landwirtschaft und Forsten; Rechtsverordnungen nach Absatz 1 Nr. 9 b ergehen im Einvernehmen mit dem Staatsministerium für Wirtschaft und Verkehr. Rechtsverordnungen nach Absatz 1 Nr. 1, soweit sie die Bodendecke betreffen, und Absatz 1 Nrn. 3 und 7 c ergehen im Einvernehmen mit dem Staatsministerium für Ernährung, Landwirtschaft und Forsten.
. . .

VII. Abschnitt
Organisation, Zuständigkeit und Verfahren

Art. 37
Behörden

(1) Der Vollzug dieses Gesetzes und der aufgrund dieses Gesetzes erlassenen Verordnung ist grundsätzlich Aufgabe des Staates.
(2) Behörden für den Schutz der Natur, die Pflege der Landschaft und die Erholung in der freien Natur im Sinne dieses Gesetzes (Naturschutzbehörden) sind
1. das Staatsministerium für Landesentwicklung und Umweltfragen als oberste Naturschutzbehörde,
2. die Regierungen als höhere Naturschutzbehörden,
3. die Kreisverwaltungsbehörden als untere Naturschutzbehörden.
(3) Die unteren und höheren Naturschutzbehörden werden mit hauptamtlichen Fachkräften ausgestattet, die von nebenamtlichen und ehrenamtlichen Mitarbeitern unterstützt werden können.

Art. 38
Beteiligung der Naturschutzbehörden

Die staatlichen Behörden und die Körperschaften, Anstalten und Stiftungen des öffentlichen Rechts sind verpflichtet, bei Maßnahmen, Planungen und sonstigen Vorhaben, die wesentliche Veränderungen des Landschaftsbildes oder des Landschaftshaushalts hervorrufen können, unbeschadet weitergehender gesetzlicher Vorschriften, die Naturschutzbehörden zu beteiligen. Die Naturschutzbehörden sind so rechtzeitig zu beteiligen, daß sie die ihnen nach diesem Gesetz obliegenden Aufgaben wahrnehmen können.
. . .

Register

Fachausdrücke

Pflanzennamen

Tiernamen

Wesentliche Änderungen des BayNatSchG - Novellierung vom 1. 9. 82

Art. 11 - Naturparke

(1) Großräumige, der naturräumlichen Gliederung entsprechende Gebiete von in der Regel mindestens 20 000 ha Fläche, die

1. überwiegend die Voraussetzungen von Landschaftsschutzgebieten erfüllen,
2. sich wegen ihrer landschaftlichen Voraussetzungen für die Erholung besonders eignen und
3. durch einen Träger zweckentsprechend entwickelt und gepflegt werden,

können als Naturparke festgesetzt werden.

(2) [1]Naturparke werden durch Rechtsverordnung festgesetzt. [2]Soweit nicht Landschaftsschutzverordnungen bestehen, gilt Art. 10 Abs. 2 Sätze 3 und 4 entsprechend.

Art. 14 - Allgemeine Vorschriften

(1) [1]Die Vorschriften dieses Abschnitts dienen dem Schutz und der Pflege der wildwachsenden Pflanzen und wildlebenden Tiere, ihrer Entwicklungsformen, Lebensstätten, Lebenräume und Lebensgemeinschaften als Teil des Naturhaushalts (Artenschutz). [2]Der Artenschutz schließt auch die Ansiedlung verdrängter oder in ihrem Bestand bedrohter Pflanzen- und Tierarten an geeigneten Lebensstätten innerhalb ihres natürlichen Verbreitungsgebietes ein.

Art. 16 - Allgemeiner Schutz

(3) Nicht einheimische Tiere dürfen nicht ausgesetzt oder in der freien Natur angesiedelt werden.

Art. 18 - Ermächtigungen der obersten Naturschutzbehörde

(1) [1]Die oberste Naturschutzbehörde kann durch Rechtsverordnung über die in der Bundesartenschutzverordnung getroffene Regelung hinaus weitere Arten wildwachsender Pflanzen und wildlebender Tiere ganz oder teilweise unter besonderen Schutz stellen, wenn dies

1. wegen ihrer Seltenheit oder der Bedrohung ihres Bestandes,
2. aus wissenschaftlichen, naturgeschichtlichen oder landeskundlichen Gründen,
3. wegen ihres Nutzens oder ihrer Bedeutung für den Naturhaushalt oder
4. zur Erhaltung von Vielfalt, Eigenart oder Schönheit von Natur und Landschaft

erforderlich ist. [2]Vom Aussterben bedrohte Pflanzen- und Tierarten sind in der Rechtsverordnung hervorzuheben. [3]Soweit nach Bundesrecht zulässig, kann die oberste Naturschutzbehörde durch Rechtsverordnung, die höhere Naturschutzbehörde durch Anordnung im Einzelfall, besonders geschützte Pflanzen- und Tierarten von Verboten nach Art. 17 a Abs. 1 ausnehmen oder Ausnahmen von einzelnen Verboten zulassen.

7. zur Verwirklichung des Artenschutzes ganz oder teilweise verbieten,
   a) bestimmte Geräte oder Vorrichtungen zum Fang, zur Bekämpfung oder Abwehr von Tieren herzustellen, aufzubewahren, anzubieten, feilzuhalten, anderen zu überlassen, zu erwerben oder bei solchen Handlungen mitzuwirken.

Art. 37 - Behörden

(4) [1]Das Staatsministerium für Landesentwicklung und Umweltfragen wird ermächtigt, durch Rechtsverordnung die Behörden zu bestimmen, die zum Vollzug von Vorschriften der Europäischen Gemeinschaft oder des Bundes im Bereich des Naturschutzes und der Landschaftspflege zuständig sind. [2]Die Rechtsverordnung ergeht im Einvernehmen mit dem Staatsministerium, dessen Geschäftsbereich berührt wird.